Von Herbert Reinecker

Ein bißchen Halleluja

Herbert Reinecker

Ich hab' vergessen Blumen zu besorgen

Geschichten

Schneekluth

CIP-Kurztitelaufnahme der Deutschen Bibliothek

Reinecker, Herbert
Ich hab' vergessen Blumen zu besorgen:
Geschichten/Herbert Reinecker. 2. Auflage
München: Schneekluth, 1983
ISBN 3-7951-0813-6

ISBN 3-7951-0813-6

Gesamtherstellung Mohndruck Graphische Betriebe GmbH, Gütersloh
Printed in Germany 1983a

Sie wollen meinen Mann heiraten?

Isabel bediente einen Herrn, der für seine Frau ein Geschenk suchte.
Der Herr sah sich in der Buchhandlung um.
»Eine Menge Bücher«, sagte er.
»Wir werden schon das richtige finden«, sagte Isabel. »Wofür interessiert sich Ihre Frau?«
»Nun«, antwortete der Herr, »darauf kommt es eigentlich weniger an. Was sie braucht, das weiß ich. Wo haben Sie hier die Kochbücher?«
Ehe sich Isabel weiter mit dem Herrn unterhalten konnte, kam Herr Palmer, der Inhaber der Buchhandlung.
»Telefon, Frau Schumann.«
Isabel übergab ihren Kunden an eine Kollegin und ging mit ihrem Chef ins Büro.
»Wer ist es?« fragte Isabel.
»Ich glaube, Ihr geschiedener Mann.«
Isabel blieb überrascht stehen. »Nanu?«
»Wollen Sie ihn nicht sprechen?« fragte ihr Chef.
»Hat er gesagt, was er will?«
»Kein Wort. Er sagte nur: Kann ich mal meine Frau sprechen.«
Isabel nahm zögernd den Hörer auf und meldete sich.
»Hallo«, hörte sie die Stimme ihres geschiedenen Mannes. Sie klang ziemlich fröhlich, fast ein wenig unternehmungslustig.
»Ich hoffe, ich störe dich nicht.« Leises Lachen am

Telefon. »Ich sehe dir direkt deine Verwunderung an. Ziehst du immer noch die Stirn in Falten, wenn du erschrocken bist?«
Isabel wehrte sich gegen die Stimme. Sie sagte fast ein wenig ärgerlich: »Ich weiß nicht, ob ich die Stirn in Falten ziehe, wenn ich erschrocken bin. Im Moment bin ich nicht erschrocken, sondern eher verwundert.«
Wieder das leise Lachen.
»Wie du aussiehst, wenn du verwundert bist, auch das weiß ich noch. Du hast dann einen ganz irritierten Ausdruck in den Augen –«
Isabel wurde ärgerlich. »Bitte, sag endlich, was du willst.«
Aber die Stimme des Mannes blieb herzlich, verlor nichts von ihrer Gutgelauntheit. »Jetzt tust du, was du immer getan hast: Du beschneidest mir meinen Spielraum.« Seine Stimme wurde nun doch etwas ernster. »Ich muß dich unbedingt sprechen, Isabel, in einer Angelegenheit, die wahnsinnig wichtig ist. Willst du nicht mit mir zu Mittag essen?«
Er lachte, ließ sie nicht zu Wort kommen. »Wahrscheinlich hast du jetzt wieder den irritierten Gesichtsausdruck –«, er beteuerte: »– der dir steht. Mir jedenfalls hat er immer gefallen. Also, wie wär's?«
Er schlug ein Restaurant vor, in dem sie früher öfter zusammen gegessen hatten.
Isabel zögerte. »Um was für eine wichtige Sache geht es denn?« fragte sie mißtrauisch.
Wieder hörte sie das leise Lachen. »Ich kann dir den Grund nicht sagen, nicht am Telefon, das wäre unpassend. Gewisse Dinge, mein Schatz, sagen sich

besser, wenn man gleich darauf nach einem Schnaps greifen kann.«

Seine Stimme wurde nun ganz ernst, ganz eindringlich: »Tu mir einen Gefallen. Gib mir eine halbe Stunde.« Er lachte nun wieder. »Dann überlasse ich dich wieder deinen Büchern.«

Isabel willigte ein, und in der Mittagspause suchte sie das Restaurant auf, in dem sie früher öfter mit ihrem Mann zu Gast gewesen war. Albert war schon da, hatte einen Tisch belegt, stand jetzt auf, elastisch, lächelnd, streckte ihr herzlich die Hand hin.

Er schüttelte ihre Hand, behielt sie einen Augenblick in seiner Hand. »Danke, daß du gekommen bist.« Er strahlte sie an. »Du solltest mir eine Feststellung erlauben: Du siehst großartig aus.«

»Schon gut«, wehrte Isabel ärgerlich ab.

Aber er behielt sein Lächeln. »Abweisend wie immer, aber wenn ich sage, du siehst großartig aus, dann hat das nichts mit Höflichkeit zu tun, sondern ich gebe eine Empfindung wieder, die sich ganz spontan eingestellt hat – du siehst wirklich sehr gut aus.«

Sie setzte sich. Albert ließ keinen Blick von Isabel. »Wie lange haben wir uns nicht gesehen?«

»Seit der Scheidung nicht mehr«, erwiderte Isabel nüchtern, »und wie lange das her ist, das wirst du doch noch wissen.«

»Zwei Jahre.« Albert nickte, lächelte. »Als ob es gestern gewesen wäre. Aber bestellen wir erst einmal etwas. Nimmst du immer noch vorweg den kleinen trockenen Sherry?«

»Immer noch.« Sie bemühte sich um Distanz und Kühle.

»Wie schön«, sagte er lächelnd, »daß du deine Gewohnheiten nicht änderst – du erinnerst dich, daß ich sie jeden Augenblick geändert habe, was mit ein Grund für dich war, dich von mir zu trennen.«
Ärgerlich sagte Isabel: »Willst du darüber mit mir sprechen?«
Albert hob beide Hände. »Nein, nein, nein, vorbei ist vorbei –« Er lächelte wieder. »Aber ich bitte um Nachsicht, wenn sich hier drin –«, er tippte auf seine Brust, »– etwas bewegt hat, als ich dich kommen sah. Du warst mißtrauisch, unwillig, ärgerlich, aber zugleich auch von mutiger Neugier, eine Mischung, die ich immer hinreißend fand.«
Er winkte dem Ober. »Zwei Sherry, Herr Ober.«
Sie aßen und tranken, bis Isabel energisch darauf bestand, den Grund des Zusammentreffens zu erfahren.
Albert wurde ernst. »Jetzt, wo ich dir gegenüber sitze, finde ich, daß das, was ich von dir will, eine Zumutung ist.« Er lachte. »Ich trau mich plötzlich nicht, es zu sagen.« Eifriger fuhr er fort: »Weißt du, in der Erinnerung sind einige deiner Charakterzüge immer stärker, sozusagen eindrucksvoller geworden. Ich zähle mal auf: deine Menschenkenntnis, dein genaues Urteil, deine Unbestechlichkeit. Du hast immer einen nüchternen Blick gehabt, der nicht – nicht zu täuschen war.« Er lachte. »Im Gegensatz zu mir, der immer ganz leicht zu täuschen war. Ich bin doch auf alles und jeden hereingefallen –«
»Das ist richtig«, sagte Isabel trocken.
Albert holte tief Atem. »Isabel, ich will wieder heiraten, und meine Bitte ist –« Er beugte sich vor und sah

sie eindringlich an: »Sieh dir das Mädchen an. Ich kann mir keinen Fehler mehr leisten.«
Isabel sah ihren Mann überrascht an.
»Was verlangst du von mir –?«
»Nur mal ansehen – ein Mädchen, das ich seit einem halben Jahr kenne. Ich möchte gern wissen, ob ich da einen Fehler mache, wenn ich dieses Mädchen heirate –«
»Und ich soll dir sagen, ja oder nein –?«
»Weil du mich kennst«, fuhr Albert eifrig fort. »Du kennst meine Fehler, meine Empfindlichkeiten, auch meine Fragwürdigkeiten, die ich nicht unerwähnt lassen will – du müßtest genau wissen, ob ich da vielleicht voll ins Messer laufe. Ich bin wirklich ratlos und habe eine solche Angst, daß ich nachts aufwache, und zwar schweißgebadet.«
Isabel lachte. Sie war plötzlich ebenso ärgerlich wie amüsiert. Albert redete so lange auf sie ein, bis sie sich bereit erklärte, das Mädchen zu empfangen.

Isabel verbrachte den Nachmittag in einiger Verwirrung, und als sie abends in ihrer Wohnung auf den Besuch wartete, wurde sie immer ärgerlicher.
Schließlich läutete es an der Wohnungstür. Isabel öffnete die Tür und sah ein Mädchen, das bildhübsch war und Isabel ebenso neugierig musterte, wie Isabel das Mädchen aufmerksam ansah.
Hm, dachte Isabel, da hat er sich ja eine wahre Schönheit an Land gezogen.
Aber das junge Mädchen war nicht nur schön, sondern auch sehr selbstsicher.
»Darf ich hereinkommen?« sagte das junge Mäd-

chen und streckte Isabel die Hand hin. »Ich bin Victoria.« Das junge Mädchen lächelte. »Ich bin mir über die Situation völlig klar und finde sie bemerkenswert.«

»Ja«, sagte Isabel, »die zweite Frau stellt sich der ersten vor.«

»Es stimmt nicht ganz.« Das Mädchen lächelte. »Noch bin ich nicht die zweite Frau.«

»Aber Sie wollen es doch werden. Bitte, kommen Sie herein.« Isabel führte die Besucherin in die Wohnung.

»Sagen wir so«, korrigierte das junge Mädchen, »es besteht da die Möglichkeit, die zweite Frau Alberts zu werden. Ich freue mich, daß ich mich informieren kann, bevor ich da vielleicht reinfalle.«

»Bevor Sie da reinfallen?« wiederholte Isabel ein wenig verwundert.

Lebhaft fuhr das Mädchen fort: »Bei wem kann man sich besser über einen Mann informieren als bei der Frau, die ihn verlassen hat? Die wird ja schließlich wissen, warum sie es getan hat.«

»Jaja«, murmelte Isabel.

Das Mädchen sah Isabel offen an, herzlich und neugierig. »Man ist jung, man ist hübsch, das ist ein Zustand, der nicht lange andauert, nicht so lange, wie man gern möchte. Wenn man jetzt, in diesem Alter, in meinem Alter, einen Fehler macht – der wäre nicht wiedergutzumachen.«

Isabel meinte: »Aha – eine Frau, die in die Jahre kommt, verliert ihren Wert, meinen Sie?«

»Verliert sie ihn nicht?« fragte das Mädchen unbekümmert zurück.

Isabel spürte eine leichte Neigung, sich zu wehren.
»Nun ja, nun ja ...«, murmelte sie.
»Sie verliert ihn«, betonte das Mädchen, »das geht runter bis Null.«
»Sie meinen, eine Frau, die in die Jahre kommt, hat keinen – Marktwert mehr?«
»Davon bin ich fest überzeugt. Und aus diesem Grunde frage ich: Mache ich einen Fehler, wenn ich Ihren Mann heirate?«
Isabel zog scharf die Luft ein. Das Mädchen fragte unerbittlich weiter: »Weswegen haben Sie sich scheiden lassen?« Sie fuhr fort: »Ihr Mann war untreu, ist das richtig?«
Isabel brauchte nun einen Schnaps und nahm ihn sich. »Wollen Sie auch?« fragte sie das Mädchen.
»Danke, nein«, antwortete das Mädchen, »ich brauche meinen klaren Kopf. Ihr Mann hat Sie betrogen, nicht wahr?«
»Nun ja ...«, murmelte Isabel und lächelte schwach, »irgendwie sind Männer anders konstruiert. Sie taumeln ein bißchen herum wie –«, sie mußte plötzlich lachen, »– wie Schmetterlinge, jeder Windhauch trägt sie davon, so verlieren sie leicht die Richtung und reagieren auf jeden Duft, aus welcher Ecke er auch kommt.«
»Sie sprechen von Albert?« fragte das Mädchen.
»Natürlich spreche ich von Albert«, sagte Isabel und suchte nach Worten. »Albert hat sehr viel Phantasie, was auch – ein Vorteil ist. Ein Mann völlig ohne Phantasie ist – ist tot, so gut wie tot – oder sagen wir, er ist unlebendig, und neben einem unlebendigen Menschen herzuleben ist das Schlimmste, was es

gibt. Albert hat vielleicht zuviel Phantasie, er will sie ständig beschäftigen und mit den angenehmsten Dingen, was natürlich ist und zu denen auch die Liebe gehört. Jede andere Frau war für ihn ein Abenteuer, eine Herausforderung an seine Phantasie ...«
Das Mädchen sah Isabel aufmerksam an, beharrte: »Aber er hat Sie doch betrogen.«
»Nun ja«, fuhr Isabel ärgerlich fort, »ich versuche Ihnen doch zu erklären, daß ein Mann so etwas wie ein Spielball ist, der sich bewegt –«, sie war fast heiter jetzt, »– wo immer er auf eine schiefe Ebene gerät.« Noch eifriger fuhr sie fort: »Ein Mann ist so etwas wie – wie eine Membrane, die schwingt und – und wiedergibt, was immer nur als Hauch sie berührt –«
»Na, hören Sie«, sagte das Mädchen ein wenig entgeistert.
»Es gibt natürlich auch Männer«, fuhr Isabel fast ärgerlich fort, »die liegen in der Wohnung herum wie Stofftiere –«
»Und dazu gehört Albert nicht?«
»Nein«, sagte Isabel mit großer Entschiedenheit und seufzte ein wenig, »dazu gehört er nicht.«
»Er ist also ein Egoist?«
»Ja, das ist er«, sagte Isabel, »er könnte einem Physiker auf Anhieb die interessante Frage nach dem Mittelpunkt des Weltalls beantworten. Das ist nämlich er, nur er. Es gibt keine andere Erklärung für das, was er tut, was er sagt, was er denkt. Er bezieht seine Überzeugungen aus der Tatsache –«
Das Mädchen nahm ihr das Wort aus dem Munde. »– daß er der Mittelpunkt des Weltalls ist.«

Trocken erwiderte Isabel: »Den Platz dort teilt er sich natürlich mit vielen Menschen.« Sie hob die Schultern. »Aber immerhin, diese Einstellung ist eine Voraussetzung für seine Vitalität, die ihm erlaubt, sich sehr wohl zu fühlen –«
Nüchtern warf das Mädchen ein: »Auf Kosten anderer. Auf Ihre Kosten und später wohl auch auf meine Kosten. Na, besten Dank.«
Isabel spürte ihre Abneigung gegen das Mädchen wachsen und sagte schließlich: »Aber etwas daran ist merkwürdig, wenn ich es im nachhinein bedenke. Es hat gutgetan, jemanden zu sehen, der sich wohl fühlt in der Welt, gleich, aus welchen Gründen, es wirkte ansteckend und half sicher mit, den Bedarf zu dekken an Leuten, die sich in dieser Welt wohl fühlen.«
Isabel nahm erneut einen Schnaps, während das Mädchen kühl und sicher sich für die Auskunft bedankte und die Wohnung verließ.

Das Mädchen ging die Treppe hinunter, nachdenklich, ein wenig abwesend.
Vor dem Haus trat sie an einen Wagen heran, in dem Albert saß und ihr gespannt entgegensah.
Das junge Mädchen setzte sich in den Wagen.
»Na?« fragte Albert.
Das Mädchen lächelte ihn an. »Du kannst raufgehen. Überhaupt kein Zweifel, diese Frau hat nie aufgehört, dich zu lieben.«
Albert atmete tief auf. »Ich danke dir.«
Dann stieg er aus, ging ins Haus, stieg fast heiter die Treppe hinauf und klingelte.
»Hallo, mein Schatz«, sagte er, als Isabel die Tür öff-

nete. »Weißt du, ich habe unten im Wagen gewartet und dachte, als ich Victoria aus dem Haus kommen sah, jetzt nichts wie rauf, hol dir dein Urteil ab.«
Isabel sah ihn ein wenig abwesend an, ein wenig träumend, ein wenig irritiert.
Albert kam ins Zimmer, sah sich um.
»Hat sich ja kaum was verändert, ein paar andere Bilder, aber sonst - alles beim alten geblieben. Du hast getrunken? Darf ich auch? Ich kann mir das nicht abgewöhnen, diese trockene Kehle, wenn ich aufgeregt bin.«
Sie sah ihn intensiv an, und er war ein wenig verlegen, pendelte mit den Armen hin und her und wich ihren Blicken aus.
Es entstand eine lange Pause, so als sei Isabel mit dem Echo ihrer Worte beschäftigt, all ihrer Worte, die sie dem Mädchen gesagt hatte. Dann sagte sie:
»Du willst dieses Mädchen gar nicht heiraten.«
Albert räusperte sich unsicher. »Will ich nicht?«
»Deine Phantasie, ich sprach von deiner Phantasie, du hast dieses Mädchen vorgeschickt –«
»Wozu? Wozu sollte ich –?«
»Du wolltest von mir eine Liebeserklärung bekommen, die du anders nicht bekommen hättest.«
Albert stand ganz atemlos, fragte: »Und –? Habe ich sie bekommen?«
»Was hat sie denn gesagt?«
»Sie sagte, sie liebt dich wie eh und je.«
»Ach«, sagte Isabel ärgerlich, ratlos, hilflos. »Sie hat recht.«
Albert begann zu lächeln, triumphierend. »Weißt du, daß ich meinen Koffer schon im Wagen habe?«

Anitas Gäste

Doktor Scholz fuhr mit dem Wagen aus der Tiefgarage des Bürohauses hinaus auf die Straße, er bog ein und mußte sogleich kräftig auf die Bremse treten. Ein junges Mädchen war unvermutet zwischen zwei parkenden Autos hervorgetreten, wollte die Straße überqueren und hatte ganz offensichtlich den Wagen, der aus der Garage kam und auf die Straße einbog, nicht gesehen.
Der Wagen erwischte das Mädchen mit dem rechten Kotflügel, warf es zu Boden.
Doktor Scholz stieg hastig aus, war tief erschrocken. Aber das junge Mädchen stand schon wieder, lächelte ihn an, hob beide Hände. »Mein Fehler, entschuldigen Sie bitte, ich habe Sie nicht gesehen.«
»Haben Sie sich verletzt?«
»Nein, nein«, beruhigte ihn das Mädchen, immer noch ein wenig verstört lächelnd, »fahren Sie nur weiter.«
Das Mädchen wollte zurücktreten auf die Straße, knickte aber ein wenig ein, stand atemlos.
»Sie sind verletzt«, stellte Doktor Scholz fest.
»Höchstens eine kleine Prellung«, sagte das Mädchen und lachte. »Ich werde einen blauen Fleck haben. Machen Sie sich keine Sorgen.«
Doktor Scholz zögerte, sagte dann entschieden: »Steigen Sie ein. Ich möchte Sie zu einem Arzt fahren.«
»Aber das ist nicht nötig«, beteuerte das Mädchen,

ließ sich aber überreden und stieg zu Doktor Scholz ins Auto.
»Ich versichere nochmals«, sagte das Mädchen, »daß ich allein die Schuld trage.« Sie lächelte. »Ich gehe manchmal über eine Straße und träume einfach.«
Doktor Scholz brachte das Mädchen zu seinem Arzt, der das Mädchen untersuchte, tatsächlich nicht mehr als eine Prellung feststellte.
»Sie wird einen ganz hübschen blauen Fleck bekommen. Aber das wird alles sein.«
Das beruhigte Doktor Scholz, er lud das Mädchen wieder in seinen Wagen.
»Wo wollen Sie hin?« fragte er.
»Ich wollte nach Hause«, sagte das Mädchen.
»Ich bringe Sie hin«, entschloß sich Doktor Scholz, ließ sich die Adresse sagen und fuhr das Mädchen nach Hause.
Er hielt vor einem großen Mietshaus, half dem Mädchen beim Aussteigen.
»Wenn sich da noch irgend etwas einstellt«, sagte er, »lassen Sie es mich wissen.« Er lächelte schwach. »Ich fühle mich jetzt ein wenig für Sie verantwortlich.«
»Danke«, sagte das Mädchen, gab ihm die Hand, sah ihn etwas schüchtern und mit Zurückhaltung an, »Sie sind sehr liebenswürdig. Und noch einmal: Machen Sie sich keine Vorwürfe, ich selbst bin schuld.«
Sie ging zur Haustür, knickte wieder ein, stand still, wandte sich um, sah ihn ein wenig hilflos an.
»Es schmerzt noch ein wenig.«
Doktor Scholz nahm sie am Arm. »Ich bringe Sie hinein.«

Er brachte das Mädchen in den Hausflur, half ihr die Treppe hinauf. Das Mädchen wohnte im zweiten Stock, sie holte den Schlüssel aus der Tasche.
»Haben Sie Familie?«
»Nein, nein«, sagte das Mädchen leise, »ich wohne hier allein.«
Doktor Scholz folgte dem Mädchen. Eine kleine Wohnung, zwei Zimmer, eine kleine Küche, alles war winzig und sah sehr bescheiden aus, aber es fehlte nicht an Behaglichkeit.
»Danke«, sagte das Mädchen.
»Sie sollten mir noch Ihren Namen geben.«
»Ich heiße Anita. Anita Hoffmann.«
Auch Doktor Scholz stellte sich vor.
Anita sagte: »Habe ich Ihren Zeitplan durcheinandergebracht?«
»Nein, ich wollte auch nach Hause«, antwortete Doktor Scholz.
Sie hob den Kopf.
»Ah«, sagte sie eindringlich, bittend, »vielleicht kann ich mich jetzt ein wenig für Ihre Fürsorge bedanken. Darf ich Ihnen einen Kaffee machen?«
Doktor Scholz zögerte, wollte dem Mädchen aber die Bitte nicht abschlagen.
»Setzen Sie sich nur«, sagte Anita eifrig, »ich habe wahnsinnig gern Gäste.«
Doktor Scholz setzte sich.
Das Mädchen humpelte in die Küche, hantierte mit Geschirr und erschien zwischendurch in der offenen Tür.
»Ich koche leidenschaftlich gerne«, sagte Anita, »in einer Küche fühle ich mich zu Hause.« Sie lachte.

»Das werden Sie sicher von Frauen sehr selten hören.«
»Ja, das stimmt.« Auch Doktor Scholz lachte. »Die Küche ist ein Ort, in dem sich die meisten Frauen nicht sehr wohl fühlen.«
»Im Gegensatz zu mir«, sagte das Mädchen, kam mit Kaffeetassen und hatte sogar einen Kuchen aufgeschnitten.
»Probieren Sie ihn«, sagte Anita, »ich habe ihn selber gebacken.«
Das Mädchen setzte sich, schenkte ein, lächelte den Mann an.
Jetzt erst sah Doktor Scholz das Mädchen genauer an. Es war Anfang Zwanzig, gut gewachsen, wirkte ein bißchen scheu, zugleich auch ein wenig verwegen. Was sich widerspricht, wie Doktor Scholz fand, dennoch stimmte es: sie war scheu und zugleich mutig. Und irgendwie – träumte sie.
Das Mädchen war ihm sympathisch. Er begann sich wohl zu fühlen, und auch das Mädchen verlor seine Scheu, begann zu erzählen, und ihr Gesicht wurde von Lächeln überflogen wie eine Landschaft vom Sonnenschein.
»Was arbeiten Sie?« fragte Doktor Scholz.
»Ich bemühe mich«, sagte das Mädchen, »etwas zu finden, was mir und meinen Begabungen entspricht, aber ich habe es bis jetzt noch nicht gefunden.«
Doktor Scholz wurde lebhafter, erkundigte sich nach ihrer Ausbildung und sagte schließlich: »Na, hören Sie, Sie haben eine Menge gelernt. Könnte sein, daß Sie sich nicht durchzusetzen vermögen. Sie gebrauchen Ihre Ellbogen nicht.«

Sie sah ihn mit großen Augen an.
»Aha«, sagte das Mädchen, »darauf bin ich noch nicht gekommen.« Sie lächelte plötzlich. »Wie gebraucht man seine Ellbogen?«
Doktor Scholz erklärte es, fand Gefallen daran, dem Mädchen aus seiner Berufspraxis zu erzählen, führte Beispiele an, in denen er selbst eine Rolle spielte, nicht immer eine heldenhafte, wie er erklärte, manchmal war er auch das Opfer von Situationen, aus denen heraus er einen Ausweg zu finden hatte. Eine Stunde verging wie im Fluge. Es tat ihm wohl, daß ihn das junge Mädchen mit großen Augen ansah, hingerissen und mitgerissen schien. Ihr Gesicht hatte Farbe bekommen, die Augen blitzten, und sie lachte ab und zu herzlich, ein Lachen, das ihm gefiel.
»Oh«, sagte das Mädchen, »jetzt wage ich es doch, Ihnen etwas zu sagen. Würden Sie mir erlauben, Sie einzuladen? Zu einem Abendessen? Hier bei mir?«
Sie beteuerte: »Es läge mir so viel daran. Ich koche doch so wahnsinnig gerne. Ich habe es von meiner Mutter gelernt. Wir waren früher zu Hause acht Personen. Der Tisch, an dem wir aßen, war riesig, aber wir haben uns alle an diesem Tisch wohl gefühlt. Wenn ich wenigstens einen Gast hätte –«
Doktor Scholz nickte. »In Ordnung«, sagte er gutgelaunt.
Sie verabredeten ein Essen an einem der nächsten Tage.
Doktor Scholz verabschiedete sich, stieg die Treppen hinunter und dachte: Was für ein merkwürdiger Nachmittag.

Am nächsten Tag betrat Doktor Scholz wie gewöhnlich sein Büro. Er widmete sich seiner Arbeit, seinen Besprechungen, seinen Papieren und Telefonaten. Mittags traf er auf dem Gang einen Kollegen, und dem erzählte er, daß er am Tag zuvor beinahe ein Mädchen überfahren hätte.
»Ach«, sagte der Kollege, »hier vor dem Haus?«
»Ja, hier vor dem Haus.«
»Sie kamen aus der Garage und bogen auf die Straße ein?«
»Ja.«
»Und das Mädchen kam zwischen zwei parkenden Fahrzeugen hervor?«
»Ja«, staunte Doktor Scholz.
»Sie haben es angefahren?«
»Ja, mit dem rechten Kotflügel.«
»Sie fiel zu Boden, stand aber gleich auf und sagte: Nichts passiert. Aber dann hinkte sie doch.«
»Genauso war es.« Doktor Scholz wunderte sich immer mehr.
»Sie haben Sie dann nach Hause gefahren«, fuhr der Kollege ungerührt fort, »Sie haben sie in ihre Wohnung gebracht, weil sie Schwierigkeiten mit dem Gehen hatte. Sie hat Ihnen einen Kaffee gemacht.«
Doktor Scholz holte Atem. »Woher wissen Sie das?«
Der Kollege lächelte. »Hat sie Sie auch zum Essen eingeladen?«
»Ja, in ihrer Wohnung, am kommenden Freitag.«
Der Kollege lächelte stärker. »Ich kenne zwei, drei Fälle dieser Art. Einer der Herren, die das Mädchen angefahren haben, ist in der Personalabteilung, der andere ist unser Justitiar.«

Trocken fuhr der Kollege fort: »Sie läßt sich anfahren.«
Doktor Scholz kämpfte mit seiner Verblüffung, hob schließlich die Stimme. »Aber wozu? Wozu tut sie das? Das ist doch lebensgefährlich.«
»Ja, es ist gefährlich, aber das Risiko nimmt sie auf sich.«
»Ich verstehe immer noch nicht«, beharrte Doktor Scholz, »sie hat die Situation nicht ausgenützt. Sie wollte kein Geld. Im Gegenteil, sie hat mich zum Essen eingeladen.«
»Das haben wir ja auch versucht, uns zu erklären. Wir haben sogar unseren Hauspsychologen bemüht.«
»Was sagt der?«
»Der hat da eine abenteuerliche Theorie«, erklärte der Kollege. »Er sagt, das Mädchen versuche, der Einsamkeit zu entkommen.«
»Der Einsamkeit?«
»Ja, er meint, das Mädchen sei kontaktscheu, ihr fehle es an Selbstvertrauen, an Normalität. Wenn Sie mich persönlich fragen«, sagte der Kollege nüchtern, »für mich hat das Mädchen einen Dachschaden.« Er lächelte. »Einen leichten.«
Doktor Scholz ging zurück in sein Büro, setzte sich nachdenklich, lehnte Gespräche ab, sagte Termine ab, ging hin und her.

Am nächsten Freitag kaufte er einen Blumenstrauß, fuhr zu Anita.
Sie öffnete ihm selbst, lachte ihn an. »Sie kommen. Die ganze Zeit dachte ich: Hoffentlich kommt nichts

dazwischen. Aber nun sind Sie hier.« Lebhaft sagte sie: »Bitte, kommen Sie herein.«
Sie bedankte sich für die Blumen, besorgte gleich Vase und Wasser. Sie bewegte sich behend.
»Ihr Bein ist gesund?« fragte Doktor Scholz.
»Ich spüre nichts mehr«, sagte das Mädchen lachend. Sie bat ihn, sich zu setzen. Sie hatte den Tisch schon gedeckt, es brannten Kerzen, sie hatte Musik angestellt.
Aus der Küche roch es sehr gut. Anita blieb plötzlich vor ihm stehen und fragte: »Sind Sie gern gekommen?«
Doktor Scholz nickte. »Sehr gern. Ich freue mich auf diesen Abend und danke Ihnen dafür.«
Sie lachte, verschwand in der Küche.
Doktor Scholz lehnte sich zurück. Vor zwei Jahren war seine Frau gestorben. Er dachte: Warum soll ich es ihr sagen, daß ich seit zwei Jahren vergeblich versuche, der Einsamkeit zu entrinnen. Jetzt wich sie ein wenig zurück, wurde durchsichtig, als habe sie ein Loch bekommen.

Zwei Aufsätze

Herr Tanner ging im Zimmer auf und ab. Er las in einem Heft, schüttelte den Kopf, blieb stehen und nahm dann seine Wanderung wieder auf.
»Frau Schneider?«
Herr Tanner hatte die Tür geöffnet und nach seiner Haushälterin gerufen.
Frau Schneider erschien, eine ältere Dame, die sich durch eine gewisse Unerschrockenheit auszeichnete, die sie in diesem Haushalt auch brauchte.
»Wo ist der Junge?«
»Der Junge ist draußen«, sagte Frau Schneider.
»Was tut er da draußen?«
»Er zittert«, sagte Frau Schneider so lakonisch wie möglich, denn sie zitterte auch ein bißchen.
»Reden Sie nicht in Rätseln. Der Junge soll hereinkommen, und zwar sofort.«
Frau Schneider räumte ihren Platz an der Tür wortlos, und wenig später kam der Junge herein.
Hans sah seinen Vater an.
Herr Tanner streckte seinem Sohn das Heft entgegen. »Was ist denn das hier?«
»Tut mir leid, Vater«, sagte der Junge, »der Aufsatz ist danebengegangen. Sie hat mir eine Sechs gegeben.«
»Eine Sechs!« sagte Herr Tanner ärgerlich. »Die Sechs sehe ich. Die steht da groß und deutlich, in roter Tinte.«
»Sie sagt, ich habe das Thema nicht erfaßt.«

»Ah was, ah was«, brach Herr Tanner aus, »was heißt hier, das Thema nicht erfaßt. Ich finde den Aufsatz gut, um nicht zu sagen sehr gut. Er ist –«, er scheute das Wort nicht, »– großartig. Der hat doch keine Sechs verdient.«
Hans sah seinen Vater irritiert an.
»Aber ich habe sie doch bekommen«, sagte er.
Herr Tanner rief ärgerlich: »Sie kann doch diesen Aufsatz nicht gemeint haben. Da ist eine Verwechslung vorgekommen.«
»Aber nein, Vater«, antwortete Hans verblüfft, »sie hat doch mit mir darüber gesprochen. Sie sagte: Leider eine Sechs, Hans.«
»Leider eine Sechs«, wiederholte Herr Tanner ärgerlich, »und ich sage dir, das ist ein Fehlurteil, das ist einfach Nonsens.« Er holte Atem. »Das ist ein fabelhafter Aufsatz, er ist farbig, wortgewandt und voller Gefühl. Man liest das und sieht alles vor sich. Man wird wirklich hineingezogen in die Sache. Wer ist deine Lehrerin?«
»Frau Doktor Grothe.«
»Kenne ich die nicht?«
»Ja, du hast mal mit ihr gesprochen. Auf dem Schulfest.«
Herr Tanner überlegte. »So eine lange, blasse, blonde?«
»Nein, so ist sie nicht.«
»Wie ist sie nicht?« fragte Herr Tanner ärgerlich.
»Na, wie du gesagt hast.«
»Also keine lange, blasse, blonde.« Er holte Atem. »Na, ich werde sie ja kennenlernen. Und zwar jetzt gleich. Leider fallen mir die richtigen Worte nur ein,

wenn ich zornig bin, und das bin ich jetzt.« Hart fragte er: »Ist sie noch in der Schule?«
Hans sagte, er wisse nicht, ob sich seine Lehrerin noch in der Schule aufhalte.
Herr Tanner jedenfalls, gewohnt, seinen Eingebungen unverzüglich nachzugehen, verließ das Haus, bestieg seinen Wagen und fuhr, angetrieben von seinem Zorn, in die Schule.
Die letzten Schüler verließen die Schule gerade. Herr Tanner fragte sich durch bis ins Lehrerzimmer, fand aber auch dort nur noch wenige Lehrer, erfuhr aber immerhin die Adresse von Frau Doktor Grothe, und einmal in Schwung, beschloß er, die Lehrerin seines Sohnes zu Hause aufzusuchen.
Ein nettes Reihenhaus, gepflegt, klein, ein Blumenbeet im Vorgarten, das ein wenig verwildert aussah, was Tanner, merkwürdigerweise, mit Befriedigung erfüllte.
Frau Doktor Grothe öffnete selbst die Tür.
Eine Frau etwa Mitte Vierzig, nicht häßlich, kein Drachen, wie es Tanner gern gehabt hätte, sondern eine ganz vernünftige Frau mit wachem Gesichtsausdruck.
Sie musterte Tanner aufmerksam und nicht unfreundlich.
Tanner sagte, wer er sei, und Frau Doktor Grothe nickte ihm zu. »Ah«, sagte sie, »der Vater von Hans. Ist was passiert?«
»Das ist passiert«, sagte Tanner, streckte das Aufsatzheft seines Sohnes vor. »Sie haben einem Aufsatz meines Sohnes die schlechteste Note gegeben.«
»Ja, richtig«, sagte Frau Doktor Grothe und war im-

mer noch nicht unfreundlich, allerdings ein wenig verwundert, was sie zum Ausdruck brachte.
»Darüber möchte ich mit Ihnen sprechen«, sagte Herr Tanner ein wenig fordernd.
»Na, dann kommen Sie mal herein«, antwortete Frau Doktor Grothe lakonisch.
Herr Tanner betrat die Wohnung. Er sah sich um. Es sah nicht sehr ordentlich aus, da lagen Bücher und Zeitschriften herum, eine Unordnung, die nicht schlampig war, sie verbreitete eher ein Gefühl von Intimität, was Herr Tanner durchaus begriff.
»Ich habe gerade gegessen und noch nicht abgeräumt. Entschuldigen Sie.«
»Aber bitte, bitte. Ich muß mich entschuldigen.«
»Nehmen Sie doch Platz, ich bringe nur das Geschirr hinaus.«
»Danke, ich möchte lieber stehen.«
»Wie Sie wollen«, sagte Frau Doktor Grothe und trug ihr Geschirr hinaus mit Bewegungen, die nicht unangenehm waren. Dann kam sie zurück. »Darf ich Ihnen einen Kaffee machen?«
»Nein.« Herr Tanner bemühte sich um die Beibehaltung seiner aggressiven Stimmung, was ihm Mühe bereitete, zu seinem Ärger natürlich.
Die Lehrerin sah ihn aufmerksam an. »Sie wollen sich nicht setzen, muß ich jetzt auch stehenbleiben?«
»Nein, nein, natürlich nicht. Aber –« Er räusperte sich. »Ich wollte mich bei Ihnen beschweren, Ihnen Vorwürfe machen. Das kann man besser im Stehen.«
»Ich verstehe«, sagte Frau Doktor Grothe, nickte und war durchaus ernsthaft.
»Eine alte Erfahrung«, sagte Herr Tanner, »eine per-

sönliche Erfahrung. Im Sitzen verliert sich auf die Dauer jeder Zorn, der schließlich nötig ist, wenn man in einer Diskussion einen gewissen Eindruck erzeugen möchte.«
Die Lehrerin musterte ihn aufmerksam.
»Ich verstehe. Diesen Zorn möchten Sie nicht verlieren. Sie neigen dazu, ihn zu verlieren –« Trocken fügte sie hinzu: »– besonders im Sitzen.«
»So ist es«, murmelte Herr Tanner, holte Atem, »also, um jetzt einmal anzufangen –«, er streckte wieder das Heft vor, »– ich finde diesen Aufsatz fabelhaft. Ich hätte dem Aufsatz eine Eins gegeben.«
Frau Doktor Grothe nahm ihm das Schulheft aus der Hand. »Darf ich mal sehen?«
Sie schlug das Heft auf, sah nachdenklich den Aufsatz an, nickte dann. »Das Thema war – Gebäudebeschreibung. Das Schulgebäude sollte beschrieben werden, so genau wie möglich, mit allen Details. Es kam darauf an, eine sachliche Beschreibung zu liefern.«
»Das ist doch der Fall«, rief Herr Tanner aus, »das hat er doch getan.«
»Er hat eine Beschreibung geliefert«, antwortete die Lehrerin, »aber keine sachliche. Die Aufgabe des Schülers war, mit einer sachlichen Beschreibung des Gebäudes etwas über sich selbst auszusagen, über seine Fähigkeit, logisch zu denken –«
Herr Tanner sagte ärgerlich: »Wollen Sie mir da mal ein Beispiel geben?«
»Aber gerne. Sehen Sie, unsere Schule stellt sich dar als ein Gebäudekomplex, der sich in drei Teile gliedert, ein Hauptgebäude, das größer und breiter ist,

und zwei Nebengebäude, die das Hauptgebäude flankieren, nicht ganz so hoch und nicht ganz so breit sind –«
»Aber hören Sie mal«, rief Herr Tanner spontan, »der Junge will doch nicht Architekt werden.«
»Will er nicht?« fragte die Lehrerin trocken.
»Nicht daß ich wüßte«, murmelte Tanner.
»Aber wollen Sie ihm die Chance dazu nicht offenlassen?«
»Architekt zu werden?« fragte Tanner verdutzt.
»Oder einen anderen Beruf zu ergreifen, in dem es darauf ankommt, etwas logisch zu sehen, logisch beschreiben zu können und logisch zu handeln?«
»Logisch zu handeln?«
»Worauf jeder Mensch angewiesen ist«, sagte Frau Doktor Grothe, »wenn er Fehler vermeiden will.«
»Was er sollte«, murmelte Tanner; er hob den Kopf. »Tut er das, wenn Sie ihn zwingen, von einem – Hauptgebäude zu sprechen und von zwei Nebengebäuden, von denen das eine breiter und größer, das andere bedeutend unansehnlicher ist?«
Die Lehrerin lächelte. »Wollen Sie nicht doch jetzt einen Kaffee mit mir trinken? Oder erlaubt Ihnen das Ihr Zorn immer noch nicht?«
Tanner meinte: »Doch, doch, ich werde mich setzen, ich werde auch Ihren Kaffee trinken –«, er schränkte ein, »– wenn er nicht zu stark ist.«
»Das Herz?« fragte Frau Doktor Grothe.
»Eher der Magen«, murmelte Tanner.
»Wollen Sie lieber Tee?«
»Ich trinke gewöhnlich nur Tee, aber ich will Ihnen keine Mühe machen.«

Die Lehrerin lächelte ihn an. »Sie benehmen sich unlogisch. Sie würden Kaffee trinken, obwohl Sie ihn nicht vertragen.«
Herr Tanner spürte seinen Ärger wieder wachsen. »Diese Unlogik«, beteuerte er, »leiste ich mir. Sie ist ein Teil des Vergnügens, das ich an diesem Leben habe.«
Frau Doktor Grothe lächelte, ging in die Küche und machte Tee.
Herr Tanner ging inzwischen im Zimmer auf und ab, besah die Bilder, die Bücher, die sympathische Unordnung. Sein Zorn floß dahin wie Wasser nach einem Regenguß.
Der Tee war ausgezeichnet. Herr Tanner hatte Mühe, den Gesprächsfaden wieder aufzugreifen.
Er holte Atem. »Sie gehen ganz offenbar davon aus, daß logisches Handeln Menschen vor Fehlern bewahrt.«
»Gewöhnlich«, meinte die Lehrerin.
»Also nicht immer?«
»Natürlich nicht immer, aber im großen und ganzen ist logisches Denken und Handeln ein unbestreitbarer Vorteil.«
Tanner hatte sich wieder in Laune gebracht. »Unbestreitbar nennen Sie, was ich bestreiten möchte. Ich behaupte, daß Logik blind ist, sie ist blind und unlebendig. Denken –«, er suchte nach Worten, »– ist ein Prozeß, der sich versorgt aus dem Gefühl, aus der Phantasie, aus dem Unbewußten. Das ist kein zu starkes Wort. Ich sage es in vollem Ernst: aus dem Unbewußten.« Er holte Atem. »Da es so ist, unbestreitbar so ist, käme es darauf an, alles zu tun, die

Phantasie zu vermehren, den Gefühlsreichtum zu erhöhen.« Eifrig fuhr er fort: »Das Unbewußte redet ja ununterbrochen mit uns. Wir haben nur verlernt hinzuhören und überschätzen Tatsachen wie die, daß ein Hauptgebäude höher ist als die Nebengebäude. Und weil ich daran glaube, daß Gefühl und Phantasie eine so große Rolle spielen, finde ich den Aufsatz von Hans einfach großartig.«

Die Lehrerin lachte. »Ja, er beschreibt sogar, wie die Schule riecht.«

»Na, riecht sie nicht?« fragte Tanner. »Ich erinnere mich noch heute an den Geruch meiner alten Schule.«

»Herr Tanner«, seufzte die Lehrerin, »ich fürchte, wir kommen nicht zusammen. Ich kann mich Ihnen nicht erklären, und das, was Sie sagen, leuchtet mir nicht ein.«

Herr Tanner machte eine Pause, sagte dann: »Ich mache Ihnen einen Vorschlag. Wir beide schreiben einen Aufsatz –«

Sie sah ihn überrascht an.

»Einen Aufsatz«, wiederholte er, »über meinen Besuch bei Ihnen und über das, was wir miteinander gesprochen haben. Ich auf meine Weise und Sie auf Ihre. Einverstanden?«

Sie sah ihn überrascht an.

Tanner sagte: »Sie kriegen meinen Aufsatz. Zur Zensierung, versteht sich. Und ich kriege Ihren, zu dem ich dann meine Anmerkungen mache.« Er lächelte. »Wenn Sie wollen, in roter Tinte.«

Hans fragte Frau Schneider: »Was ist los? Warum darf ich nicht rein zu meinem Vater?«
»Er hat ausdrücklich gesagt, daß er nicht gestört werden will.«
»Was macht er denn eigentlich?«
»Er hat etwas sehr Wichtiges zu schreiben.«
Hans öffnete dennoch vorsichtig die Tür zum Arbeitszimmer seines Vaters.
»Was ist denn, Junge?« sagte Tanner ärgerlich. »Du siehst doch, ich habe zu tun.«
Tanner drehte sich um, sagte plötzlich: »Komm mal her, Junge.«
Hans kam heran.
Sein Vater legte ihm die Hand auf die Schulter und murmelte: »Junge, jetzt weiß ich erst, was ihr in der Schule leisten müßt. Da raucht einem ja der Kopf.«

So ging der Nachmittag dahin.
Gegen Abend übergab Tanner seinem Sohn einen Brief. »Gib das deiner Lehrerin.«
»Was ist denn das?« fragte Hans verdutzt.
»Ich habe einen Aufsatz geschrieben.«
»Was hast du?« staunte der Junge.
»Ein paar Gedanken zu Papier gebracht«, sagte Tanner ärgerlich, »es hat eine Menge Arbeit gekostet.«
»Was soll denn Frau Doktor Grothe damit?«
»Zensieren, zensieren«, murmelte Tanner, sah seinen Jungen bedrückt an. »Sieht aus, als kriegten wir beide eine Sechs.«

In der Schule ließ Frau Doktor Grothe den Schüler Hans Tanner nach vorne kommen, übergab ihm ei-

nen Briefumschlag und sagte: »Bring das deinem Vater.«
Zugleich nahm sie den Briefumschlag in die Hand, den Hans ihr reichte.
Nachdenklich wog sie ihn in der Hand, als prüfe sie ihn schon vom Gewicht her.

Zu Hause war Herr Tanner schon ganz gespannt. Er ging seinem Jungen entgegen. »Was für mich?«
Aufgeregt nahm er den Briefumschlag entgegen, verzog sich in sein Arbeitszimmer, brach den Brief auf und las ihn.
›Heute nachmittag erschien der Vater eines Schülers bei mir in der Wohnung. Er beklagte sich über die schlechte Note, die ich dem Schulaufsatz seines Sohnes gegeben habe. Im Gegensatz zu mir, der Lehrerin seines Sohnes, fand er den Aufsatz großartig. Ich versuchte ihm zu erklären, daß der Schüler das Thema des Aufsatzes nicht erfaßt habe. Das Thema hieß Gebäudebeschreibung. Als zu beschreibendes Gebäude hatte ich das Schulgebäude genannt, weil alle Schüler dieses Gebäude kennen. Es kam auf eine detaillierte Beschreibung an, die Rückschlüsse zulassen würde auf die Beobachtungsgabe des Schülers wie auch auf seine Fähigkeit, sich logisch auszudrükken.‹
Tanner überflog die nächsten Passagen, las wieder langsamer: ›Der Vater des Schülers war ganz uneinsichtig, sprach vage und unpräzise von Gefühl und Phantasie, bemühte sogar das Unbewußte . . .‹
»Bemühte sogar das Unbewußte«, wiederholte Tanner laut und ärgerlich.

Frau Doktor Grothe saß an ihrem kleinen Schreibtisch, hatte gegessen und trank eine Tasse Kaffee. Nebenbei las sie den Brief Tanners.
›Ich hatte heute ein aufregendes Erlebnis. Mein Sohn brachte eine Sechs mit nach Hause. Sie stand in roter Tinte, was ich ein wenig aggressiv finde, unter einem Klassenaufsatz, den mein Sohn anzufertigen hatte. Ich war erschrocken, wie jeder Vater erschrokken ist, wenn er von einer schlechten Note seines Sohnes erfährt. Ich las den Aufsatz durch, und es geschah etwas Merkwürdiges: Mir gefiel der Aufsatz. Ich dachte mir: Nanu? Was ist denn das? Bist du nicht ganz bei Trost? Oder ist es etwa die Lehrerin nicht? Verzeihen Sie, Frau Doktor Grothe, ich kannte Sie ja noch nicht. Sie haben Anspruch auf meine ehrliche Meinung. Und die war nun mal so: Die Dame muß nicht alle Tassen im Schrank haben. Ich suchte sie auf, überfiel sie förmlich in ihrer Wohnung. Als ich sie sah, war ich irritiert, eine Frau, die leider gar nicht so aussah, wie ich sie mir vorgestellt hatte. Wenn sie mir unsympathisch gewesen wäre, hätte ich meinen Zorn behalten können, sozusagen in voller Sturmstärke ...‹
»Sturmstärke«, wiederholte Frau Doktor Grothe laut und las weiter: ›Aber so verlor sich der Zorn. Man kommt als schnaubender Stier an und hat dann plötzlich nichts mehr, womit man schnauben kann ...‹
»Womit man schnauben kann ...«, wiederholte die Lehrerin und lächelte.
Sie las weiter: ›Das erste, was mir auffiel – warme Augen, herzliche Augen. Die Herzlichkeit ein biß-

chen – zurückgenommen. Sie hat sich angewöhnt, dachte ich, diese Herzlichkeit, diese Fähigkeit dazu, nicht zu zeigen. Sie trug ihren Beruf wie eine Uniform, wirkte dadurch ein bißchen steif, was sie nicht war. Sie hatte Humor, was sie bewies. Sie sagte: Warum akzeptieren Sie Kaffee, wenn Sie ihn nicht vertragen? Das ist doch unlogisch. Selbst die Tatsache, daß ich Kaffee nicht vertrage, gebrauchte sie für ihre Argumentation. Das wiederum bewies Intelligenz. Nun, welche Chance hat man gegen eine Frau, die sehr warme Augen hat, sehr herzlich ist und dazu noch intelligent? Ich fühlte mich äußerst unbehaglich, war auf meinen Zorn angewiesen, der einfach nicht mehr vorhanden war. Hingegen stellte sich ein Wohlbefinden ein, das immer stärker wurde, je mehr ich ihr zuhörte und sie ansah . . .‹
Frau Doktor Grothe ließ das Blatt sinken, schwieg eine ganze Weile, ganz ihren Gedanken hingegeben.

»Herr Tanner, Telefon«, rief Frau Schneider, »wo sind Sie denn?«
Herr Tanner kam aus dem Garten.
»Wer ist am Apparat?«
»Eine Frau Doktor Grothe.«
Tanner nahm den Hörer auf, meldete sich mit gepreßter Stimme.
Die Lehrerin hatte eine ganz normale Stimme, bemühte sich um eine gewisse Kühle.
»Ich habe da gerade Ihren Aufsatz durchgelesen. Ehe ich da mein Zeichen druntersetze – nicht gerade rot, wenn Ihnen Rot nicht gefällt –, möchte ich Sie gern sprechen, weil mir da einiges noch unklar ist –

und ich jede Unklarheit beseitigen möchte, bevor ich meine Zensur gebe. Haben Sie Zeit heute abend? Ich würde uns etwas zu essen machen. Mögen Sie Fisch? Da ja Ihr Magen offenbar nicht ganz in Ordnung ist.«

»Ja, ich mag sehr gern Fisch«, stotterte Tanner ein wenig.

»Und welchen Wein soll ich kalt stellen? Mosel, Rhein, Nahe?«

»Was Sie wollen«, flüsterte Tanner, »mir ist alles recht. – Wann sagten Sie? – Acht Uhr. – Jaja, nein, nein, ich habe nichts anderes vor. Würden Sie es als unlogisch empfinden, wenn ich mich freue? – Durchaus nicht, sagen Sie? Also dann, bis heute abend.«

Herr Tanner legte den Hörer auf, ein wenig träumend, abwesend. Er atmete tief auf, sah seinen Sohn an, der gerade hereinkam, und sagte: »Ich habe gerade mit deiner Lehrerin gesprochen.«

»Hat sie deinen Aufsatz zensiert?« fragte Hans.

»Hat sie, hat sie«, murmelte Tanner, »aber ich weiß nicht wie. Doch – eine Sechs war das nicht. Oder ich versteh nichts von Sechsen. Es war –«, er überlegte, »– drei bis vier? Es könnte auch eins bis zwei gewesen sein.«

Er richtete sich auf.

»Vielleicht aber auch kommt dein Vater heute abend mit einer Eins nach Hause.«

Experiment mit Luise

Annemarie betrat das Café, suchte und fand ihre Freundin Carla. Sie saß allein an einem Tisch, stand gleich auf, als sie Annemarie sah, umarmte sie, küßte sie auf die Wangen.

»Schön, daß du gekommen bist«, sagte sie.

»Wo brennt es denn?« fragte Annemarie. »Hast du Ärger mit Rolf?«

»Nein, obwohl es um ihn geht. Bitte, setz dich.«

Annemarie setzte sich.

»Ich brauche deinen Rat«, sagte Carla. »Rolf hat mich gefragt, ob ich ihn heiraten will.«

»He«, lachte Annemarie, »herzlichen Glückwunsch.«

»Soweit ist es noch nicht«, widersprach Carla.

»Wie?« wunderte sich Annemarie. »Ihr seid seit einem Jahr ununterbrochen zusammen, macht alles zusammen. Darauf wartet doch jeder, daß ihr endlich heiratet.«

»Ja«, sagte Carla und seufzte ein wenig, »aber ich habe Angst bekommen.«

»Was ganz natürlich ist«, sagte Annemarie und lachte, »in der Nacht vor meiner Hochzeit war ich schweißgebadet.«

»Ich will keinen Fehler machen«, sagte Carla, »und frage dich: Mache ich einen? Du kennst Rolf ja auch. Du bist verheiratet. Und du hast Erfahrung.«

Annemarie wehrte ab: »Ich kann dir das Risiko nicht abnehmen.«

»Aber ich will es klein halten«, sagte Carla, »so klein wie möglich.« Sie sah ihre Freundin fest an. »Ich habe mir etwas ausgedacht: »Ich möchte ihn auf die Probe stellen.«
Annemarie lachte überrascht. »Wie kann man einen Mann auf die Probe stellen?«
»Hör mir zu«, sagte Carla, »ich habe heute abend ein paar Leute eingeladen. Ich möchte, daß du auch kommst.«
»Ja, gerne,« sagte Annemarie, »aber sagtest du nicht, du willst Rolf auf die Probe stellen?«
»Ja, ich lade nämlich auch Luise ein.«
»Luise?« Annemarie hob ihre Stimme, zog das Wort lang, sah ihre Freundin neugierig an. »Luise ist das gefährlichste Mädchen, das ich kenne. Sie geht auf jeden Mann los. Sie ist hemmungslos, dabei ungeheuer charmant, und meistens gelingt ihr auch, was sie sich vornimmt.«
Carla sagte nichts.
»Aha«, murmelte Annemarie, »du willst sehen, wie Rolf sich benimmt. Kennt er Luise?«
»Er hat sie noch nie gesehen!«
Annemarie atmete auf. »Liebes Kind«, sagte sie besorgt, »bist du dir klar darüber, was du riskierst? Rolf sieht gut aus, er ist ein guter Gesellschafter, hat selber Charme, und ein Kind von Traurigkeit ist er auch nicht.«
»Eben deswegen«, sagte Carla nüchtern. »Was hältst du davon?«
»Wenn ich mir Luise vorstelle . . .«, sagte Annemarie, »dann muß ich das ein halsbrecherisches Unternehmen nennen.«

»Nenn es, wie du willst«, sagte Carla entschlossen, »die Einladungen sind raus. Und Luise – hat zugesagt. Sie komme sehr gerne.«

Carla hatte eine hübsche Wohnung, nicht zu groß, um sich darin zu verlaufen, nicht zu klein, um sich beengt zu fühlen.

Carla war eine gute Gastgeberin. Sie verstand es, eine gewisse Stimmung zu erzeugen, die aus der Normalität herausführte, die von angenehmer Leichtigkeit war, die Gäste heiter und beschwingt werden ließ.

Annemarie kam mit ihrem Mann und sah sich sogleich suchend um.

Luise war unübersehbar. Sie war umgeben von Männern, hatte ein Glas in der Hand, den Kopf zurückgeworfen, das Kreuz durchgedrückt. Sie stand in einer Weise da, daß ihre Figur zur Geltung kam. Ihr Haar war diesmal feuerrot und warf gleichsam Blitze.

Rolf stand bei ihr, kräftig, stark, gutgelaunt und ließ keinen Blick von Luise.

Carla nahm Annemarie beiseite.

»Ich sehe schon«, sagte Annemarie, »er ist voll drauf abgefahren.«

»Ja«, murmelte Carla, »er sah sie und veränderte sich von einer Sekunde auf die andere. Es ist, als ob ein Kriegsschiff eine Flagge hochzieht.« Trocken fügte sie hinzu: »Und alle Matrosen geben Signale.«

»Na, du hast Humor«, erwiderte Annemarie.

Sie sah zu Luise hinüber. Es war schon bewegend zu sehen, wie sehr Luise in ihrem Element war. Sie drehte sich, warf den Kopf herum, daß die Haare flogen, es knisterte von Funken. Sie blitzte mit den Augen, lachte herzlich, zeigte ihre weißen Zähne und sagte außerdem noch gescheite Sachen, was besonders Rolf zu entzücken schien. Er fing an, sich selber geschmeidig zu bewegen, und fühlte sich seinerseits herausgefordert, seinen Verstand zu gebrauchen.

Annemarie trat hinzu, begrüßte Luise und Rolf und hörte eine Weile zu.

Luise war in voller Fahrt. Sie genoß die Bewunderung, die ihr die Männer entgegenbrachten, das Mißfallen der Damen genoß sie in gleicher Weise. Es lag ein Hauch von Provokation in der Luft, von heiterer Provokation. Alle fühlten sich beschwingt und auch leichtsinnig, ein Leichtsinn, der jedem wohl zu tun schien.

Rolf besuchte Carla in der Küche.

»Die Frau ist ja fabelhaft«, sagte er, »wieso hat man mir die so lange vorenthalten?«

»Was gefällt dir an ihr?« fragte Carla.

»Nun«, sagte Rolf, »eigentlich alles. Eine gescheite Person und zugleich eine Frau, die weiß, daß sie eine Frau ist, und die alles ausspielt . . .«

»Spielt sie aus?« fragte Carla.

»Und wie sie ausspielt!« sagte Rolf. »Ich bin hingerissen. Aber nicht ich allein«, fügte er hinzu, »alle sind hingerissen.«

»Alle Männer«, korrigierte sie.

»Ja, natürlich«, sagte er lachend, fragte: »Kann ich ihr ein paar Lachsbrötchen bringen? Sie hat Hunger.«

Sie gab ihm ein paar Lachsbrötchen, und er verschwand.

Annemarie suchte Carla auf und meinte: »Was deine Probe angeht, da habe ich gewisse Befürchtungen.«

»Hm«, erwiderte Carla, »er hat mir gerade gesagt, daß er sie hinreißend findet.«

Sie sah hinaus ins Wohnzimmer und sagte: »Er legt gerade Musik auf. Tanzmusik.«

Man hörte die kräftige Stimme von Rolf: »Es darf getanzt werden.«

Teppiche wurden zurückgerollt, Sessel verschoben. Der erste Tänzer war Rolf.

Er hatte Luise an sich gezogen und bewegte sich mit ihr über das Parkett.

»Siehst du?« flüsterte Annemarie.

»Ich sehe es«, antwortete Carla nüchtern, »er hat einen ganz idiotischen Gesichtsausdruck.« Sie beruhigte sich selber: »Aber den haben wahrscheinlich alle Männer, wenn sie auf dieser Art von Kriegspfad sind.«

»Deine Gelassenheit möchte ich haben«, sagte Annemarie und fügte hinzu: »Das Experiment geht schief.«

Carla antwortete nicht.

Sie servierte nun auch den anderen Gästen Lachsbrötchen, sorgte für Getränke, bewegte sich durch die Schar ihrer Gäste, hielt die Unterhaltung in Gang, während Rolf sich mit Luise zurückgezogen hatte. Sie hatten eine Ecke belegt, die Sessel nahe zueinandergeschoben.

Rolf sah Luise mit wahrer Begeisterung an.

Und Annemarie dachte: Seine Matrosen signalisieren unentwegt. Wahrscheinlich, daß er kapitulieren möchte.

Das Fest ging langsam dem Ende zu. Die Gäste verabschiedeten sich, einer nach dem anderen, nur Luise und Rolf schienen die Zeit vergessen zu haben. Auch Annemarie verabschiedete sich mit ihrem Mann, flüsterte Carla zu: »Sag mir, wie es ausgegangen ist.«
Als Annemarie und ihr Mann die Wohnung verließen, waren nur noch drei Leute da: Carla, Rolf und Luise.

Mehrere Tage lang hatte Annemarie keine Gelegenheit, mit Carla zu sprechen.
Sie trafen sich erst Wochen später.
»Jetzt mußt du mir aber erzählen«, sagte Annemarie, »wie dein Experiment ausgegangen ist.«
»Tja«, antwortete Carla langsam, »wir waren nur noch zu dritt in der Wohnung. Aber auch Luise mußte schließlich nach Hause. Rolf sagte: Ich lasse sie auf keinen Fall mit ihrem Wagen fahren. Sie hat getrunken, ich fahre sie nach Hause.«
»Aha«, sagte Annemarie.
»Nun«, murmelte Carla, »das dachte ich auch. Er brachte sie hinunter. Ich stellte mich ans Fenster und sah, wie sie aus dem Haus kamen. Sie umarmten sich sofort und küßten sich. Dann brachte er sie nach Hause, kam nach einer Stunde zurück, war von merkwürdiger Selbstvergessenheit, saß ganz stumm auf dem Sofa und wollte unbedingt noch Vivaldi hören.«

»Arme Carla«, sagte Annemarie.
»Wieso arme Carla?« widersprach Carla. »Ich heirate morgen.«
»Du heiratest? Ja, wen denn?«
»Ich heirate Rolf.«
»Aber . . .«, meinte Annemarie, »er hat die Probe doch gar nicht bestanden.«
Carla lächelte schwach. »Es ist die Frage, wie man die Sache ansieht. Bestanden oder nicht bestanden – eins weiß ich jetzt jedenfalls ganz genau . . .«
Sie atmete tief und sagte: »Ich bekomme einen ganz normalen Mann.«

Platz für eine nasse Katze

Ich hatte vergessen, Blumen zu besorgen, und fuhr zum Hauptbahnhof. Der Blumenstand würde noch offen sein, obwohl es schon sehr spät war.
Ich hatte es eilig. Im Büro hatte es länger gedauert, und Marianne wartete auf mich. Ich hatte sie angerufen und ihr gesagt, daß ich etwas später kommen würde.
»In Ordnung«, hatte sie geantwortet, aber es klang ein wenig enttäuscht.
Der Abend würde für mich wichtig sein, für mich und auch für sie. Ich spürte das kleine Kästchen in der Hosentasche, das Samtkästchen, in dem sich der Verlobungsring befand.
Der Verkehr draußen hatte nachgelassen, nur wenige Autos bahnten sich ihren Weg durch ein Gemisch von Schnee und Regen.
Ich schlug den Mantelkragen hoch, als ich vor dem Bahnhof aus dem Wagen stieg. Der Wind peitschte mir ins Gesicht. Ich lief in die Bahnhofshalle hinein.
Der Blumenstand war tatsächlich noch nicht geschlossen. Die Blumenfrau machte mit mir ihr letztes Geschäft.
»Ziemlich spät«, sagte sie, »für rote Rosen.«
Sie hatte recht, ich hätte eher daran denken sollen, aber ich hatte vormittags noch zu tun gehabt, war losgesaust, um ein Geschenk für Marianne zu finden. Ein alter Fehler von mir, Geschenke im letzten Moment zu besorgen. Ich war wie immer schuldbe-

wußt und versucht, mich bei der Blumenfrau zu entschuldigen, die mir jetzt den Rosenstrauß übergab. Ich sah auf die Uhr. Marianne würde schon warten, im Kamin würden die Holzscheite brennen, der Rotwein war sicher schon bereitgestellt. Der Tisch würde gedeckt sein.
Ich nahm die Rosen in die Hand und wollte zum Wagen.
Da sprach mich ein junges Mädchen an. »Verzeihen Sie.«
Das Mädchen war etwa zwanzig Jahre alt. Es war nicht sehr groß, es trug einen Wollmantel, der sicher die Kälte nicht abhielt. Man sah dem Mädchen an, daß es fror, das Gesicht war ohne Farbe, wirkte klein und ein wenig spitz.
»Ja?« sagte ich.
»Ich habe meinen Anschlußzug verpaßt«, sagte das Mädchen, »und muß hier übernachten. Kennen Sie hier in der Nähe eine Pension, wo man übernachten kann?«
»Jaja«, sagte ich, »Hotels gibt es haufenweise, gleich gegenüber, alle Seitenstraßen sind voll von Hotels –«
»Ich weiß«, murmelte das Mädchen, »aber ich habe nicht sehr viel Geld. Ich war nicht darauf gefaßt, übernachten zu müssen.«
»Na ja«, sagte ich und spürte Ungeduld, »dann fragen Sie doch nach dem Preis. Wenn er Ihnen zu hoch ist, dann gehen Sie zum nächsten Hotel –«
»Jaja«, meinte das Mädchen. Offensichtlich bemerkte sie meine Ungeduld, sie trat einen Schritt zurück. Sie schien zu bereuen, mich angesprochen zu haben, und lächelte mich schwach an.

»Warten Sie mal«, sagte ich, »ich habe einen Wagen draußen, ich setze Sie beim nächsten Hotel ab.«
»Nein, nein.« Nun war sie ganz verwirrt. »Der Koffer ist nicht schwer.«
Ihr Widerstand ärgerte mich plötzlich, ich nahm ihren Koffer in die Hand.
»Na, na«, sagte ich, »aber leicht ist er auch nicht. Kommen Sie.«
Ich ließ ihr keine Wahl, schleppte ihren Koffer und ging einfach los.
Sie blieb an meiner Seite. »Bitte«, sagte das Mädchen, »ich will Sie nicht belästigen –«
»Ach was«, sagte ich, »Sie belästigen mich nicht.«
Obwohl sie genau das tut, dachte ich.
Ich brachte sie zu meinem Wagen.
Der starke Wind trieb den Schneeregen fast waagerecht durch die Luft.
Ich öffnete den Wagen, ließ das Mädchen einsteigen.
Vernünftige Schuhe hat sie auch nicht, dachte ich und war plötzlich ärgerlich. Warum kümmerte ich mich auch um fremde Leute, obwohl ich selbst nicht die geringste Zeit hatte.
Das Mädchen saß schweigend neben mir, hielt den Kopf gesenkt. Sie spürte die Fremdheit ebenso wie ich. Mich machte sie ärgerlich, sie unglücklich.
Ich fuhr in die nächste Straße hinein, hielt Ausschau nach einem Hotel, das nicht zu großartig aussah, fand auch eins, das nun wiederum einen finsteren Eindruck machte. »Das wäre was«, sagte ich, hielt den Wagen an, gab ihr den Koffer.
»Ja, danke«, sagte das Mädchen, warf mir zum er-

sten Mal einen offenen Blick zu. Graublaue Augen, völlig ohne Glanz.
»Schon gut«, antwortete ich und sah sie im Hoteleingang verschwinden.
Ich wollte losfahren, aber eine gewisse Neugier überkam mich. Es schien mir plötzlich, als müsse ich unbedingt wissen, ob sie untergekommen war.
Das Mädchen erschien wieder mit ihrem Koffer.
Sie erschrak, als sie mich noch sah.
»Was ist los?« fragte ich.
»Sie haben kein Zimmer frei«, sagte das Mädchen, »aber bitte, fahren Sie nur los.«
»Ich kann Sie doch nicht stehenlassen«, sagte ich ärgerlich, öffnete die Tür und ließ sie einsteigen.
Sie zögerte.
»Na, steigen Sie schon ein«, brummte ich, »so schön ist es draußen auch nicht.«
Das Mädchen stieg ein, saß neben mir, naß und beklommen.
Herrgott, dachte ich, worauf läßt du dich da ein? Ich kann doch nicht herumfahren und einem wildfremden Menschen ein Zimmer besorgen. Irgendwie ist doch jeder für sich selbst verantwortlich.
Ich sah mir ein paar Hotels an. Marmor draußen, Baldachine, Glastüren.
»Wieviel Geld haben Sie denn?« fragte ich.
Das Mädchen holte einen Geldbeutel aus ihrer Handtasche, öffnete ihn.
Irgendwie rührte mich dieser Geldbeutel. Er war altmodisch, ein abgegriffener Lederbeutel.
Das Mädchen zählte das Geld, stumm, sprach kein Wort dabei.

»Fünfzig Mark«, sagte sie dann, und als fühle sie sich verpflichtet, korrekt zu sein, setzte sie hinzu: »Ungefähr.«
»Ungefähr fünfzig Mark?«
»Nicht sehr viel, nicht wahr?« fragte das Mädchen mit blasser Stimme.
»Nein, nicht sehr viel«, sagte ich.
Mir war plötzlich sehr komisch zumute, so als habe der einfache Vorgang des Geldzählens die Beziehung zwischen mir und dem Mädchen verändert.
»Passen Sie auf«, sagte ich, »ich bin eingeladen. Sie fahren jetzt mit mir dahin. Und von dort aus werden wir ein paar Pensionen anrufen, nach einem Zimmer fragen und danach, was es kostet. Wir können ja nicht bei Kälte und Regen herumsuchen.«
Das Mädchen sagte nichts, hielt den Kopf gesenkt, ein paar strähnige, blaßblonde Haare fielen ihr ins Gesicht.
Und ich dachte: Um Himmels willen, was tust du da. Du kannst dieses Mädchen doch nicht zu Marianne bringen . . .

Marianne machte die Tür auf.
Sie hatte ein Abendkleid angezogen, sie hatte Schmuck angelegt, sie war sehr gut frisiert.
»Hallo«, sagte sie und musterte das nasse Mädchen an meiner Seite.
»Entschuldige«, sagte ich, »ich komme zu spät, ich weiß, aber ich habe hier auf dem Bahnhof diese junge Dame getroffen, die ihren Zug verpaßt hat und ein Zimmer sucht.«
Marianne sagte spitz: »Bei mir?«

»Nicht bei dir, natürlich nicht«, sagte ich ärgerlich und dachte: Warum hilft sie mir nicht?
»Man könnte telefonieren, um der jungen Dame ein Zimmer zu besorgen. Sie hat nicht sehr viel Geld, um die fünfzig Mark.«
Wortlos ließ Marianne uns eintreten. Der Kamin brannte tatsächlich, der Tisch war gedeckt, die Kerzen waren angezündet. Sie verstand sich darauf, einem Raum eine festliche Atmosphäre zu geben.
Kein größerer Gegensatz war denkbar. Marianne bot ein Bild der Schönheit, der Gepflegtheit. Das Mädchen, das ich mitgebracht hatte, stand neben dem Allerweltskoffer wie eine nasse Katze, blaß, verfroren, strähnig.
»Kann ich mal das Telefonbuch haben?« fragte ich und dachte: Himmel, Marianne, sei nett, hilf mir, hilf auch diesem armen Kind da. Mach daraus keine Affäre.
Aber Marianne blieb eisern im Gerüst ihrer ruhigen Schönheit, sagte: »Kann ich dich mal sprechen?«
Sie nahm mich mit ins Nebenzimmer, schloß die Tür und sagte: »Unmöglich.«
Ich versuchte ihr zu erklären, was man nicht erklären kann. Daß man ein paar Gedanken hat, die sich plötzlich selbständig machen, daß man ein paar Worte denkt und sie dann auch ausspricht.
»Ich weiß nicht«, sagte ich, »ich habe keine Erklärung. Ich konnte das Mädchen nur nicht stehenlassen.«
»Was du hättest tun müssen«, sagte Marianne knapp. »Schick sie weg, sie soll sich ihr Zimmer selbst suchen.«

»Moment, Marianne«, sagte ich, »das geht nicht.«
»Wieso geht das nicht?«
»Irgendwie geht das nicht mehr«, beharrte ich, »die Geschichte kann nicht so ein Ende finden –«
»Eine Geschichte?« fragte sie, sah mich groß an.
»Ja«, murmelte ich, »irgendwie ist daraus eine Geschichte geworden, die man nicht so abbrechen kann, nicht auf diese Weise.«
»Dann schicke ich sie raus«, sagte Marianne. »Mit mir hat diese Frau keine Geschichte«, setzte sie kühl hinzu.
»Das kannst du nicht machen«, sagte ich.
»Bleib hier im Zimmer«, meinte Marianne, »wenn du nicht dabeisein kannst.«
Ich starrte sie an.
»Marianne«, sagte ich, »du begreifst da was nicht.«
»Was begreife ich nicht?«
»Wenn du dieses Mädchen rausschickst –«
»Was dann?«
»Dann ist der Abend zerstört. Ich kann nicht genau sagen, was, aber irgendwas stimmt dann nicht mehr. Ich käme mir vor wie jemand, der einen Fehler gemacht hat, den er unter keinen Umständen hätte machen dürfen.«
»Was meinst du?« fragte sie mit einer Stimme, die plötzlich eisig war. »In einer Minute ist dieses Mädchen verschwunden.«
»In Ordnung«, sagte ich und formulierte da wieder einen Satz, der mir plötzlich irrsinnig gefiel und den ich auch aussprach, ohne lange nachzudenken. Ich sagte: »Sie verschwindet zusammen mit mir.«
Ich nahm den Koffer des Mädchens und sagte:

»Kommen Sie.« Ich brachte das Mädchen hinunter zu meinem Wagen und sagte: »Ich weiß ein Zimmer für Sie. Das Zimmer kostet Sie keinen Pfennig.«
Ich brachte sie zu meiner Mutter und sagte: »Mama, ich habe hier unterwegs eine nasse Katze gefunden, die nicht weiß, wohin.«
Meine Mutter sah mich an, sah das Mädchen an und sagte: »Ich habe immer ein Herz gehabt für nasse Katzen.«
So bekam das Mädchen ein Zimmer, und ich bekam auch etwas – ein merkwürdiges Gefühl, das schwer zu beschreiben ist: als hätte ich plötzlich, jenseits aller Fremdheit, eine besondere Beziehung zu allen anderen Menschen dieses Planeten.

Ursus

Mahler war ein großer, kräftiger Mann.
Er saß neben seinem Fahrer im Führerhaus des geschlossenen Transportwagens, betrachtete seinen Auftragszettel und verglich die dort aufgeführte Straße mit dem Straßenschild, das der Wagen gerade passierte.
»Gleich haben wir's«, sagte Mahler zu seinem Fahrer, der stumm den Wagen lenkte. »Da vorne das große Haus muß es sein.« Er wies den Fahrer an, einen Parkplatz zu suchen.
Der Fahrer brachte seinen Wagen am Bordstein zum Halten, sah das große Mietshaus an und murmelte: »Hoffentlich ist es nicht im vierten Stock.«
Mahler antwortete darauf nicht. Für ihn spielte es keine Rolle, aus welchem Stockwerk er Möbel transportierte. Er war bärenstark, das Gewicht von Möbeln brachte ihn nicht aus der Ruhe.
Mahler räusperte sich. »Bleib du erst mal hier«, sagte er und raffte seine Unterlagen zusammen.
Alwin grinste ein wenig. »Erst mal Seelenmassage, Chef?«
»Was für ein Wort!« sagte Mahler. »Es ist jedesmal eine besondere Situation, auf die man sich einstellen muß. Die Leute, die es trifft, haben ein Recht darauf.«
»Auf was?« Alwin ließ nicht locker.
Mahler reagierte ärgerlich. »Auf eine gewisse Schonung ihrer Gefühle. Es sind ja – verletzte Gefühle.«

»Ah was«, meinte Alwin, »die Leute haben sich ja selber in die Lage gebracht. Aber gut, Chef, gehen Sie rauf und sehen Sie nach, wie die Aktien stehen.«
Mahler sah noch einmal düster auf den Namen in seinen Papieren. »Eine Dame«, murmelte er, »sie wird sicher nicht aggressiv werden, aber weinen wird sie.«
Mahler ging ins Haus, vergewisserte sich, in welchem Stockwerk sich die Wohnung befand. Sie war tatsächlich im vierten Stock.
Das Treppenhaus war breit, mit angenehmen Rundungen. Es würde nicht schwierig sein, die Möbel herunterzutragen. Einen Tisch, einen Schrank, eine alte Truhe.
Mahler klingelte an der Wohnungstür, seufzte ein wenig, legte sein Gesicht in Falten und gab sich ein betrübtes, seriöses Aussehen.
Eine alte Dame öffnete die Tür ziemlich unvermittelt.
Oh, dachte Mahler, auch das noch.
Eine kleine alte Dame, weißhaarig, mit einem kleinen Kopf, großen dunklen Augen. Sie war der Typ, den Mahler mochte. Ihm wäre jemand lieber gewesen, der in ihm Antipathie erzeugt hätte, aber diese alte Dame hatte etwas Rührendes, allerdings etwas stählern Rührendes.
Mahler sagte seinen Spruch auf.
»Frau Unring?«
»Ja«, sagte die alte Dame und hielt die dunklen Augen fest auf ihn gerichtet.
»Ich komme im Auftrag des Amtsgerichtes, um hier ein paar Sachen abzuholen.«

Er streckte seine Papiere vor. »Ich habe hier eine Liste von Gegenständen, die ja der Gerichtsvollzieher schon beschlagnahmt hat.«
Sie sah ihn unverwandt an.
Er murmelte: »Sie sind ja sicher schon verständigt worden, daß heute der Tag ist –«, er räusperte sich, »– an dem Sie sich von den Sachen trennen müssen.«
Die alte Dame schloß wortlos die Tür, nicht einmal heftig, sondern sanft und in einer Weise, die etwas Endgültiges hatte.
Mahler dachte: Das wird schlimmer, als ich gedacht habe.
Er klopfte an die Tür.
»Frau Unring«, sagte er, »ich bin nur derjenige, der die Sachen abholt. Mit dem Vorgang selber habe ich ja nichts zu tun. Soll ich ein anderes Mal wiederkommen? Ich könnte sagen, daß Sie unpäßlich gewesen seien, krank. Vielleicht herzkrank und daß man Ihnen Aufregungen ersparen muß.«
Die Tür öffnete sich wieder.
»Ich bin nicht herzkrank«, fuhr die alte Dame Mahler an.
»Na ja«, meinte Mahler versöhnlich, »aber selbst jemand, der nicht herzkrank ist, hat ein Recht darauf, Aufregungen aus dem Wege zu gehen, wenn sie zu groß sind.«
Die alte Dame öffnete die Tür weiter, zeigte sich ganz. Sie trug ein Kleid, das in Schnitt und Länge konservativ war, sie trug es mit größter Selbstverständlichkeit und erwies sich als eine Frau, die sich selbst noch nie in Zweifel gezogen hatte.
»Ich bin in großer Aufregung, das ist richtig. Ob sie

unerträglich ist, das weiß ich noch nicht.« Sie sah ihn fest und durchdringend an. »Kommen Sie herein und sehen Sie sich an, was Sie zerstören wollen.«
Mahler betrat die Wohnung, sah sich um.
Eine kleine Wohnung, behaglich, alt, da war nichts modern; keine grellen Farben, sondern angenehme Brauntöne, dunkle Tapeten, alte Hölzer, die beiden Bilder an den Wänden zeigten alte Sujets, eine Dorfstraße mit besinnlichen Kühen, einen Hirtenjungen, der auf einer Flöte blies.
Amalie wies mit der Hand auf das Zimmer.
»Hier sehen Sie Ihre Gegenstände. Vielleicht bemerken Sie, daß es sich um keine gewöhnliche Einrichtung handelt. Da ist alles in besonderer Weise aufeinander abgestimmt, eine Arbeit, die Jahre in Anspruch genommen hat, bis sie erreicht war, die besondere Harmonie, die keine Veränderung mehr erträgt. Ein Zimmer ist dann gut eingerichtet, wenn derjenige, der es bewohnt, sich beschützt vorkommt.«
Mahler stand ein wenig ergeben, hörte der alten Dame zu und sah sich um.
»Hier in diesem Zimmer kam ich mir beschützt vor, hier war ich – in Sicherheit. Sie verstehen mich?« Ihre Stimme hatte einen stählernen Klang angenommen, in dem sich Ungeduld bemerkbar machte.
»Doch, doch«, murmelte Mahler, »ich verstehe Sie, ich bemühe mich, Sie zu verstehen.«
»Wenn man jung ist«, fuhr die alte Dame fort, »ist man in der Welt zu Hause. Wenn man älter wird, schränkt sich das ein, man begnügt sich schließlich mit dem Umkreis seiner vier Wände.«

Sie machte eine Pause, als wolle sie die Wirkung ihrer Worte abwarten.
»Nehmen Sie Platz«, bat sie dann.
»Ich habe noch sehr viel zu tun heute«, wandte Mahler ein.
»Aber so viel Zeit werden Sie doch haben, mit mir einen Kaffee zu trinken.«
Er sah sie überrascht an.
»Nun«, meinte er, »das kommt selten vor, daß ich zum Kaffee eingeladen werde.«
»Um so eher sollten Sie diese Einladung annehmen«, sagte die alte Dame bestimmt.
»Na gut«, gab Mahler nach, »ein Täßchen vielleicht, wenn es nicht allzu lange dauert.«
Mahler nahm Platz, während die alte Dame sich hin und her bewegte, Kaffeetassen aufstellte, in der Küche Wasser kochte. Sie war flink, hatte angenehme Bewegungen und warf ihm zwischendurch immer wieder einen Blick zu.
»Und zum Kaffee ein Schnäpschen«, sagte sie und kam mit einer großen Flasche.
»Ein Schnäpschen?« Mahler gab sich reserviert.
»Eins – oder auch zwei«, rief die alte Dame. »Sie verstehen, ich befinde mich in Abschiedsstimmung. Dieses Zimmer wird nie wieder so sein, wie es war. Es ist nur logisch, daß ich von besonderen Gefühlen erfüllt bin.«
Mahler nickte. »Was ich verstehe.«
»Und mir liegt daran, in diesem Moment nicht allein zu sein, Gesellschaft zu haben, jemanden, der mir helfen könnte, über diesen schlimmen Moment hinwegzukommen. Werden Sie das tun?«

»Ich werde alles tun, was ich kann«, beteuerte Mahler.
»Dann trinken Sie auch ein Schnäpschen mit mir.«
Mahler mochte nicht ablehnen, stieß mit der Dame an, trank das Schnäpschen und ließ es zu, daß sie ihm auch ein zweites einschenkte und dann ein drittes.
Ihre Augen bekamen Glanz, funkelten ihn an.
»Wissen Sie, daß ein Zuhause sterben kann? Wenn Sie Ihre Gegenstände –«, sie betonte das Wort verächtlich, »– entfernt haben, dann befinde ich mich in einem gestorbenen Zuhause, in dem auch ich nicht mehr leben möchte.«
»Na na«, sagte Mahler besorgt und widersprach nicht, als sie ihm ein viertes Schnäpschen einschenkte.
Die Stimmung stieg beträchtlich, was Mahler mit Erleichterung feststellte.
Es ließ sich mit der Dame angenehm plaudern, sie hatte ein interessantes Leben hinter sich gebracht, voller Erfahrungen, die sie mitteilte, in einer Weise, die für ihren bemerkenswerten Verstand sprach.
Sie goß erneut ein.
Ihre Wangen hatten sich gerötet, ihre Blicke waren noch funkelnder geworden, es blitzte geradezu darin von Lichtern.
»Sie bemerken sicher«, sagte sie, »daß ich den Moment hinauszuschieben versuche.«
Mahler nickte und lachte.
»Das bemerke ich wohl.«
Wieder hob Amalie ihr Glas. »Ihr Wohl. Wie ist Ihr Name?«

»Ich heiße Mahler. Ursus Mahler.«
»Ursus?« Sie lachte. »War das nicht ein Gladiator, der einer schutzlosen Frau beistand, indem er einen Stier tötete?«
»Ja«, sagte Mahler, »es war ein Mann, der Kraft besaß. Mein Vater hatte bei meiner Geburt die Hoffnung, daß mir ein solcher Name zustehen würde.«
Sie sah ihn bewundernd an. »Er steht Ihnen zu, ganz ohne Zweifel. Und ein Mann mit Kraft verträgt noch einen Schluck.«
Sie unterhielten sich weiter in der angenehmsten Weise. Bis Mahler fand, nun habe er genug Entgegenkommen gezeigt. Er nahm eine seriöse Miene an, stand auf und – schwankte. Er räusperte sich, war plötzlich zutiefst verwundert, hielt sich am Tisch fest und meinte: »Die Schnäpschen hatten es wohl in sich.«
Er suchte nach seiner Liste, überflog sie und stellte fest, daß er seine Blicke nicht mehr in der Gewalt hatte. Sie machten sich selbständig, das eine Auge wollte hierhin, das andere dahin. »Hm«, seufzte er.
Und Amalie sah ihn groß und streng an. »In diesem Zustand wollen Sie doch nicht etwa Möbel transportieren!«
»Ich fürchte«, gab Mahler zu, »das geht wohl nicht.«
Er starrte die alte Dame an, bemühte sich, einen Gedanken festzuhalten, der aus den Tiefen seines Unterbewußtseins nach oben wollte.
Es war ein unangenehmer Gedanke, und Mahler verdrängte ihn. Er bedankte sich bei der Dame, die sich anbot, ihn über die Treppe hinunterzubegleiten, aber er lehnte ab, brachte sich recht und schlecht auf

die Straße und marschierte auf den Wagen zu, in dem Alwin sich äußerst gelangweilt hatte und nun seinem Chef erschrocken entgegensah.
»Was ist denn los, Chef? Sind Sie – betrunken?«
»Das kann ich nicht abstreiten«, murmelte Mahler.
»Ja, wie?« fragte Alwin. »Räumen wir da nicht die Wohnung aus?«
»In diesem Zustand?« fragte Mahler. Und nun kam der Gedanke, der ihm unangenehm war, doch nach oben, und zwar mit aller Macht, erfüllte seinen Kopf mit jäher Klarheit: Sie hat mich aufs Kreuz gelegt. Sie hat mich betrunken gemacht.

Sie fuhren zurück, und Mahler erzählte: »Ihr Mann ist gestorben, hat ihr einen Berg Schulden hinterlassen. Aus der Wohnung muß sie raus, und die Möbel verliert sie auch. Klar, daß so eine Frau sich dagegen wehrt –«, er lächelte plötzlich, »– in einer Weise, die Bewunderung verdient.«
Er schwieg eine Weile und sagte dann: »In zwei, drei Tagen versuchen wir es noch mal.«

Er ließ sich eine Woche Zeit, ehe er mit Alwin erneut vor dem Mietshaus vorfuhr.
Er stieg die Treppe hinauf, wappnete sich mit Härte.
Die alte Dame öffnete die Tür.
»Ah«, sagte sie freundlich, »da sind Sie ja wieder.«
»Sie werden ja sicher damit gerechnet haben.«
»Rechnen muß man heutzutage mit allem«, sagte die alte Dame und trat von der Tür zurück. »Kommen Sie doch herein.«
Sie führte ihn in das schon vertraute Zimmer und

wandte sich lebhaft an ihn: »Ich muß mich bei Ihnen bedanken.«
»Bedanken? Wofür denn?«
»Sie haben mir ein paar Tage geschenkt, die ich – genossen habe. Ich habe die vertraute Umgebung genossen, in einer ganz unglaublichen Weise.« Sie funkelte ihn an. »Wissen Sie, daß Sie mir das Leben geschenkt haben?«
»Na«, meinte Mahler nüchtern, »das Leben doch sicher nicht.«
»Doch«, erwiderte die alte Dame, »der Vergleich ist nicht zu stark. Ich empfinde ein ganz starkes Gefühl der Dankbarkeit für Sie, dem ich Ausdruck verleihen möchte. Warten Sie einen Moment.«
Mahler wartete ein wenig unruhig, sah, daß die alte Dame mit strahlendem Lächeln zurückkam, in der einen Hand zwei Gläser, in der anderen die Flasche, die ihm schon bekannt war.
»Trinken?« fragte Mahler erschrocken.
»Das können Sie mir nicht abschlagen«, sagte die Dame mit herzlichem Lächeln, »Sie können mir nicht abschlagen, mich erkenntlich zu zeigen.«
Mahler seufzte auf.
»Nun ja«, murmelte er, »aber höchstens ein Glas.«

Der Fahrer Alwin hatte es sich im Transporter, der unten vor dem Hause wartete, bequem gemacht.
Er sah ab und zu auf die Uhr und begann sich Sorgen zu machen. Nach einer Stunde kam Mahler aus dem Haus, blinzelte ins helle Licht und setzte vorsichtig Fuß vor Fuß, hielt eine Hand ausgestreckt, als fürchte er, unsichtbare Wände zu berühren.

»Chef!« Alwin war entgeistert.
Mahler hob sich mühsam in den Wagen. »Eine ganz erstaunliche Frau. Ich habe mit ihr getrunken. Sie bot es mir an in einer Weise, daß ich nicht ablehnen konnte, ohne sie zu kränken.«
»Aber Chef«, sagte Alwin ratlos, »wie kriegen wir denn da die Möbel raus, wenn Sie da ständig zu trinken kriegen?«
»Das ist in der Tat ein Problem«, sagte Mahler und seufzte, »aber unlösbar ist es nicht. Muß eben ein anderer die Möbel holen.«

Und so geschah es auch.
Das Amtsgericht schickte einen anderen Spediteur.
Eine Woche danach stieg Mahler erneut die Treppe hoch, klingelte an der Wohnungstür der alten Dame. Die alte Dame öffnete, erkannte Mahler, sah ihn stumm an. Auch Mahler blieb stumm.
Wortlos ließ die alte Dame Mahler eintreten.
Er sah sich im Zimmer um. Es hatte in der Tat seinen Glanz verloren, der Schrank fehlte, die Anrichte, der alte kostbare Tisch. Seinen Platz nahm ein Allerweltsmöbel ein, blank, ohne Leben. Der Teppich fehlte, zwei der schönen alten Bilder fehlten, die über hundert Jahre alt gewesen waren.
Mahler murmelte: »Das sieht in der Tat traurig aus.«
Amalie sagte grimmig: »Ihr Kollege hat keinen Tropfen angerührt. Er funktionierte wie eine Maschine. Wie eine Maschine vollzog er das Zerstörungswerk, verlor keinen Blick an die Verwüstung und erst recht keinen Gedanken.«
Mahler sagte: »Ich habe mir allerdings Gedanken

gemacht. Über das, was Sie gesagt haben. Daß Wohnungen sterben können.«
Bitter entgegnete Amalie: »Was Sie hier vor sich sehen, ist eine tote Wohnung.«
»Ich sehe es«, sagte Mahler. »Haben Sie etwas zu trinken da?«
Sie schüttelte den Kopf. »Der Kummer, der Kummer«, sagte sie, »ich versuchte ihn zu bekämpfen.«
»Dann ist es wohl an mir«, sagte Mahler, »Sie einzuladen, mich zu revanchieren. Trinken wir bei mir zu Hause.«
Er lud Amalie in seinen Wagen, fuhr mit ihr hinüber in den Stadtteil, in dem er zu Hause war, stieg mit ihr die Treppe hoch.
»Ich wohne auch ziemlich hoch«, sagte Mahler und schloß seine Wohnung auf. »Kommen Sie nur herein. Meine Frau ist gestorben, die Kinder sind aus dem Haus. Ich komme mir manchmal einsam vor, obwohl es sich um mein Zuhause handelt. Jetzt die Tür rechts, gehen Sie nur hinein.«
Amalie öffnete die Tür, betrat das Zimmer.
Es traf sie wie ein Schlag. Sie sah ihre Möbel, ihren Schrank, ihre Anrichte, ihren Tisch, ihren Teppich und die zwei dunklen alten Bilder, die Dorfstraße mit den besinnlichen Kühen und den Hirtenjungen, der seine Flöte blies.
Amalie war fast verstört, wandte sich langsam um, sah Mahler an.
»Meine Möbel, meine Teppiche, meine Bilder. Wie kommen die denn hierher?«
»Ich habe Ihre Schulden bezahlt. Da Sie Ihre Wohnung sowieso nicht halten können, dachte ich – ich

könnte Ihnen vielleicht, gegen Geld natürlich, dieses Zimmer anbieten.«
Amalie sah ihn an. Sie konnte nichts sagen, weil ihr zuviel einfiel.
»Ihre Schulden«, fuhr Mahler fort, »können Sie ja bei Gelegenheit zurückzahlen, wenn Sie wollen und können, aber wichtig ist ja erst mal, daß wir das tote Zuhause wieder zum Leben erwecken, worauf es doch ankommt.«
»Sie sind verrückt«, murmelte sie.
Er lächelte. »Na, endlich sagen Sie mir auch mal was Nettes.«

Die Spanierin

Ulrich durchstreifte die Säle, in denen das Faschingsfest stattfand. Zweitausend Menschen hatten sich maskiert, waren fröhlich, wogten durcheinander, tanzten, lachten, eingehüllt in jenen ausgelassenen Lärm, den es nur in der Faschingszeit gibt, wenn Musik und Gelächter sich mischen.
Ulrich war noch nicht auf seine Kosten gekommen. Er ging als Seeräuber und hatte sich nicht nur äußerlich darauf eingestellt – mit Ringelhemd und Augenklappe –, sondern war auch innerlich in Freibeuterstimmung. Sein Blick wanderte hin und her, immer auf der Suche nach dem Mädchen, mit dem sich ein netter Abend verbringen ließ.
Er hatte ab und zu getanzt, aber es hatte noch nicht gefunkt. Auf den Funken wartete er, der ihn entzünden würde. Was ziemlich leicht sein würde, denn er kam sich, nach dem langen Winter, wie ein trockener Holzhaufen vor, der schnell in hellen Flammen stehen würde.
Er war nicht untätig, er sprach mal hier, mal dort ein Mädchen an, stieg Treppen hinauf, um in den oberen Räumen Ausschau zu halten, er war erfüllt von jener glücklichen Unruhe, wie jemand, der ein Los in der Tasche hat und auf die Ziehung wartet, in der Hoffnung, einen irrsinnigen Gewinn zu machen.
Er hatte die Hoffnung fast schon aufgegeben, als er in einer Nische ein Mädchen sitzen sah. Er sah sie gerade in jenem Moment, als sie laut lachend den

Kopf zurückwarf, daß die schwarzen Haare flogen. Eine Spanierin im schwarzen Spitzenkleid, tief ausgeschnitten, daß dem Blick genügend geboten wurde. An ihrem Tisch saßen andere Mädchen und auch junge Männer, die sich in bester Laune befanden.

Eine innere Stimme sagte Ulrich: Diese da. Er blieb stehen und ließ keinen Blick von dem Mädchen, das zu reden begann, sich in voller fröhlicher Aktivität befand. Wie ihre Augen blitzten, mit welcher Anmut sie die Hände bewegte, wie ihre Blicke hin und her gingen!

Jetzt standen ihre Nachbarn auf, gingen zur Tanzfläche, das Mädchen saß allein am Tisch.

»Hallo.« Ulrich ging auf das Mädchen zu. »Man bringt es fertig, Sie allein hier sitzen zu lassen? Das sind Unmenschen, zu denen ich nicht gehöre. Darf ich bitten . . .?«

Das Mädchen lachte ihn an.

»Wie ein Unmensch sehen Sie auch nicht aus.«

»Eine hübsche Feststellung«, sagte Ulrich und lachte, »am Beginn einer Bekanntschaft.«

»Dennoch«, sagte das Mädchen, »kann ich Ihrer Einladung nicht folgen.«

»Sie tanzen nicht?« staunte Ulrich.

»Kommen Sie mal her«, sagte das Mädchen, »noch näher«, befahl sie.

Er sah, daß sie ein Bein auf dem Nebenstuhl ausgestreckt hatte. Anmutig zog sie das lange Kleid hoch, und Ulrich sah ein Gipsbein.

»Sie können sich auch darauf verewigen«, sagte das Mädchen, »wie Sie sehen, sammle ich Autogramme.«

Der weiße Gips war bedeckt mit Namenszügen, aufgetragen mit einem blutroten Lippenstift.
»Hehe«, staunte Ulrich, »wo hat es Sie denn erwischt?«
»In den Dolomiten«, rief das Mädchen lachend, »bei Nebel. Ich flog durch die Luft wie eine Rakete.«
»Kompliziert?« fragte Ulrich.
»Es geht«, sagte das Mädchen, »aber für die Faschingszeit bin ich lahmgelegt. Sie sehen, Sie müssen sich eine andere Tanzpartnerin aussuchen.«
»Darf ich Platz nehmen?« fragte Ulrich.
»Bringen Sie sich nicht um Ihr Vergnügen«, meinte das Mädchen trocken, »Sie dürfen sich hier hinsetzen und ein Glas mit mir trinken, aber dann verschwinden Sie wieder.«
»In Ordnung«, sagte Ulrich lachend, winkte dem Ober und bestellte eine Flasche Sekt.
Das Mädchen hatte sich ihm voll zugewandt.
Herrgott, dachte er, sie ist es. Genau so ein Mädchen habe ich gesucht. Sie war der Typ, den er liebte: dieses wache Gesicht, dieses lebendige Spiel von Empfindungen, dieser schnelle Wechsel des Ausdrucks in den Augen. Nichts war starr und unlebendig.
Im Moment sah sie ihn etwas spöttisch an. Sie sagte: »Legen Sie sich nicht fest. Auf den Fasching geht man, um herumzutoben, nicht um an einem Tisch zu sitzen mit jemandem, der sich nicht bewegen kann.«
»Ah was«, sagte Ulrich, »mir gefällt es, hier zu sitzen. Was will man auf einem Faschingsfest? Man will sich amüsieren, man will flirten. Dazu brauche ich das Tanzen nicht.«
»Flirten wollen Sie?« sagte das Mädchen, warf wie-

der lachend den Kopf zurück, brachte mit Schwung die langen Haare nach hinten.
»Natürlich nur, wenn ich Ihnen damit nicht lästig falle.«
»Na, es geht gerade noch«, sagte das Mädchen lächelnd, »ein bißchen dürfen Sie aus sich herausgehen. Außerdem bin ich neugierig, was Sie darunter verstehen.«
»Man zeigt seine Sympathie«, sagte Ulrich eifrig, »irgendwie bringt man zum Ausdruck, daß man den anderen mag, daß man ihn sehr mag. Ein Flirt ist eine Ouvertüre –«
»Zu was?« unterbrach ihn das Mädchen lebhaft.
»Zu allem möglichen.«
»Oper, Lustspiel, Komödie . . .?«
»Wer will das wissen, was für Angebote in der Luft liegen.«
Das Mädchen genoß die Unterhaltung.
Sie lehnte sich zurück, blitzte ihn mit den Augen an, musterte ihn, als wolle sie wissen, was sich hinter seinem Kostüm verberge.
»Na gut«, sagte sie dann und lachte herzlich, »flirten Sie. Ich werde Ihnen dann sagen, wie gut Sie sind.«
»Kennen Sie sich aus?«
»Einigermaßen«, sagte das Mädchen und lachte, »ich sage Ihnen gleich, wenn Sie anfangen, mich zu langweilen.«
Sie hatten sehr schnell einen gewissen Ton gefunden, halb Ernst, halb Spaß.
Das Mädchen hatte einen wachen Verstand, begriff schnell auch die Untertöne, reagierte sofort darauf, ebenso charmant wie geistesgegenwärtig.

Ulrich spürte, wie ihm warm wurde. Die Zeit verflog.
»Kommen Ihre Freunde nicht zurück?« fragte er.
»Ich kenne diese Leute gar nicht«, sagte sie.
»Wie?« fragte er. »Wollen Sie sagen, Sie sind ganz allein hier?«
»Warum nicht?« sagte das Mädchen. »Ich hatte die Eintrittskarte schon sehr lange und wollte sie nicht verfallen lassen. Ich bin hierhergegangen, weil ich dachte: Zusehen ist auch nicht schlecht ...« Etwas ironisch setzte sie hinzu: »... und vielleicht findet sich einer, der auch irgendwas in Gips hat, und wenn es seine Seele ist.«
Ulrich lachte herzlich. »Ich bin Ihr Mann«, sagte er, »meine Seele liegt schon seit langem in Gips.«
Er blieb bei dem Bild, und je mehr er darüber sprach, um so mehr wußte er, daß der Vergleich eigentlich nicht schlecht war, er begann geradezu Mitleid mit sich selber zu haben.
Das gab dem Gespräch eine persönlichere Note. Er erzählte, was er beruflich machte, ging ganz aus sich heraus, eine Tatsache, die ihn sehr wunderte, weil dies sonst nicht seine Art war.
Bis sie sagte: »So, nun machen Sie aber Schluß. Gehen Sie jetzt tanzen. Die Zeit vergeht, und Sie sind nicht auf Ihre Kosten gekommen.«
»Ich bin auf meine Kosten gekommen«, sagte er.
Aber sie bestand darauf.
»Hören Sie«, sagte das Mädchen energisch, »morgen werden Sie sich selber Vorwürfe machen.« Sie lachte. »Ich schicke Sie jetzt auf die Tanzfläche. Sie können ja wiederkommen.«

Ulrich verließ den Tisch, wanderte ein wenig ziellos durch die Räume, trank an einer Bar einen Schnaps und war ziemlich froh, als er sich endlich entschloß, an den Tisch der Spanierin zurückzukehren.

»Na?« fragte sie.

»Es ist komisch«, sagte er, »es gibt eine Menge hübscher Mädchen hier, aber Sie sind die Hübscheste.«

»Was gefällt Ihnen an mir?« wollte sie wissen, sah ihn aufmerksam an.

»Na, hören Sie«, sagte er und lachte, »soll ich Ihnen Ihre Vorzüge aufzählen?«

»Warum nicht?« meinte sie.

Und Ulrich zählte mit Genuß auf und ließ auch ihre Figur nicht aus dem Spiel.

»Für mich sind Sie aufregend, und zwar rundherum.«

Das Wort ›rundherum‹ brachte sie zum Lachen.

»In Ordnung«, sagte sie schließlich lächelnd, »ich will nicht sagen, daß ich unempfindlich gegen Schmeicheleien bin, selbst wenn sie so übertrieben werden.«

Ulrich blieb bei der Spanierin sitzen bis zum Schluß. Sie hatten anregende Gespräche. Er durfte sich schließlich neben sie setzen. Er nahm sie in den Arm, er küßte sie, was sie ihm lächelnd erlaubte.

»Sie Armer«, sagte sie lachend, »ich glaube, ich bin Ihnen ein bißchen Zärtlichkeit schuldig.«

Schließlich war das Fest zu Ende. Das Mädchen griff hinter sich, brachte die Krücken zum Vorschein. Geschickt hob sie das eingegipste Bein, brachte sich schaukelnd und sorgsam von Ulrich gehalten vorwärts. Sie ließ sich an der Garderobe ihren Mantel

geben. »Sehen Sie«, sagte sie, »ich hatte recht, hierherzugehen, die Karte nicht verfallen zu lassen. Es ist ein hübscher Abend geworden.«
»Ich bringe Sie nach Hause«, sagte Ulrich, ließ ein Taxi kommen und stieg mit dem Mädchen in den Wagen.
Er setzte sie vor ihrem Haus ab, einem Mietshaus mit vielen Wohnungen.
Er küßte sie herzlich und bat darum, sie wiederzusehen.
»Ah was«, lachte sie, »man muß die Feste feiern, wie sie fallen. Nichts ist von Dauer. Und man sollte nicht erwarten, daß etwas dauerhaft ist.«
Ein abruptes Ende einer Bekanntschaft, wie Ulrich fand. Sie hatte ihn stehenlassen wie einen Schuljungen.

Ulrich beschloß, das Mädchen zu vergessen, aber es gelang ihm nicht.
Und nach einer Woche fuhr er zu ihrem Mietshaus und fragte den Hausmeister, wo ein Mädchen wohne, das ein Gipsbein habe.
»Wie?« sagte der Hausmeister verdutzt. »Ein Gipsbein? In diesem Haus hat niemand ein Gipsbein.« Er überlegte: »Sie meinen doch nicht die kleine Sundermann? Die hat was an ihrem Bein. Aber die humpelt schon seit fünfzehn Jahren.«
Ulrich starrte den Hausmeister an, beschrieb das Mädchen genau, aber der Hausmeister nickte nur.
»Sie beschreiben die kleine Sundermann. Die ist vor fünfzehn Jahren von einem Autofahrer zusammengefahren worden.«

Ulrich atmete tief auf.
Dann ging er langsam ins Haus, stieg langsam die Treppen hinauf.
Vor der Wohnungstür zögerte er, stand eine ganze Weile unschlüssig da.
Aber dann drückte er entschlossen den Klingelknopf.

Die Umarmung

Die Stunde war zu Ende. Die Schüler erhoben sich, packten ihre Bücher ein und verließen das Klassenzimmer.
Doktor Scholler hielt die Schülerin Mayhoffer auf.
»Inge«, sagte er, »wartest du mal.«
Inge Mayhoffer blieb stehen. Sie war ein wenig nervös, sah den hinausgehenden Klassenkameraden, wie es schien, sehnsüchtig nach.
Doktor Scholler wartete, bis alle das Klassenzimmer verlassen hatten, dann wandte er sich an das junge Mädchen.
»Hör mal zu, Inge«, sagte er, »ich verstehe dich überhaupt nicht. Was ist los? Du warst eine gute Schülerin, das Lernen hat dir Spaß gemacht. Du hast leicht gelernt, es war eine Freude, dich zu unterrichten.«
Das Mädchen sah den Lehrer abwartend an. Sie hielt den Blick auf ihn gerichtet, aber sie schien bemüht zu sein, mit diesem Blick nichts auszudrücken.
»Seit einiger Zeit lernst du nicht mehr, bereitest dich nicht mehr vor, deine Aufgaben sind schlampig, du machst Flüchtigkeitsfehler, die dir früher nie passiert wären. Wie kommt das?«
Das Mädchen hob die Schultern, schien nicht antworten zu wollen.
»Versteh mich richtig«, fuhr Doktor Scholler fort, »es ist mir nicht gleichgültig, wie du dich benimmst, wie du vorwärtskommst. Du warst so etwas wie

eine –«, er zögerte ein wenig, »– wie eine Lieblingsschülerin. Ich hatte immer das Gefühl –«, wieder zögerte er und fragte sich, ob er sich wohl richtig ausdrückte, »– daß auch ich so etwas wie ein –«, Herrgott, dachte er, hoffentlich mißversteht sie mich jetzt nicht, »– so etwas wie ein Lieblingslehrer bin.« Eilig fuhr er fort: »Man freut sich, wenn man sieht, wie man Erfolg hat, daß alles, was man sagt, auf guten Boden fällt. Deine Fortschritte waren für mich ein großes Vergnügen.«

Ärgerlich dachte er: Wie drücke ich mich bloß aus! Aber ich muß wissen, was mit diesem Kind los ist.

»Ist etwas nicht in Ordnung? Fühlst du dich nicht wohl? Was für Probleme hast du? Du weißt, daß du mit allen Problemen zu mir kommen kannst.«

»Ja, ich weiß«, sagte das junge Mädchen ein wenig abwehrend. Sie hatte ihre Mappe auf eine Hüfte gestellt, stand ein wenig schräg und so, daß ihre Brust sich vorwölbte.

»Und keine Antwort auf meine Frage?«

Sie schien zu zögern, sagte dann ohne besondere Betonung: »Gewisse Schwierigkeiten zu Hause.«

»Zu Hause?« wunderte sich der Lehrer. »Mit deiner Mutter?«

»Ja«, sagte das Mädchen und sah ihren Lehrer offen an, »ich mache mir Sorgen um meine Mutter.«

»Ihr lebt allein, nicht wahr?«

»Ja, mein Vater ist vor Jahren gestorben.«

»Ich weiß, ich weiß«, murmelte Doktor Scholler. Er erinnerte sich an Inges Mutter, eine noch junge, gutaussehende Frau, die er auf einem Schulfest kennengelernt hatte. »Was ist mit deiner Mutter?«

»Ich habe keine Ahnung«, sagte das Mädchen, »aber sie kümmert sich um nichts mehr, sie geht nicht mehr aus dem Haus, sie hat keine Freunde mehr, kaum noch Bekannte, sie hat –«, das Mädchen suchte nach einem Wort, fand es, schleuderte es heraus, »– allen Lebensmut verloren, sie ist ungeheuer depressiv.«
»Ah so, ah so«, murmelte Doktor Scholler. Er war fast ein wenig erleichtert. Er hatte sich an das Wort eines Kollegen erinnert, der ihm mal gesagt hatte: Die kleine Inge Mayhoffer, sehen Sie denn nicht, daß sich dieses Mädchen in Sie verliebt hat. Passen Sie auf, daß das Mädchen Sie nicht eines Tages unversehens umarmt. Der Kollege hatte hinzugefügt: Das ist der Typ, ich kenne sie, die gehen mit unerhörter Willenskraft auf ihr Ziel los.
»Sehr gut, sehr gut«, sagte Doktor Scholler, »eine Sache mit deiner Mutter, die dir so nahegeht.«
»Ja«, sagte das Mädchen und nickte. Dann hob sie die Stimme: »Ich freue mich, daß Sie mich danach gefragt haben. Ich wollte mich schon selber an Sie wenden mit der Frage, was man da tun kann.«
Doktor Scholler lächelte das Mädchen an.
»Soll ich mal mit deiner Mutter sprechen?«
»Das wäre furchtbar nett.«
Ihre Augen hatten plötzlich Glanz bekommen, und Doktor Scholler dachte beklommen: Wenn sie dich jetzt umarmen würde, was würdest du tun? Oder besser: Was würdest du fühlen? Er beschloß, sich diese Frage nicht zu beantworten, erklärte lieber, daß er Inges Mutter einmal aufsuchen würde.
»Vielleicht heute nachmittag?« fragte das Mädchen und sah ihn so intensiv an, daß er nur nicken konnte.

Nachmittags erschien Doktor Scholler bei Frau Mayhoffer.
Inge öffnete ihm die Tür, holte tief Atem: »Wie schön, daß Sie kommen.«
Frau Mayhoffer gab ihm die Hand. Sie war deutlich ein wenig verwirrt wie jemand, der sich in einer Situation nicht zurechtfindet, aber sich alle Mühe geben will.
Doktor Scholler lächelte herzlich, machte ihr gleich Komplimente, wie gut sie aussehe.
Es fiel ihm leicht, dies zu sagen, weil Frau Mayhoffer wirklich gut aussah, eine schöne Frau mit schmalem Gesicht, belebt von Intelligenz, die nicht zu aufdringlich war, sozusagen weiblich gemildert.
Doktor Scholler freute sich plötzlich, daß er gekommen war, und beschloß, das Beste daraus zu machen.
Ich werde doch noch in der Lage sein, dieser Frau den Lebensmut zurückzugeben!
Er gab sich einen Ruck und plauderte drauflos, war bemüht, immer interessant zu erzählen, und freute sich, daß Frau Mayhoffer Anteil nahm, lebhaft wurde, Farbe gewann und ab und zu sogar herzlich lachte.
Inge saß mit am Tisch, blickte mit wachen Augen von einem zum anderen, und wenn ihre Mutter es nicht bemerkte, nickte sie ihrem Lehrer zu, als wolle sie sagen: Genau richtig, nur weiter so.
Doktor Scholler empfand so etwas wie ein Erfolgserlebnis, der Nachmittag verging wie im Fluge.
Inge brachte ihn schließlich an die Tür und flüsterte: »Ganz hervorragend. Haben Sie gesehen, wie sie mitging?«

Am nächsten Tag in der Schule saß Inge an ihrem Platz, und Doktor Scholler freute sich über ihre Anteilnahme. Sie saß aufrecht, blickte ihren Lehrer an, als bestünde ein geheimes Einverständnis zwischen ihnen.

In der Pause kam Inge auf ihren Lehrer zu.

»Ich war so froh gestern, aber heute morgen war alles wie verflogen. Kaum daß sie aufstehen wollte. Sie saß schließlich am Tisch, grübelnd, ganz deprimiert.«

»Na, hör mal«, sagte Doktor Scholler, »bei diesem netten Nachmittag? Ich habe ihr doch wirklich die schönsten Komplimente gemacht.«

Er dachte nach, gab sich einen Ruck. »Frag sie, ob sie Lust hat, mit mir auszugehen.«

Die Schule war noch nicht aus, als Inge kam und ihren Lehrer strahlend ansah. »Ich habe mit ihr telefoniert. Herzlich gerne. Sie hat sich sehr gefreut.«

Doktor Scholler zog seinen flottesten Anzug an, suchte nach dem passenden Schlips, kämmte sich ausgiebig; er fühlte sich herausgefordert und war in einer Laune, aufs Ganze zu gehen.

Er holte Frau Mayhoffer ab. Sie trug ein Kleid, in dem sie sehr jugendlich wirkte und in dem ihre Figur zur Geltung kam.

Na, dachte Doktor Scholler, wir werden ihr schon ihre Depressionen austreiben.

Inge freute sich, nickte ihrem Lehrer zu.

Doktor Scholler ging mit Frau Mayhoffer essen. Für alles, dachte er, braucht man eine gute Grundlage.

Frau Mayhoffer saß mit nackten Schultern da, ein

schwarzes Kleid, nur schmale Träger, die Haut hatte im Kerzenlicht den gewissen atmenden Elfenbeinschimmer.
Frau Mayhoffer lachte, war gut gelaunt und schlagfertig, sie blieb Doktor Scholler keine Antwort schuldig. Er registrierte mit Vergnügen ihre natürliche Intelligenz, den lebhaften Ausdruck ihres schönen Gesichtes und dachte: Ich unterziehe mich hier einer Aufgabe, die keinesfalls unangenehm ist. Er sagte sich: Wir werden der Dame schon ihr Selbstbewußtsein zurückgeben. Denn Selbstbewußtsein ist der Untergrund, auf dem allein Lebensmut sich entfalten kann.
Nach dem Essen ging Doktor Scholler mit Frau Mayhoffer in eine Bar.
»Lust zu tanzen?« hatte er gefragt, und Frau Mayhoffer hatte ihn mit großen Augen angesehen, mit Augen, die nicht nur groß, sondern auch schön waren.
Frau Mayhoffer tanzte sehr gut, es war ein Vergnügen, sie zu führen, sie schwebte wie eine Feder. Und ehe es sich Doktor Scholler versah, überkam ihn so etwas wie eine verwegene Stimmung, er umfaßte Frau Mayhoffer stärker, zog sie dichter an sich heran, nahm den betörenden Duft ihres Parfüms wahr.
Eine Romanze, dachte er, eine Romanze. Das ist genau das, was dieser Frau gefehlt hat.
Morgen wird sie ein anderer Mensch sein.
Frau Mayhoffers Augen blitzten, wie erfüllt von Energie. Sie begann schließlich zu summen und zeigte ihre Laune in jeder nur möglichen Weise.

Im Wagen legte sie ihren Kopf an die Schulter des Lehrers, eine Haltung, die ihm nicht unangenehm war.

Er steuerte den Wagen und dachte: Geschafft. Diese Frau wird nun nicht mehr Depressionen bekommen.

»Kommen Sie noch mit ins Haus?« fragte Frau Mayhoffer Doktor Scholler.

»Ja, natürlich«, hörte er sich sagen und beruhigte sich: Es war nur natürlich, daß man einen so netten Abend nicht auf der Straße beenden konnte.

Inge schien schon schlafen gegangen zu sein.

Frau Mayhoffer zog ihre Schuhe aus, forderte mit einer Geste auch Doktor Scholler auf, es ihr gleichzutun.

Sie gingen auf Strümpfen durch die Wohnung und schließlich in die Küche, wo sie mit vereinten Kräften einen Kaffee zustande brachten.

»Lieber Freund«, sagte Frau Mayhoffer, »Sie haben mich sehr glücklich gemacht.«

»Reine Absicht«, lachte Doktor Scholler und fand es ganz natürlich, daß sich Frau Mayhoffer gegen ihn bewegte, so als treibe ein leichter vergnügter Wind sie. Sie küßte Doktor Scholler, der auch dies ganz natürlich fand, sich verpflichtet fühlte, den Kuß zu erwidern, und dies so kräftig wie möglich tat, im Dienste der Aufgabe, Frau Mayhoffer die Depressionen zu vertreiben.

Sie seufzte, war ganz schwach und außerdem nicht sehr schwer, was Doktor Scholler feststellte, als er Frau Mayhoffer hinauf in ihr Schlafzimmer trug.

Er wurde am nächsten Morgen nur schwer wach. Er fühlte sich gerüttelt, öffnete die Augen und sah Inge vor sich.
»Wir müssen in die Schule, Herr Doktor«, sagte sie.
Doktor Scholler richtete sich auf, sah sich um, erkannte, wo er sich befand: im Schlafzimmer von Frau Mayhoffer, fuhr voller Schrecken hoch, geriet kurz in Atemnot, aber nicht sehr lange.
»Geh hinunter«, sagte er.
Inge ging aus dem Zimmer. Doktor Scholler sah die Augen, die großen und schönen Augen Frau Mayhoffers auf sich gerichtet und fragte sie, ob sie seine Frau werden wolle.
Dann ging Doktor Scholler hinunter, trat vor seine Schülerin und sagte: »Du wirst es akzeptieren müssen. Ich werde in Zukunft dein Vater sein.«
Inge lächelte, langsam hob sie die Arme, sie schien jede Sekunde zu genießen, sie umarmte Doktor Scholler, zog ihn an sich und küßte ihn.
Und Doktor Scholler hatte plötzlich einen ganz bestimmten Eindruck. Den Eindruck: Genau das wollte sie. Darauf war sie aus. Auf diese Umarmung. Und den Weg hat sie sich ausgedacht. Zusammen mit ihrer Mutter. Ich bin da richtig reingefallen, dachte Doktor Scholler, holte Atem und dachte: Aber auf welch wunderschöne Weise.

Meisenkinder

Vor dem Obdachlosenasyl hatten sich die Männer versammelt und warteten schweigend auf Einlaß. Es waren meistens ältere Männer, aber auch ein paar jüngere hatten sich der Schlange der Wartenden angeschlossen. Die Jüngeren fielen auf durch eine gewisse trotzige, fast aggressive Haltung, sie standen aufgerichtet, demonstrierten Lebhaftigkeit und mit dieser Lebhaftigkeit die Zufälligkeit ihres Hierseins, während die älteren Männer mit gesenkten Köpfen warteten, Leute, die sich in ihr Schicksal ergeben hatten.

Pünktlich um sieben wurde das Portal geöffnet, und die Männer drängten hinein.

Am Empfang wurden die Bewerber aufgenommen. Ihre Personalien wurden eingetragen, Wertsachen mußten abgegeben werden, es wurde das geringe Entgelt entrichtet.

Ein junger Beamter führte das Eingangsbuch. Er sah jetzt den vor ihm stehenden älteren Mann an, sagte ärgerlich: »Sie schon wieder, Messner. Seit drei Wochen kommen Sie jeden Abend. Sie können hier nicht immer wiederkommen. Sie haben hier kein Dauerwohnrecht.« Er blickte die anderen Männer an. »Das sei hier jedem gesagt – das Asyl ist nur für Notfälle da, kein billiges Dauerquartier.«

Er sah wieder den alten Mann vor ihm an. »Sie, Messner, haben doch das Zeug für geordnete Verhältnisse. Warum unternehmen Sie nichts?«

Messner antwortete nicht. Er war etwa fünfundsechzig Jahre alt, hatte ein faltiges Gesicht, warme braune Augen, trug die Haare fast ungekämmt, sie waren weiß.
»Öffnen Sie mal Ihre Tasche«, verlangte der junge Beamte.
Messner öffnete seine Tasche.
»Es werden keine Flaschen mit hereingebracht. Alkohol ist verboten«, ließ der junge Beamte wissen.
»Bin ich da verstanden worden?« fragte er streng.
Niemand antwortete.
Messner bezahlte den Tagessatz. Der junge Beamte blickte in das Portemonnaie hinein.
»Sie haben ja Geld, Messner. Woher denn?« Streng: »Sie betteln doch nicht etwa?«
»Nein, nein«, beteuerte Messner.
Hinter Messner befand sich ein etwas jüngerer Mann, der ebenfalls einen Blick in die Geldbörse Messners werfen konnte.
Dieser Mann ließ sich eintragen und folgte dann Messner in den Schlafraum.
Er wählte das Bett neben Messner. Der Mann war etwa fünfzig Jahre alt, hieß Otto Warmbecke.
Er sprach den alten Mann an: »Darf ich dich mal was fragen? Ich habe gesehen, daß du Geld hast. Da waren ja Scheine dabei.«
Messner sah seinen Nachbarn ruhig an, sagte nichts.
»Irgendwie verdienst du ja Geld«, murmelte Otto Warmbecke, er lächelte schwach. »Ich versuche auch, an Geld zu kommen. Aber ich weiß nicht wie. Ich nehme jede Gelegenheitsarbeit an, wenn sie nicht zu schwer ist. Ich habe nämlich Asthma. Bin

also auf eine leichte Tätigkeit angewiesen.« Er hob den Blick hoffnungsvoll: »Was für eine Tätigkeit hast du?«
»Nichts Besonderes.«
Otto Warmbecke beteuerte: »Ich will dir die Arbeit nicht wegnehmen, aber vielleicht ist das was für zwei.«
»Es ist nichts für zwei.«
»Ich würde dir nicht ins Gehege kommen.«
Messner antwortete nicht, hatte sein Hemd ausgezogen, suchte sein Waschzeug zusammen.
Otto Warmbecke sprach weiter: »Ich versuche, irgendwie Fuß zu fassen.«
Aber Messer hörte gar nicht hin, ging in den Waschraum.
Alle wuschen sich, legten sich dann schlafen.
Otto Warmbecke versuchte immer mal wieder den Blick Messners auf sich zu ziehen, aber Messner war ganz abwesend.
So legte sich auch Otto Warmbecke schlafen.
Alle mochten ein, zwei Stunden geschlafen haben, als jemand wach wurde und rief: »Mach mal einer Licht. Da ist ein Vogel im Zimmer.«
Langsam wurden die meisten wach, lauschten. Ganz deutlich hörte man eine Vogelstimme.
»Wir haben einen Vogel im Zimmer«, rief jemand, stand auf und machte Licht.
Aber wie die inzwischen wach gewordenen Männer sich auch umsahen, sie bemerkten keinen Vogel im Zimmer.
Sie sprachen durcheinander: »Ich sehe keinen Vogel. – Wo soll denn hier ein Vogel sein? – Sieht jemand

einen Vogel? – Aber ich habe ihn doch ganz deutlich gehört. – Ich auch. – Aber das Fenster ist doch zu, wie soll denn hier ein Vogel hereinkommen?«
Man fand keinen Vogel, obwohl einige der Männer aufstanden und sogar unter den Betten nachsahen. Sie legten sich wieder schlafen.
Otto Warmbecke sah zum Nachbarbett hinüber, blickte in die offenen Augen des alten Mannes.
Otto flüsterte: »Das warst du –«
Messner antwortete nicht, hatte nur ein leichtes Lächeln auf den Lippen, drehte sich um.

Am nächsten Morgen entließ das Asyl seine Bewohner, die sich zerstreuten.
Messner ging langsamen Schrittes die Straße entlang.
Otto folgte ihm, holte ihn ein: »Entschuldige, kann ich nicht mit dir kommen?« Er beteuerte: »Nur wenn es dir nichts ausmacht natürlich.«
»Ich habe dir doch gesagt, es hat keinen Sinn.«
»Es ist nichts für zwei?«
»Nein, es ist nichts für zwei.«
»Ich will mich nicht aufdrängen«, sagte Otto. Ein wenig traurig blieb er zurück, ließ Messner davongehen.
Messner ging ziellos durch die Straßen, stand hier ein wenig herum und dort, besah den Verkehr, die vorbeihastenden Menschen, die jagenden Autos. Etwas abwesend sah er hinunter in das Bett des Flusses, sah den grünen Wassern nach, denen man die Kälte ferner Berge ansah.
Dann wurde Messner zielbewußter, ging in eine An-

lage hinein und näherte sich einem Kinderspielplatz. Der Kinderspielplatz war schon ziemlich gefüllt. Junge Mütter saßen herum, und auch Kindermädchen hatten die Bänke bevölkert. Sie schwatzten miteinander und hatten zwischendurch die wachsamen Blicke auf die Kinder gerichtet, die mit Bällen spielten, im Sandkasten Burgen bauten oder ihre Kräfte an Klettergestellen ausprobierten.
Es waren kleine Kinder dabei, Vierjährige, Fünfjährige, Sechsjährige.
Ein kleines Mädchen sah plötzlich Messner, lächelte. Andere Kinder wurden aufmerksam. Man hörte auf zu klettern, den Bällen nachzujagen.
Messner spitzte den Mund und stieß einen Vogelruf aus. Sein künstliches Vogelzwitschern war vom echten Vogelzwitschern nicht zu unterscheiden.
Die Kinder versammelten sich um Messner, und er führte sein ganzes Repertoire vor – Amsel, Drossel, Fink und Star. Er ließ auch den Kuckuck rufen, verstand sich auf Habichtschreie und Käuzchenrufe.
Die jungen Mütter sahen hinüber. Alle kannten den alten Mann, ließen ihn nicht nur gewähren, sondern mochten es.
Otto Warmbecke hatte sich nicht zurückhalten lassen, er war dem alten Mann heimlich gefolgt, stand nun abseits, gedeckt durch Gebüsch, sah Messner, der die Kinderschar um sich versammelt hatte und ein Konzert von Vogelstimmen zum besten gab. Ein kleines Mädchen hatte sich dicht an den alten Mann herangedrängt, sah ihn mit großen Augen gebannt an, ließ keinen Blick von ihm, hing an seinen Lippen. Und Messner erzählte: »Da versammelten sich alle

Vögel, alle, die Angst hatten von dem mächtigen Uhu, vor dem Habicht, vor dem Sperber. Wie können wir uns schützen gegen diese mächtigen Räuber, die uns verfolgen, uns und unsere Kinder? Da meldeten sich alle zu Wort, zunächst die Amsel –«
Er stieß einen Amselruf aus.
»Dann meldeten sich auch die Finken zu Wort –«
Messner stieß eine Folge von Finkenrufen aus.
»Bis sich der Kuckuck Gehör verschaffte mit seiner durchdringenden Stimme. Hört mal her, rief er, hört mir zu.« Messner ließ nun den Kuckuck rufen.
»Da schwiegen alle und hörten dem Kuckuck zu – bis auf eine kleine Meise.«
Jetzt sah Messner Otto Warmbecke, der näher gekommen war, seine Vorsicht ganz vergessen hatte. Messner stand auf.
»Was tust du hier? Du bist mir nachgegangen.«
»Entschuldige«, sagte Otto, »ich war neugierig und dachte, daß ich vielleicht doch eine Chance hätte. Ich sehe, du spielst mit Kindern?«
»Spielen, spielen«, rief Messner, »ich erzähle Ihnen etwas.«
»Ja, und du machst Vogelstimmen nach. Das ist ja wirklich phantastisch.« Otto lachte. »Ich habe mich direkt umgesehen und mich gefragt, wo kommen denn auf einmal die vielen Vögel her?«
Er sah den alten Mann neugierig an. »Kriegst du Geld dafür?«
»Geld, Geld«, murmelte Messner, »manchmal kriege ich etwas, manchmal kriege ich nichts.«
Jetzt kam ein Kindermädchen heran, ging auf das kleine Mädchen zu, das neben Messner saß.

»Komm jetzt, Hella.«
»Aber ich muß doch erst noch die Geschichte hören«, rief das Kind.
»Gut, gut«, sagte Messner, »ich erzähle ja weiter.«
Er sah Otto nicht an, sprach weiter: »Was können wir tun gegen die Mächtigen, gegen den Habicht, gegen den Sperber? Da meldete sich eine Meise –«
Er stieß den leisen zirpenden Meisenruf aus.
»Mein kleines Meisenkind ist verschwunden. Es kann noch nicht sehr gut fliegen und hat sich bestimmt im Wald verirrt.«
Messner sah die Kinder an, blickte von einem Kind zum anderen. »Und so war es auch. Ein kleines Meisenkind hatte sich im Wald verirrt, hüpfte von Baum zu Baum, sah seine Mutter nicht mehr, war rings umgeben nur von düsterem Wald und hörte von fern den Habicht rufen.«
Der alte Mann stieß nun mehrmals den Habichtruf aus, den heiseren drohenden Raubvogelschrei.
Das kleine Mädchen neben Messner rief angstvoll: »Er soll nicht kommen.«
»Das Meisenkind rief ununterbrochen: Mutter, wo bist du?« Ununterbrochen hörte man jetzt das angstvolle Meisenzirpen. Der alte Mann fuhr fort: »In der Nähe war ein Specht bei der Arbeit –«
Jetzt hörte man das schnelle, harte Hämmern eines Spechtes.
»Hallo, rief das Meisenkind, kannst du mir nicht helfen. Ich höre den Habicht immer näher kommen. Da rief der Specht: Komm her, ich habe dir ein Loch gemacht, schlüpf hinein. Das tat das Meisenkind und war gerettet.«

Das kleine Mädchen lachte herzlich, glücklich, und alle Kinder fanden die Geschichte wunderschön.

Abends trafen sich Messner und Otto Warmbecke wieder im Schlafsaal des Obdachlosenasyls.
Otto hatte wieder das Bett neben dem alten Mann belegt, starrte ihn an, verdrossen, ärgerlich, provozierend. Aber Messner reagierte nicht.
»Vögel –«, sagte Otto plötzlich verächtlich und wollte Messner damit kränken, aber der alte Mann reagierte gar nicht, legte sich hin und schlief ziemlich schnell ein.

Am nächsten Morgen trafen die beiden wieder auf der Straße zusammen.
»Willst du was von mir?« fragte Messner.
»Ich will nichts von dir«, sagte Otto, »ich gehe hier, weil hier ein Weg ist. Sonst habe ich nichts im Sinn.«
Dennoch folgte er Messner, der nach einer gewissen Zeit wieder den Kinderspielplatz ansteuerte.
Als der alte Mann den Kinderspielplatz erreicht hatte, kam gleich das Kindermädchen auf ihn zu.
Erleichtert sagte das Kindermädchen: »Gut, daß ich Sie treffe. Hella ist krank, hat Fieber, das Kind phantasiert, will Sie unbedingt sehen.«
»Mich sehen?«
»Die Eltern des Kindes bitten Sie, das Kind zu besuchen.«
Das Kindermädchen brachte den alten Mann in ein Haus, das schon von außen einen gewissen Reichtum zeigte.
Ein jüngerer Mann, intelligent, tatkräftig, herzlich,

ging mit ausgestreckter Hand auf den abgerissenen alten Mann zu. »Sie sind das also?«
Er wandte sich an seine Frau, eine junge, schöne Frau: »Das ist der Mann, der den Kindern Märchen erzählt.« Dann wieder zu Messner: »Kommen Sie, das Kind will Sie unbedingt sehen.«
Die Eltern nahmen den alten Mann mit in das Kinderzimmer. Das kleine Mädchen lag im Bett, wollte sich aufrichten, als es den alten Mann sah.
»Bleib liegen«, sagte der alte Mann, »bleib zugedeckt.«
Dann ließ er das leise Meisenrufen hören.
Das Kind lächelte, rief: »Das Meisenkind, Mama. Es hat sich verirrt im Wald, es ruft die Mutter. Da ist der Habicht, der das Meisenkind töten will.«
Der alte Mann erzählte nun noch einmal die Geschichte vom Meisenkind, dem der Specht ein Loch gemacht hatte.
»Da war er, der Räuber, und fragte den Specht: Hast du hier ein Meisenkind gesehen? Der Specht schüttelte den Kopf. Weit und breit nicht, sagte er. Da flog der Habicht zornig fort, und noch lange hörte man seinen Ruf.«
Der alte Mann stieß die Habichtrufe aus, bis sie langsam verklangen.
Die Eltern des kleinen Mädchens waren beeindruckt. Der Herr nahm Messner beim Arm.
»So, nun kommen Sie aber mal. Daß wir uns unterhalten können.« Er nahm den alten Mann mit ins Wohnzimmer, schenkte ihm einen Cognac ein.
»Jetzt trinken wir aber mal was«, sagte er und lachte, »und ich trinke einen mit Ihnen.« Er sah den alten

Mann wohlwollend an. »Das ist ja ganz fabelhaft, was Sie da produzieren. Seit wann machen Sie das? Haben Sie das gelernt?«

»Nein«, murmelte Messner, »ich konnte es plötzlich.«

»Und die Geschichten, die sind ja phänomenal.« Er sah seine Frau an, lachte. »Ich dachte wirklich, ich bin im Wald.« Und wieder sah er Messner herzlich an. »Hören Sie zu, Mann. Da haben Sie eine tolle Begabung, die Sie doch ausnutzen können. Haben Sie schon mal daran gedacht?«

»Nein«, antwortete der alte Mann, »daran habe ich noch nicht gedacht.«

»Aber es geht Ihnen doch schlecht«, sagte der junge Mann, »das sieht man doch.« Er sagte, er wisse auch, daß das Kindermädchen ihm ab und zu Geld zugesteckt habe.

»Aber ich habe es nicht verlangt«, antwortete Messner.

»Was Sie tun könnten, absolut tun könnten«, rief der junge Mann, »Sie sind Ihr Geld wert.«

Er musterte den alten Mann, sah die schäbige, abgewetzte Kleidung und sagte plötzlich: »Wir haben etwa die gleiche Größe. Kommen Sie mal mit.«

Er nahm den alten Mann mit in das Schlafzimmer, öffnete den Schrank und suchte unter Anzügen herum, legte einige heraus und rief: »Suchen Sie sich was aus. Wenn Ihnen etwas paßt, dann können Sie es behalten.«

Der alte Mann wußte nicht, wie ihm geschah. Kurze Zeit später stand er vor dem Spiegel, angetan mit einem Anzug, der von neuestem Schnitt war.

Einmal in Fahrt, holte der Mann eine Reihe von Hemden hervor. »Probieren Sie das doch mal.« Dann brachte er eine Reihe von Schlipsen, lachte. »Wenn wir Sie schon feinmachen, dann aber richtig.«
Auch die junge Frau beteiligte sich an der spontanen Aktion, begutachtete den alten Mann, der sich, ein wenig hilflos, auf einen Stuhl gesetzt hatte, um Schuhe anzuprobieren, die tatsächlich paßten.
»Na?« sagte der junge Mann herzlich. »Jetzt sehen Sie ganz großartig aus. So können Sie überall auftreten und ihre Vögel pfeifen lassen. Kämmen müssen Sie sich noch.«
Messner hatte sich unversehens in einen Herrn verwandelt, er trug einen teuren Anzug, eine kostbare Krawatte in dezenten Farben, er stand in blanken Schuhen und sah ein bißchen atemlos aus.
Die junge Mutter kam aus dem Kinderzimmer. »Wollen Sie noch mal kommen? Das Kind möchte Ihre Meisengeschichte noch einmal hören.«
Man bugsierte den alten Mann ins Kinderzimmer. Das Kind bat ihn mit fieberglänzenden Augen. »Machst du noch mal das Meisenkind?«
Der alte Mann stand da.
Die Eltern sahen den alten Mann an. »Na los«, sagte der junge Vater ein wenig ungeduldig.
Messner setzte an, atmete tief auf, aber er brachte keinen Ton heraus.
»Was haben Sie denn?« fragte der junge Mann. »Sind Sie stumm geworden?«
Der alte Mann sah ihn nur hilflos an.
»Es tut mir leid«, murmelte er und war, wie es schien,

selbst ganz betroffen. Er setzte mehrmals an, brachte aber keinen Ton über die gespitzten Lippen.
»Nun machen Sie mal keine Witze«, sagte der junge Mann ärgerlich. »Gerade haben Sie doch noch gezwitschert wie ein ganzer Vogelpark.«
Der alte Mann setzte wieder an, senkte dann aber hilflos den Kopf.

Messner lag lang ausgestreckt auf seinem Bett im Schlafraum des Obdachlosenasyls, sah mit offenen Augen gegen die Decke.
Otto Warmbecke kam aus dem Waschraum, setzte sich auf sein Bett.
Beide waren allein im Raum. Otto machte das Licht aus, legte sich ebenfalls auf das Bett.
Beide lagen ganz ruhig in der Dunkelheit.
»Ich habe dir da neulich doch zugehört auf dem Kinderspielplatz«, sagte Otto leise. »Das war eine ganz hübsche Geschichte. Wie war das noch mit dem Meisenkind?«
Eine ganze Weile blieb es stumm im Raum. Otto dachte, daß sein Nachbar schon eingeschlafen sei, aber ganz plötzlich kam die Stimme des alten Mannes: »Ein Meisenkind hatte sich verflogen, war weit aus dem Nest gefallen und fand nicht mehr zurück. Es verirrte sich immer mehr im Wald, der ganz dunkel war, ohne Licht, so daß nicht Weg noch Steg zu finden war. Das Meisenkind rief verzweifelt nach seiner Mutter –«
Ganz leise ließ der alte Mann das Vogelzirpen hören.
»Das hörte der Habicht und kam heran.«

Der alte Mann stieß jetzt die heiseren Raubvogelschreie aus. »Da bekam das Meisenkind Angst. Aber Gott sei Dank war ein Specht in der Nähe.«
Der alte Mann ließ jetzt den Specht hämmern und fuhr fort: »Das Meisenkind fragte den Specht, was es tun solle. Und der Specht sagte: Ich habe dir hier ein Loch gemacht. Darin kannst du dich sehr gut verbergen.«
»Sehr gut verbergen?« flüsterte Otto.
»Sehr gut verbergen«, wiederholte der alte Mann.
Es blieb eine ganze Weile stumm im Raum. Kaum hörte man das Atmen der beiden alten Männer.
Dann sagte Otto Warmbecke leise: »Wir brauchen wohl alle so einen Specht, der uns ein Loch macht, in dem wir uns verbergen können.«
Der alte Mann antwortete nicht.
Es blieb still im Raum, obwohl der Schlaf noch nicht gekommen war.

Ulrike und der Flugkapitän

Der Flugkapitän ging durch die Abflughalle. Viele Blicke folgten ihm. Man sah diesen Mann gern, er war hochgewachsen, hatte einen zuverlässigen, offenen Blick und vermittelte den Eindruck: Mit dem kann man fliegen, bei dem ist man in guter Hand.
Harald Assmann war seit zwölf Jahren Pilot und kannte sich auf den Weltrouten aus.
Er sollte nach Kairo fliegen. Aber er war zu früh gekommen. Er sah auf die Uhr: noch drei Stunden. Aber er wollte an diesem Tag drei Stunden früher auf dem Airport sein. Er brachte sein Pilotengepäck in den Raum, in dem sich die Crew vor jedem Abflug zu versammeln pflegte.
Sobach hob den Kopf, sah Assmann verwundert an. »Sie sind ja zu früh.«
»Ich weiß«, erwiderte Assmann, »ist die Drei-elf pünktlich?«
»Keine Verspätung gemeldet«, sagte Sobach, begann zu lächeln. »Ah, jetzt versteh ich. Fräulein Mirbach ist auf der Drei-elf?«
Assmann nickte.
Sobach verstärkte sein vertrauliches Lächeln. Er überlegte, zögerte ein wenig und sagte dann doch, was vielleicht ein wenig vorlaut war: »Liebe nach Flugplan. Manchmal ein bißchen schwierig. Man fliegt ständig aneinander vorbei . . .«
Er sah Assmann an, wartete auf ein Lächeln, aber Assmann schien kaum zugehört zu haben.

»Jaja«, sagte er nur, ohne jede Betonung, wandte sich ab und ging hinaus.
Er wanderte ein wenig ziellos durch das Flughafengebäude. Dennoch genoß er das Leben und Treiben, die Geräusche, die Durchsagen, alles war ihm vertraut, gehörte zu seinem Leben.
Er traf Scholz, den Fluglotsen. Auch der sprach ihn an: »Fliegst du nicht nach Kairo heute?«
»Ja«, sagte Assmann, »ich bin etwas früher gekommen.«
Auch Scholz lächelte, stieß ihn in die Seite. »Ulrike?«
»Ja«, murmelte Assmann, »sie kommt mit der Drei-elf aus Athen.«
»Laß dir was sagen«, meinte Scholz herzlich, »einer von euch muß den Beruf aufgeben. Ihr seid wie Königskinder, die nie zusammenkommen. Der eine ist in Tokio, der andere in New York, oder der eine ist in Johannisburg und der andere in Stockholm.«
»Du hast recht«, sagte Assmann und lächelte zurück, »irgendwas muß passieren.« Er nickte Scholz zu. »Und es wird auch was passieren.«
Scholz bestieg seinen Kontrollturm, während Assmann weiter das Gebäude durchstreifte. An der Bar nahm er einen Kaffee zu sich, saß eine ganze Weile reglos, hob nur ab und zu den Blick, um auf die Uhr zu sehen.
Schließlich wurde die Ankunft der Drei-elf aus Athen gemeldet. Assmann erhob sich und ging zurück in die Crew Lounge.
»Sie ist da«, rief Sobach, »sie kommt.«
Assmann antwortete nicht, stand am Fenster und

sah, wie der Bereitschaftswagen die Crew herüberbrachte.
Er sah, wie Ulrike ausstieg. Sie hatte eine besondere Art, sich zu bewegen, eine Art, die ausgesprochen schwungvoll war, wie Assmann einmal festgestellt hatte. Er hatte ihr gesagt: Weißt du, daß du etwas Tänzerisches an dir hast? Sie hatte ihn verwundert und lachend angesehen: Etwas Tänzerisches? Er hatte sich gleich korrigiert: Nein, das ist vielleicht falsch. Du bewegst dich nur gerne. Ja, hatte sie gesagt, das tu ich.
Aber schon damals hatte Assmann gewußt, daß er es nur ungenügend beschrieben hatte.
Jetzt, als er sie aus dem Wagen steigen sah, lachend, lebhaft, den Kopf zurückwerfend, daß die Haare flogen, gelang es ihm besser: Sie lebte intensiver als jeder andere, den er kannte.
Diese Vorstellung schmerzte ihn plötzlich.
Ulrike kam herein, sah Assmann, und ihr Lachen wurde herzlich. Sie umarmte Assmann, küßte ihn ohne Scheu – so wie sie alles ohne Scheu tat – und fragte: »Ich denke, du fliegst nach Kairo. Ist was geändert?«
»Nein, es ist nichts geändert.«
»Ich hätte auf dich gewartet«, sagte Ulrike, »du bist jetzt eine Woche unterwegs.«
»Ziemlich genau eine Woche«, sagte Assmann. »Essen wir zusammen?«
Sie sah ihn verwundert an. »Essen?« fragte sie.
»Laß uns ins Restaurant gehen«, bat Assmann, »ich suche eigentlich nur einen Platz, wo wir miteinander reden können.«

Sie sah ihn aufmerksam an.
»Ja«, sagte sie plötzlich lebhaft, »du hast ein Problem. Ich habe es gleich bemerkt.«
»Woran?« wollte er wissen.
»Du hast in einer besonderen Weise dagestanden«, sagte sie herzlich, »ein bißchen –«, sie suchte nach einem Wort und fand es schließlich, »– ein bißchen dunkler.«
»Dunkler ...?« wunderte er sich. Dann lächelte er leicht.
»Vielleicht hast du recht. Das Wort ist nicht falsch. Alles ist ein bißchen – dunkler geworden.«
»Nun«, sagte Ulrike resolut, »dann laß uns Licht in die Sache bringen.«
Sie nahm seinen Arm, und beide gingen ins Flughafenrestaurant.
Sie nahmen Platz, Ulrike sah ihn aufmerksam an. Assmann begann ohne Pause: »Ich war beim Arzt, Ulrike.«
»Na und?« erwiderte sie. »Du hast doch keine Probleme mit deiner Gesundheit. Für mich bist du auf eine fast ärgerliche Weise gesund.«
»Ich war beim Hals-Nasen-Ohren-Arzt.«
»Warum das denn?«
Assmann sah sie fest an, sprach leise, ohne Betonung, als wolle er jede Emotion vermeiden.
»Ich hatte seit einiger Zeit das Gefühl, als höre ich nicht mehr richtig.«
»Als hörst du nicht mehr richtig?« Ihre Verwunderung, ja Verblüffung war echt.
»Ist dir nicht aufgefallen, daß ich manchmal fragen mußte: Was hast du gesagt?«

»Ja, richtig, aber dann habe ich bestimmt undeutlich gesprochen.«
»Nein, du hast deutlich gesprochen. Ich habe dich trotzdem nicht verstanden.«
Ihre Stimme wurde knapper, sachlicher. »Was sagte der Arzt?«
Er holte aus seiner Brusttasche ein Papier, faltete es auseinander. Es sah aus wie eine Graphik.
»Was ist das?«
»Das ist ein Audiogramm. Es wird aufgezeichnet, über eine Apparatur, welche Frequenzen bei mir noch ankommen. Wie gut sie ankommen und ob sie überhaupt noch ankommen.«
Ulrike nahm das Audiogramm in die Hand. »Und?«
Assmann zeigte es ihr. »Siehst du, hier? Da fällt die Kurve rasch ab. Die hohen Töne kriege ich nicht mit. Und das liegt am Hörnerv, der nicht mehr – funktioniert, nicht so, wie er sollte. Er streikt einfach.«
Er erklärte eifriger: »Das hat nichts mit der Lautstärke zu tun. Alles ist so laut wie vorher, aber die Konsonanten, ich kann sie nicht mehr – identifizieren.«
Ein startendes Flugzeug donnerte über den Flughafen hinweg.
»Und?« fragte Ulrike. »Kann man das nicht behandeln?«
Assmann zeigte mit dem Finger nach oben. »Ich verstehe dich nicht. Bei Nebengeräuschen verstehe ich überhaupt nichts, da brauche ich gar nicht erst hinzuhören.«
»Ich fragte, was der Arzt gesagt hat?«

»Er machte mir keine Hoffnungen.«
Sie saßen stumm, Blick in Blick.
»Was hast du unternommen?« flüsterte sie.
»Ich habe den Tatbestand heute morgen der Gesellschaft mitgeteilt. Sie werden mich beurlauben. Aus mit dem Fliegen.«
Sie sah ihn fest an, sagte langsam: »Du erzählst mir das –«
Er nahm ihr das Wort aus dem Mund: »– weil aus unseren gemeinsamen Plänen nichts werden kann. Ich bin raus aus dem Beruf, ich habe keinen anderen und, was schlimmer ist, keine Lust auf einen anderen. Ich bin am Ende . . .«
»Auch mit mir?« fragte sie lakonisch.
»Auch mit dir«, murmelte er. »Versteh mich richtig. Ich habe jetzt auf eine irrsinnige Weise mit mir selbst zu tun.«
Sie lehnte sich zurück, nahm den Blick nicht von seinem Gesicht. »Seit wann weißt du das mit deinem Gehör?«
»Seit vierzehn Tagen.«
Ulrike sagte kühl: »Ich weiß etwas seit acht Tagen, was ich dir noch nicht gesagt habe. Ich bekomme ein Kind.«
Assmann hob jäh den Kopf. Er war so überrascht, daß er stotterte: »Was sagst du? Ein Kind? Du bekommst ein Kind?«
»Ich versteh natürlich«, sagte sie sachlich, eilig, »daß die Situation jetzt ganz anders ist. Also mach dir keine Sorgen, jetzt, da du so viel mit dir selber zu tun hast . . .«
»Wie, wie?« rief er. »Moment mal, nein, nein, Ul-

rike«, er mußte Atem holen, »laß mir doch erst mal Zeit, das zu verdauen.« Er lachte. »Das hört man ja nicht alle Tage, daß man ein Kind kriegt.«
»Wie gesagt, du hast keinerlei Verpflichtungen.«
Er fuhr sie an: »Was heißt das? Was redest du da für einen Blödsinn. Natürlich habe ich Verpflichtungen!«
»Aber du bist am Ende, sagst du.«
Ärgerlich sagte er: »Aber das ist doch jetzt – etwas anderes, etwas ganz anderes, ein Kind, das ist doch – eine völlig neue Lage.«
Eilig fuhr er fort: »Ich habe eine schwierige Zeit jetzt, das ist wahr, ich habe da – eine Umstellung mitzumachen, aber man wird ja einen Mann, der so viel versteht von seinem Job, nicht einfach fallenlassen, ich werde dann – anderswo eine Chance haben. Ich meine, irgendeinen Job werden sie schon haben, der mir erlaubt, Frau und Kind durchzubringen.«
Er lachte, stand plötzlich auf, sagte: »Das ist ja irre.« Er zog Ulrike hoch, umarmte sie, kümmerte sich nicht um die Gäste, die herübersahen.
»Ulrike«, flüsterte er, »das Kind hat alles verändert.«
»Was denn«, fragte Ulrike, »nichts mehr dunkel?«
»Nein«, beteuerte er, »nein.«

Tage später sprach Ulrike mit einer Kollegin, erzählte ihr die Geschichte und schloß mit den Worten: »Da sagte ich ihm einfach, ich kriege ein Kind.«
»Ja, wie«, sagte die Kollegin verdutzt, »kriegst du denn keins?«
Ulrike lachte, warf in der gewohnten, lebhaften

weise ihre Haare zurück, sagte unbekümmert: »Aber i wo . . .«
Die Kollegin meinte besorgt: »Aber das wird er doch schließlich feststellen.«
»Jaja«, lachte Ulrike, »der liebe Gott muß mir da ein bißchen helfen. Ich arbeite jede Nacht daran.«
Trocken fügte sie hinzu: »Der Arme ist schon ganz erschöpft.«

Einsamer Strand

Alexander ging am Strand von Arenal entlang.
Es war gegen sechs Uhr abends, der Strand hatte sich schon geleert, die Liegestühle wurden zusammengeklappt und weggeräumt. Nur einige wenige Leute badeten noch, der Wellengang hatte sich gelegt, nur sanft bewegte sich der Saum des Wassers. Alexander liebte diese Stunde, wenn die Sonne sich auf den Horizont herabsenkte, größer und röter wurde.
Er hatte die Hosenbeine hochgekrempelt und marschierte mit bloßen Füßen halb durch das Wasser, halb durch den Sand. Der Strand war kilometerlang, eignete sich geradezu zum Träumen.
Alexander war zum ersten Mal auf Mallorca, hatte sich ganz plötzlich entschieden, sich einer Reisegruppe angeschlossen, zu der er keine Verbindung hatte und auch nicht haben wollte. Er fühlte sich ein bißchen melancholisch, genoß diesen Zustand aber. Melancholie war für ihn die einzig angemessene Art, sich in dieser modernen Welt zu bewegen, sie traurig, skeptisch, dennoch mit etwas Wohlwollen zu betrachten.
Von weitem sah er, daß ihm eine Frau entgegenkam. Seit einigen Tagen kam ihm diese Frau entgegen.
Sie liefen aneinander vorbei, ohne sich groß anzusehen, entfernten sich, jeder seinem Wendepunkt zustrebend, drehten dort wieder um und begegneten einander ein zweites Mal, liefen wieder aneinander

vorbei, registrierten stumm: Aha, ein Mann – aha, eine Frau.
Offenbar liebten sie beide diese Tageszeit, die ruhige Zeit vor dem Sonnenuntergang, und es blieb nicht aus, daß beide schließlich begannen, sich mit dem anderen zu beschäftigen. Er dachte: Sie ist immer allein.
Und sie dachte: Er scheint keine Gesellschaft zu haben.
Er dachte: Wie alt mag sie sein? Dreißig? Oder ein wenig darüber? Jedenfalls hat sie eine gute Figur.
Sie dachte: Er sieht gut aus, ein gutes Gesicht. Wie alt mag er sein? Vierzig oder ein wenig darüber?
Nach sechs Tagen stellte sich schon so etwas wie eine Vertraulichkeit ein, man begann leise zu lächeln, und Alexander war der erste, der dieser beginnenden Bekanntschaft einen stürmischen Auftakt gab – er nickte nämlich einmal kräftig mit dem Kopf.
Bei der nächsten Begegnung sah er sich förmlich gezwungen stehenzubleiben.
»Entschuldigen Sie«, sagte er lächelnd, »ich sehe, auch Sie genießen diesen leeren Strand.«
»Die schönste Zeit«, erwiderte sie, »ich empfinde die Ruhe.«
Sie nickten einander zu und setzten, etwas verlegen, den Weg fort.
Sie empfindet die Ruhe, dachte er. Dies als erster Satz aus dem Mund eines fremden Menschen! Ruhe muß ihr also etwas bedeuten, und sie bedeutet auch mir etwas. Das läßt auf Seelenverwandtschaft schließen.
Der Gedanke hatte plötzlich etwas Faszinierendes

für ihn. Nanu, dachte er und war plötzlich beklommen.
Und als er sie beim nächsten Mal von weitem auf sich zukommen sah, hatte sie sich für ihn verändert – da kam ein Geheimnis näher, etwas Aufregendes, fast so etwas wie ein Traum.
Er breitete die Hände aus, wie jemand, der sich sagt: Ich kapituliere.
Er blieb stehen, atmete tief durch und sagte herzlich: »Ich muß mit Ihnen reden. Es verlangt mich danach.«
Sie lachte ebenso herzlich und sagte: »Nicht wahr, seit Tagen beschäftigen wir uns miteinander. Sie haben vollkommen recht. Es ist Zeit, miteinander zu reden.«
Er fand die Worte kühn und ungewöhnlich, und daß sich ihm sofort dieser Eindruck aufdrängte, erfreute ihn ebenso, wie er ihn reizte.
Aha, dachte er, eine ungewöhnliche Frau. Der nächste Gedanke: Wie schön.
»Wo wohnen Sie?« fragte sie.
Sie teilten einander nun mit, in welchem Hotel sie wohnten, beide fanden sie die Hotels nicht so besonders, die Gäste wenig aufregend oder anziehend, so daß sie es vorzogen, allein zu bleiben.
»Nun«, sagte Alexander, »das muß ja nicht so bleiben.«
»Ja«, sagte Irene.
Und beide gaben damit zu verstehen, daß sie ihr Gegenüber anregend und anziehend fanden.
Alexander stellte sich vor: »Ich bin Alexander Schlegel aus Köln.«

Sie sagte: »Ich bin Irene Heffner. Auch aus Köln.«
Beide lachten einander an.
»Und begegnen uns auf Mallorca.«
Alexander räusperte sich, raffte sich auf und hielt es für nötig, gleich etwas hinzuzusetzen: »Ich bin Witwer.«
Sie hörte dies mit großem Ernst und sagte ihrerseits: »Ich bin geschieden.«
Eröffnungszüge wie beim Schach.
Beide beschlossen gleich, miteinander zu Abend zu essen. Alexander ergriff freudig die Initiative. »Kennen Sie das La Noria in Terreno?«
Sie kannte es nicht.
Alexander begann sogleich zu schwärmen und sagte: »Ich lade Sie ein zu einem Salzfisch.«
Sie hatte keine Ahnung, was Herr Schlegel aus Köln unter einem Salzfisch verstand. Und er erklärte es ihr mit großem Vergnügen: »Meistens handelt es sich um einen Besugo, der wird ganz in Salz eingepackt und so gebacken, daß man die Salzschicht nachher mit einem Messer aufbrechen muß.«
Er freute sich, so kenntnisreich zu sein, genoß es, ihr etwas erklären zu dürfen, organisierte einen Treffpunkt und holte sie schließlich von ihrem Hotel ab.
Er dachte: Nanu, geht dein Herz nicht schneller? Er spürte eine angenehme Wärme im Kopf, so als seien alle Gedanken leichtfüßiger geworden.

Der Abend wurde ein voller Erfolg.
Irene Heffner erwies sich als eine kluge Person, die nicht nur gescheit redete, sondern auch zuzuhören verstand, eine Gabe, die unter Menschen, wie Alex-

ander wußte, sehr selten anzutreffen ist und daher höchsten Respekt verdient.
Zugleich wurde er sich bewußt, daß die Frau, die ihm gegenübersaß, attraktiv war. Er sah mit Vergnügen, daß Gäste, die hereinkamen, ihren Blick ein wenig auf ihr verweilen ließen.
Die Nacht verbrachte Alexander in äußerster Unruhe.
Er ging in seinem Zimmer auf und ab, blieb ab und zu stehen, um den Kopf zu schütteln und ungläubig zu seufzen. Das kann doch nicht wahr sein, dachte er, ich habe mich – verliebt?
Der Gedanke beunruhigte ihn sehr, und es machte ihn äußerst besorgt, daß er sich auf den nächsten Tag freute. Nun, sie verbrachten von nun an jeden Tag miteinander. Sie fuhren nach Valdemossa, besichtigten das Kartäuserkloster, in dem Chopin einen unglücklichen Winter verbracht hatte, sie fuhren die herrliche Bergstraße an der Nordküste entlang, sie stiegen hinunter in die atemberaubende Schlucht von Cala Calobra, sie durchwanderten die Orangenhaine von Soller und hatten es sich schließlich angewöhnt, Hand in Hand zu gehen, womit beide wortlos, aber intensiv zum Ausdruck brachten, was sie jeweils vom anderen hielten und wie sehr er Vertrauen verdiene.
Mehr wagten sie einander nicht zu geben oder zu sagen.
Es blieb zwischen ihnen so etwas wie ein gehaltvolles Schweigen, auf dem Grunde dieses Schweigens lagen alle Köstlichkeiten dieser Erde.
Möglicherweise.

Die Tage flogen dahin, und es kam die Stunde des Abschieds. Frau Heffner flog einen Tag früher zurück, sah ihren neu gewonnenen Freund an, seufzte ein wenig und sagte: »Ich möchte mich bei Ihnen bedanken. Es waren zwei wunderbare Wochen, die ich nie vergessen werde.«
»Auch ich werde sie nicht vergessen«, sagte Herr Schlegel aus Köln.
Sie zögerte, sagte dann fast ein wenig beklommen: »Vielleicht sehen wir uns mal in Köln.«
Sie reichte ihm ihre Visitenkarte. Er betrachtete sie nachdenklich, holte dann seine Visitenkarte heraus. »Ich darf mich revanchieren. Ich würde mich freuen, wenn wir uns zu Hause sehen würden.« Er fügte hinzu, etwas matt: »Es muß ja nicht zufällig sein.«
So schieden sie voneinander.

Alexander dachte noch oft an seine neue Bekannte, wartete aber vergeblich auf einen Anruf, bis es eines Tages an seiner Tür klingelte.
Alexander öffnete die Tür und sah ein kleines Mädchen vor sich. Es war etwa sechs Jahre alt, sah ihn groß an und reichte ihm einen Brief.
Alexander war ein wenig verblüfft, drehte den Brief um, las den Absender. Na, endlich, ein Brief von Irene Heffner.
Er ließ das kleine Mädchen eintreten. Es setzte sich in einen Sessel, sah Alexander zu, der den Brief öffnete und las.
›Lieber Freund‹, las er, ›ich habe Sie nicht im mindesten vergessen und denke mit Dankbarkeit an die Stunden zurück, die wir gemeinsam verbracht ha-

ben. Das kleine Mädchen, das Ihnen dieses Lebenszeichen überbringt, ist meine Tochter.‹

Alexander sah das Kind an. Es saß nett, ruhig, aufmerksam im Sessel, sah ihn ernst an.

Alexander sagte: »Warte noch ein wenig, ich werde deiner Mutter einen Brief schreiben.«

Er setzte sich hin und verfaßte einen Brief: ›Liebe Freundin, Ihren Brief und Ihre Tochter habe ich mit großer Freude erhalten. Beides gefällt mir sehr. Wenn Sie heute nachmittag Zeit haben, würde ich mich freuen, Sie im Domcafé begrüßen zu dürfen. Sagen wir, um vier.‹

Alexander gab dem kleinen Mädchen den Brief und ließ es gehen.

Ein Kind, ein Kind, dachte er, sie hat ein Kind und nicht gewagt, es zu sagen.

Er zog sich sorgfältig an und machte sich nachmittags auf den Weg zum Café am Dom.

Es war zwar vier Uhr, aber Alexander sah sich vergeblich um – Irene Heffner war nicht gekommen.

Etwas beklommen setzte er sich an einen Tisch, um zu warten.

Da trat ein kleiner Junge von etwa zehn Jahren an seinen Tisch. Der Junge war sehr höflich, gut gekämmt, hatte einen offenen Blick, der zugleich auch ein wenig Neugier ausdrückte. Er überreichte ihm einen Brief.

Alexander las: ›Lieber Freund, obwohl ich mich über Ihren Brief sehr gefreut habe, wage ich nicht, Sie zu treffen. Der Überbringer dieses Briefes ist mein Sohn.‹

Alexander sah den Jungen an, der Junge sah ihn an.

Beide sahen einander ruhig an, ein bißchen wie von Mann zu Mann.
Alexander ließ sich vom Ober Briefpapier bringen und schrieb: ›Liebe Freundin, Ihr Sohn gefällt mir so gut, wie mir Ihre Tochter gefallen hat. Um Sie der Mühe zu entheben, mir weitere Kinder in Raten vorzustellen, bitte ich Sie, mich heute abend mit Ihren Kindern aufzusuchen.‹
Er verschloß den Brief und schickte den netten, schweigsamen Jungen nach Hause.
Abends um acht Uhr klingelte es an der Wohnungstür.
Irene Heffner stand mit ihren beiden Kindern vor der Tür, lächelte Alexander an, atmete tief auf und sagte: »Mehr Kinder habe ich nicht.«
»Kommen Sie herein, liebe Freundin«, sagte Alexander, ließ sie eintreten, machte eine große Handbewegung und erklärte: »Und das sind meine drei.«
Aufgereiht sah man drei Kinder, einen Jungen, zwei kleine Mädchen, alle geputzt, heiter und neugierig.

Mexikanisches Lammragout

Doktor Bergmann war zu Hause angekommen. Er stieg aus seinem Wagen, betrat das Haus, in dem er eine Wohnung besaß, öffnete den Briefkasten, entnahm seine Post, die er wie immer flüchtig durchsah, trat dann auf den Fahrstuhl zu.
Da hörte er hinter sich eine lebhafte Frauenstimme: »Hallo, Herr Doktor Bergmann, nehmen Sie mich noch mit?«
Doktor Bergmann sah sich um.
Ah, das war seine Nachbarin, Frau Wege, eine Frau in mittleren Jahren, aber noch schlank und rank und recht vital.
»Guten Tag, Herr Doktor«, sagte Frau Wege mit ihrer hellen, sympathischen Stimme und musterte ihren Nachbarn gutgelaunt.
Sie bestiegen den Fahrstuhl, der sich in Bewegung setzte und beide nach oben brachte.
»Sie kommen heute etwas früher«, sagte Frau Wege und lächelte.
»Ja«, erwiderte Doktor Bergmann ein wenig verdutzt, »Sie wissen, wann ich nach Hause komme?«
»Kein Kunststück.« Frau Wege lächelte ihn an. »Ich wohne neben Ihnen, und das schon seit drei Jahren. Gewisse Gewohnheiten des Nachbarn teilen sich einem mit. Gewöhnlich kommen Sie um achtzehn Uhr nach Hause.«
»Das ist richtig«, antwortete Doktor Bergmann ein wenig steif und ungewandt, wie es seine Art war.

Der Fahrstuhl hielt, und beide stiegen aus.
»Da habe ich gleich eine Frage«, fuhr Frau Wege fort, »Sie sind doch Psychologe.«
»Ja«, erwiderte Doktor Bergmann wahrheitsgemäß.
»Sie haben eine Praxis in der Stadt.«
»Ja«, murmelte Doktor Bergmann.
Lebhaft und lächelnd fuhr Frau Wege fort: »Mit was für Problemen kommen die Leute zu Ihnen?«
Doktor Bergmann fühlte sich ein wenig gestört. »Mit allen möglichen Problemen«, antwortete er knapp.
»Um mich besser auszudrücken«, fuhr Frau Wege fort, »man muß nicht unbedingt krank sein?«
»Aber nein.«
Sie kamen vor ihren Wohnungstüren an. Frau Wege hielt ihren Nachbarn noch zurück. »Die Grenzen sind ja sicher schwer zu ziehen. Krank oder nicht krank, wer weiß das schon . . .«
»Ja, die Grenzen sind fließend.«
»Ist Leichtsinn eine Krankheit?« Frau Wege sah ihren Nachbarn gespannt an.
Doktor Bergmann war ein wenig überrascht. »Wie kommen Sie darauf?«
»Gedanken, die ich mir gerade mache«, sagte Frau Wege, lächelnd, heiter, fast auch ein wenig unbekümmert. »Ich frage mich, ob Leichtsinn zuweilen nicht lebensgefährlich ist.«
»Zuweilen ganz sicher«, sagte Doktor Bergmann korrekt und schloß seine Wohnungstür auf. Er ging hinein, obwohl Frau Wege noch etwas auf dem Herzen zu haben schien.
Doktor Bergmann stellte seine Aktentasche ab, zog

die Vorhänge auf, die er tagsüber geschlossen hielt. Das Tageslicht enthüllte die Wohnung eines Junggesellen. Sie war ordentlich, aufgeräumt, dennoch ein wenig kahl und nüchtern. Wie immer ging Doktor Bergmann in die Küche, um sich das Essen warm zu machen, das seine Zugehfrau ihm vorgekocht hatte. Er war mit den gewöhnlichen Handhabungen beschäftigt, als es an der Tür klingelte.

»Verzeihen Sie, Doktor«, sagte Frau Wege und hob entschuldigend die Schultern, »Sie haben da gerade etwas gesagt, was mich ganz unruhig gemacht hat.«

»Habe ich?« sagte Doktor Bergmann überrascht.

»Ich fragte, ob Leichtsinn lebensgefährlich ist. Sie sagten ja.«

»Damit habe ich Sie unruhig gemacht?«

»Ja, und so, daß mir ganz heiß geworden ist. Darf ich hereinkommen?«

Zögernd trat Doktor Bergmann von der Tür zurück und ließ seine Nachbarin herein.

Sie lächelte hilflos. »Ich glaube, ich bin leichtsinnig gewesen und möglicherweise in Lebensgefahr.« Sie lachte ein wenig gezwungen. »Ich bin nicht verheiratet. Geschieden, seit fünf Jahren.«

Plötzlich unterbrach sie sich: »Sind Sie nicht auch geschieden?«

Trocken erwiderte Doktor Bergmann: »Ja, seit sechs Jahren.«

Frau Wege sah ihn mit offener Sympathie an. »Dann werden Sie sicher Verständnis dafür haben, daß Alleinleben ein Zustand ist, den man nicht ideal nennen kann. Ich jedenfalls –«, sie atmete tief durch, »– bin ihn leid geworden, ganz überraschend, von

heute auf morgen. Um es kurz zu machen: Ich trage mich mit dem Gedanken, mich wieder zu verheiraten.«
»Meinen Glückwunsch«, sagte Doktor Bergmann nüchtern, »was ist daran leichtsinnig?«
»Die näheren Umstände. Ich habe eine Anzeige aufgegeben.«
»Eine Anzeige?«
»Nun«, meinte Frau Wege, »man bedient sich der Mittel, die heute üblich sind.« Sie lachte plötzlich. »Wenn der Finger Gottes nicht tätig ist und sich auf einen Menschen richtet: Dieser da! Wie gesagt, dieser Gnadenbeweis wurde mir nicht zuteil, deswegen sagte ich mir: Versuch's mit einer Anzeige.«
»Nun ja«, murmelte Doktor Bergmann.
»Und sehen Sie, da habe ich plötzlich Angst bekommen, vor einem Fehler, der lebensgefährlich sein könnte.« Sie streckte ihren Zeigefinger vor. »Dieser da, mein Finger, ist nicht Gottes Finger, sondern mein eigener, ganz gewöhnlicher Zeigefinger, der nicht einen Funken Verstand hat.«
Doktor Bergmann räusperte sich. »Das ist allerdings möglich.«
Fast heiter, dennoch zugleich besorgt sah Frau Wege ihren Nachbarn an. »Was mache ich also? Einige der Herren lassen sich kaum noch zurückhalten, mich kennenzulernen. Jetzt meine Frage an Sie, den Psychologen: Können Sie mir helfen?«
Doktor Bergmann sagte knapp: »Den Zeigefinger Gottes habe ich auch nicht.«
»Aber ein abgeschlossenes Studium der Psychologie.« Sie breitete herzlich die Arme aus, sah ihren

Nachbarn heiter an. »Ich stehe hier, als Patient, privatversichert.«
Doktor Bergmann fühlte sich wieder gestört, nun fast ein wenig unangenehm berührt. »Wie stellen Sie sich denn meine Hilfe vor?«
Frau Wege schien seine leichte Abwehr nicht zu bemerken, sondern antwortete lebhaft, geradezu zielbewußt: »Zunächst vielleicht eine allgemeine Beratung, nun ja, über die Sache an sich.«
Doktor Bergmann erwiderte trocken: »Die Sache an sich? Das wäre die Ehe.«
Frau Wege nickte. »Worauf es mir ankäme, wäre festzustellen, ob ich überhaupt noch der richtige Mensch dafür bin. Bringe ich überhaupt noch die Voraussetzungen mit? Könnte man diesen Themenkreis nicht einmal abklopfen?« Sie räusperte sich. »Wissenschaftlich?«
Doktor Bergmann meinte: »Das ist durchaus möglich. Kommen Sie in meine Praxis. Ich werde Ihnen einen Termin geben.«
»Einen Termin?« widersprach Frau Wege. »Die Sache ist viel zu eilig.« Sie hob den Kopf. »Haben Sie heute abend etwas vor?«
»Nein, nein«, hörte sich Doktor Bergmann sagen.
»Dann mache ich Ihnen einen Vorschlag«, sagte Frau Wege lebhaft und mit Energie, »ich lade Sie ein. Kommen Sie herüber zu mir, essen wir zusammen. Wir können uns dabei unterhalten.«
Doktor Bergmann mochte nicht widersprechen, obwohl ihm danach zumute war.

Eine Stunde später erschien er in der Wohnung seiner Nachbarin.

Doktor Bergmann fühlte sich auf diesem fremden Boden unsicher und beschloß, dieses Gefühl zu bekämpfen.

»Das riecht ja ganz hervorragend. Was kochen Sie denn da?«

»Zunächst gibt es einen Sellerie-Cocktail Washington. Danach mexikanisches Lammragout.«

»Das hört sich sehr gut an«, murmelte Doktor Bergmann.

»Ja«, sagte Frau Wege vergnügt, »meine Meinung ist: Wer allein lebt, der sollte wenigstens gut essen.« Sie sah ihn erwartungsvoll an. »Wie essen Sie?«

»Oh«, sagte Doktor Bergmann vage, »ich komme einigermaßen zurecht.«

»Das Essen braucht noch eine Weile«, sagte Frau Wege, »einen Drink vorweg? Und fangen wir gleich an?«

»Wäre vielleicht ganz gut«, erwiderte Doktor Bergmann.

Frau Wege machte die Drinks, bewegte sich anmutig durch den Raum, sah überhaupt hervorragend aus. Sie begann lebhaft: »Darf ich mal anfangen und dabei logisch vorgehen?« Sie holte Atem. »Allein sein, allein leben bedeutet Einsamkeit. Ist das richtig?«

»Absolut richtig.«

»Und Einsamkeit ist ein unnatürlicher Zustand. Kann man nicht sagen: Einsamkeit ist der halbe Tod?«

»Der Vergleich ist etwas stark.«

»Aber er drückt genau aus, was ich meine – die Abwesenheit von Leben.« Lebhaft fuhr sie fort: »Das wird Ihnen doch sicher auch so gehen, daß man zu Hause sitzt und hat eine sonderbare Empfindung, als sei man fremd in seiner eigenen Wohnung, als sei man umgeben von Gegenständen, die tot sind. Und man selber bewegt seine Lebensflamme inmitten dieser toten Gegenstände wie eine Kerze, deren Flamme man vor jedem Windhauch schützen muß.« Sie sah ihn neugierig an.

»Starke Vergleiche«, murmelte Doktor Bergmann.

»Die hoffentlich nicht unwissenschaftlich sind. Empfinden Sie nicht ähnlich?«

»Jaja«, gab Doktor Bergmann zu, »manchmal schon.«

»Es ist doch so«, begann Frau Wege von neuem, »jeder Mensch denkt und formuliert, was er denkt. Aber wer allein lebt, hat für das, was er denkt und formuliert, keinen Empfänger. Wie im Bogen kehrt alles zu ihm zurück, unzensiert, unbesprochen, ohne Antwort. Ist das richtig?«

»Ja, das ist richtig.«

Frau Wege nickte ihrem Nachbarn freundlich zu. »Aber sind wir nicht auf Antworten angewiesen? Und darauf, selber antworten zu müssen?« Frau Wege sah den Psychologen intensiv an.

»Wer dies hat, dies tut, für den setzt sich die Zeit wieder in Bewegung, die schon dabei war, ihren Dienst einzustellen.«

»Nicht schlecht, was Sie da sagen«, murmelte Doktor Bergmann. »Der Mensch braucht in der Tat Erlebnisse. Darauf ist er angewiesen.«

»Ich hatte sie nicht mehr, die Erlebnisse«, sagte Frau

Wege und sah ihn neugierig an. »Haben Sie sie noch?«
Doktor Bergmann räusperte sich. »In der Tat«, begann er zögernd, »lebe ich sehr ruhig.«
»Nicht wie tot, lieber Freund? Nur im Tod gibt es vollkommene Ruhe.« Sie lachte. »Auf die wir noch nicht aus sind.«
»Gewiß nicht«, sagte Doktor Bergmann.
Das Essen war nun fertig. Frau Wege deckte den Tisch, geschwind, geschult, anmutig, sie redete dabei, hatte jetzt den prekären Gesprächsgegenstand verlassen und zeigte sich beschlagen auch in anderen Themen.
Das Essen verlief sehr anregend. Das mexikanische Lammragout war hervorragend gelungen, was Doktor Bergmann mit Vergnügen bestätigte.
»Lieber Nachbar«, sagte Frau Wege plötzlich, »bemerken Sie es nicht auch? Wir sind dabei, uns hervorragend zu unterhalten.«
Doktor Bergmann mußte ihr recht geben.
Das Essen war gegessen, der Wein fast ausgetrunken, als Doktor Bergmann fragte: »Sagen Sie, haben sich viele Herren auf Ihre Anzeige gemeldet?«
»Einige, einige«, sagte Frau Wege.
»Leute darunter, die Sie ernsthaft in Erwägung ziehen?«
»Durchaus, durchaus.«
Doktor Bergmann holte Atem. »Um auf Ihre Frage zu antworten, der ich ja diese Einladung verdanke: Der Weg, den Sie eingeschlagen haben, ist passabel. Dagegen ist nichts zu sagen. Ich möchte Ihnen zudem etwas bescheinigen: Es besteht kein Grund, in

Panik zu geraten. Sie werden mit allem hervorragend fertig.«
Er nickte, stand auf, bedankte sich für das Essen, sagte, er habe noch eine Schreibarbeit zu erledigen.
Frau Wege brachte ihren Gast an die Tür, wo er sich noch einmal in der höflichsten Weise bedankte.
Frau Wege schloß die Tür hinter ihm, stand eine Weile abwesend, völlig in Gedanken versunken.
Es klingelte.
Frau Wege öffnete rasch und hoffnungsvoll noch einmal die Wohnungstür, aber es hatte nicht an der Wohnungstür geklingelt, sondern an der Haustür.
Frau Wege betätigte die Sprechanlage.
Eine Frauenstimme meldete sich: »Ich bin es, Inge. Bist du allein?«
»Ja, ich bin allein«, sagte Frau Wege und seufzte, »du kannst heraufkommen.« Sie öffnete die Tür, um ihre Freundin Inge hereinzulassen.
»Ist er schon weg?« fragte Inge.
Frau Wege nickte. »Er sagte, er habe noch zu tun, eine Schreibarbeit.«
»Und? Hast du ihn nicht um Rat gefragt?«
»Doch. Er hat mir auch einen Rat gegeben, daß es zwar ungewöhnlich, aber nicht falsch sei, sich einen Ehepartner über eine Heiratsanzeige zu besorgen.«
»Aha«, murmelte die Freundin, »aber was wir überlegt hatten, war doch, ihn selbst zu interessieren, ihn auf einen bestimmten Gedanken zu bringen.«
Trocken erwiderte Frau Wege: »Er kam nicht drauf.«
»Nein?«
»Nein«, seufzte Frau Wege. »Aber er war in seiner

Schüchternheit, in seiner Verschlossenheit so reizend wie immer. Du weißt, ich mag so einen Typ. Ich finde gestandene Männer, wenn sie dazu noch schüchtern sind, einfach hinreißend.«
Die Freundin hob den Kopf. »Da ist eine Tür gegangen.«
Auch Frau Wege lauschte, murmelte: »Seine Tür.«
Beide Frauen gingen in die Diele.
»Was macht er?« flüsterte die Freundin.
Frau Wege flüsterte zurück: »Er steht vor der Tür.«
Dann sahen sie, daß ein Brief unter der Tür hindurchgeschoben wurde.
Sie standen atemlos da. Nichts weiter erfolgte, nur die Tür zur Nachbarwohnung hörte man wieder.
»Er ist zurückgegangen in seine Wohnung«, sagte Frau Wege, hob den Brief auf, öffnete ihn, las ihn.
»Was ist? Was schreibt er?« fragte die Freundin.
Frau Wege hob den Kopf, flüsterte: »Er antwortet – auf meine Anzeige.«

Wochen später begegnete Doktor Bergmann einem Kollegen. »Meinen Glückwunsch – ich höre, Sie haben wieder geheiratet.«
»Ja, vor acht Tagen.«
»Wollten Sie nicht nie wieder heiraten?«
Doktor Bergmann lächelte. »Ja, aber ich habe meine Ansicht geändert. Besuchen Sie uns doch mal, ich stelle Ihnen meine Frau vor, eine ganz reizende Person, gescheit, lebendig.« Er holte Atem. »Und sie macht ein mexikanisches Lammragout, das es in der Welt nicht noch einmal gibt.«

... und bin in zwei Stunden zu Hause

Anita war bei ihrer Freundin Margret gewesen. Sie hatten Musik gehört, sich unterhalten, aber kurz vor vier war Margret unruhig geworden, hatte gesagt: »Entschuldige, aber ich gehe nachher zu meinen Eltern. Ich habe die Geschenke noch nicht eingepackt.«

Anita war dann gegangen, ein wenig mißmutig. Es war kalt draußen, der Winter zeigte sich von seiner dunkelsten und trübseligsten Seite.

Der Verkehr war noch sehr stark, aber es schien, als hätten alle Autos es eiliger.

Die Weihnachtsillumination schmückte noch gleißend, blendend die Ladenfronten, stechendes Licht von Glühbirnen, ein verschwenderisches Licht, das jetzt verloren wirkte, wie ohne Sinn, weil die Läden gerade schlossen.

Anita wohnte möbliert, ein kleines Zimmer, das zu einer größeren Wohnung gehörte. Frau von Schmeding war die Inhaberin der Wohnung und lebte von der Vermietung dieser Zimmer. Anita war die einzige Studentin, die anderen Untermieter waren älter, ein Ehepaar, ein Vertreter, ein Rentner. Sie würden alle nicht dasein.

Nur Frau von Schmeding, die kleine, unordentliche, schmalbrüstige Person, würde auf Anita warten.

»Ich werde Ihnen etwas kochen«, hatte Frau von Schmeding versprochen.

Diese Aussicht beschleunigte Anitas Schritte nicht,

denn sie hielt von der Kochkunst ihrer Zimmerwirtin nicht sehr viel.
Anita hatte versucht, ihrer Wirtin auszureden, eine Art Festmahl zu veranstalten.
»Wissen Sie«, hatte sie gesagt, »ich mache mir aus Weihnachten nichts. Das ist für mich ein Tag wie jeder andere.«
»Das weiß ja jeder«, hatte Frau von Schmeding geantwortet, »und ich weiß es auch. Aber man muß es mitmachen.« Sie hatte hinzugefügt: »Außerdem vertreibt es die Zeit. Und der Zeitvertreib«, setzte sie dunkel fort, »ist die einzige Sache, auf die es ankommt.«
»Was, was?« hatte Anita sich gewundert, aber Frau von Schmeding hatte auf dieser Ansicht beharrt. »Kind«, sagte sie, »alles im Leben ist Zeitvertreib. Auch Weihnachten ist ein Zeitvertreib, und dies von der angenehmen Art.«
Daran dachte Anita, als sie durch die nun dunkler werdende Straße schritt. Nur Mietshäuser rechts und links, mit abweisenden Eingangstüren.
Da sprach ein Mann Anita an.
»Verzeihen Sie bitte . . .«
Anita war so in Gedanken gewesen, daß sie erschrak. Es war ein älterer Herr, der vor ihr stand, etwas klein, ein wenig gebückt, er trug einen dunklen Wollmantel, dessen Kragen er hochgeschlagen hatte.
Sonderbar war nur, daß er über diesem Mantel einen Rucksack trug, dessen breite Träger scharf in die Schultern einschnitten. Der Rucksack mochte sein Gewicht haben.

»Ich suche die Meinkestraße«, sagte der Mann.
»Sie sind in der Meinkestraße«, antwortete Anita.
»Ziemlich dunkel hier«, murmelte der Mann, »ich habe einfach kein Straßenschild gefunden.« Er fragte weiter: »Ist Ihnen zufällig bekannt, wo sich die Nummer sechzehn befindet?«
»Kommen Sie mit«, sagte Anita, »das Haus neben meinem.«
Der alte Mann schien erfreut zu sein. »Na, da habe ich ja Glück gehabt.«
Er ging neben Anita her, schien aber Schwierigkeiten zu haben mit seinem Atem.
»Ich kann nicht sehr gut gehen«, erklärte er entschuldigend, »ich habe Schwierigkeiten mit den Beinen.« Er lächelte. »Auch mit dem Herzen. Mit allem ein bißchen.«
Anita ging langsamer.
»Soll ich Ihnen tragen helfen?«
»Nein, nein, ich habe extra einen Rucksack genommen, weil er sich leichter tragen läßt als ein Koffer. Es geht schon«, beruhigte er Anita.
»Sie kennen sich nicht aus hier?« fragte Anita.
»Nein, ich bin mit dem Zug aus Frankfurt gekommen und zum ersten Mal in dieser Stadt.«
»Wollen Sie einen Besuch machen?«
»Ja«, sagte der Mann, »ich möchte meinen Sohn besuchen. Früher kam mein Sohn zum Weihnachtsfest nach Hause, nun schon einige Jahre lang nicht mehr.«
Erklärend fügte er hinzu: »Er hat geheiratet, und da geht der eigene Hausstand vor. Was ganz natürlich ist.«

Er beteuerte: »Ich beklage mich nicht. Die Bande, die Familienbande lockern sich mit der Zeit.«
»Aber nun wollen Sie ihn besuchen?«
Der alte Mann nickte. »Ich möchte ihn überraschen.«
Er schwieg eine Weile und meinte dann: »Was er mir hoffentlich nicht übelnehmen wird.«
»Hier ist das Haus Nummer sechzehn«, sagte Anita.
Das Haus war groß, sehr breit, ein altes Haus mit stuckumrandeten Fenstern. Die Eingangstür war mächtig, vom alten Stil, mit dem man zu repräsentieren wußte.
Der alte Mann sah das Haus an, wandte sich aufatmend an Anita: »Würden Sie mir helfen, seinen Namen zu finden? Meine Augen sind nicht sehr gut.«
Anita trat an die Namensschilder heran.
»Hausmann. Rudolf Hausmann«, sagte der alte Mann.
Anita knipste ihr Feuerzeug an, ging mit der Flamme die Reihe der Namen ab und fand keinen Hausmann.
»Sie müssen sich irren!« sagte sie. »Hier gibt es keinen Hausmann.«
»Meinkestraße sechzehn. Ich irre mich nicht«, sagte der alte Mann. Er holte einen Briefumschlag heraus und zeigte ihn Anita.
Anita sah auf den Absender. »Aber der Brief ist ein Jahr alt.«
Der alte Mann nickte. »Seitdem hat er nicht wieder geschrieben.« Eilig setzte er hinzu: »Ich sagte Ihnen ja, er hat geheiratet, da gibt es dann eine –«, er räusperte sich, »– Interessenverlagerung.«

Anita wunderte sich über das Wort, sah den alten Mann ratlos an. »Ich fürchte, jetzt kann ich Ihnen nicht weiterhelfen.«
»Sieht so aus«, erwiderte der alte Mann bedrückt. »Aber er hat hier gewohnt. Ob irgend jemand in diesem Haus weiß, wie seine neue Adresse ist?«
»Das ist möglich«, murmelte Anita und fühlte so etwas wie leichte Ungeduld in sich aufsteigen, »aber wen soll ich fragen?«
Der Mann hob die Hände. »Ich weiß, ich darf Sie damit nicht belästigen. Sie werden es selber eilig haben, zum Fest zu kommen.«
Anita zögerte, dann drückte sie die Parterreklingel. Der Türsummer ging, Anita öffnete die schwere Tür.
»Wenn Sie mich nur hier draußen lassen würden«, sagte der alte Mann, »der Rucksack wird mir doch etwas schwer. Ich würde mich eine Weile hier hinsetzen.«
Er setzte sich auf die Treppenstufe, aufatmend, fiel fast mehr, als daß er sich setzte, hob nur den Blick, sah Anita an.
Anita ging in das Haus hinein. Auf der Schwelle der Parterrewohnung stand eine ältere Frau, die Anita unfreundlich musterte. Aus der Wohnung heraus hörte man Kindergeschrei und die ärgerliche Stimme eines Mannes.
Anita fragte, ob in diesem Haus ein gewisser Hausmann gewohnt habe.
Aber die Frau hob nur unwirsch die Schultern.
»Wer hier im Haus wohnt, das weiß ich nicht. Ich kenne einige Leute, aber nicht alle.«

Sie kannte keinen Herrn Hausmann und wußte auch nicht, bei wem man sich noch erkundigen könnte. Sollte Anita weiter die Treppen hinaufgehen, an jeder Tür klingeln, Leute stören, die in diesem Augenblick ganz mit den Weihnachtsvorbereitungen beschäftigt waren?
Anita ging wieder auf die Straße hinaus.
Der alte Mann rappelte sich auf, erhob sich mühsam, hielt sich an der Hand des jungen Mädchens fest.
»Kein Glück gehabt, wie?« fragte er.
»Nein«, sagte Anita, »Ihr Sohn ist hier nicht bekannt.«
Der alte Mann verbarg seine Enttäuschung, lächelte ein wenig, breitete die Arme aus.
»Ich alter Kerl«, sagte er und lächelte, »fahre einfach los, mit einer Adresse, die ein Jahr alt ist.«
»Was wollen Sie jetzt machen?« fragte Anita.
»Kümmern Sie sich nicht um mich«, sagte der alte Mann, gebückt unter der Last seines Rucksacks.
Fast ärgerlich sagte Anita: »Kommen Sie!«
Sie ging mit dem alten Mann ins Haus nebenan.
»Ich will Ihnen nicht lästig fallen«, sagte der alte Mann, stieg mühsam die Treppen hinauf.
»Ich bin heute abend allein mit meiner Wirtin«, sagte Anita, »sie kocht irgendwas. Wir werden zusammen essen, und dann überlegen wir, wie wir Ihren Sohn finden.«
Frau von Schmeding begrüßte den alten Mann freundlich, ließ sich seine Geschichte erklären.
»Ich wohne doch im Nebenhaus. Vielleicht kenne ich Ihren Sohn.«
Der alte Mann beschrieb seinen Sohn, aber die Zim-

merwirtin schüttelte den Kopf und begann sich zu wundern. »Ein Sohn, der sich nicht meldet, der nicht mal seine neue Adresse bekanntgibt?«
Der alte Mann fand das nicht tragisch. Er hätte sich schon gemeldet, meinte er, möglicherweise läge die Weihnachtskarte inzwischen zu Hause.
»Aber«, sagte er schuldbewußt, »ich wollte ihn unbedingt sehen.«
Er sah von einem zum anderen. »Wissen Sie«, setzte er unsicher fort, »irgendwie fühle ich mich nicht mehr sehr wohl, ich spüre das Herz, die Beine, leide unter Atemnot.«
Er lächelte, als wollte er den Eindruck vermeiden zu klagen. »Ich habe das Gefühl, daß es mit mir ganz plötzlich zu Ende gehen könnte. Der Gedanke war so stark, er kam so unvermutet und hat mich so sehr beunruhigt, daß ich es zu Hause einfach nicht aushielt.«
Er lächelte. »Ein Fehler, sicher ein Fehler, aber was für Menschen hat man in der Welt? Man hat seine Eltern, seine Frau, seine Kinder. Diese zuerst. Und es muß Tage geben, wo man dies spürt, zum Ausdruck bringt und daraus einen Gewinn zieht. Für sich selbst und seine innere Ruhe. Ohne die ja niemand auskommt.«
Der alte Mann lächelte stärker. Er packte seinen Rucksack aus.
»Ich habe ihm unsere Äpfel mitgebracht. Die Äpfel aus unserem eigenen Garten, einen Christstollen mit dem Geschmack, den nur unser Bäcker ihm geben kann, und zwei Flaschen Rotwein von der Sorte, die er mag.«

Er sah von einem zum anderen.
»Machen Sie mir die Freude und greifen Sie zu.«
Anita nahm einen Apfel, roch daran und sagte: »Der hat wirklich einen besonderen Geruch.«
Sie legte den Apfel zurück, stand plötzlich auf, blieb eine Weile nachdenklich stehen, sagte dann zu ihrer Wirtin: »Rufen Sie mir ein Taxi? Ich ziehe mich nur schnell um.«
»Kind, wohin wollen Sie denn auf einmal?« fragte die Wirtin.
»Wenn ich mich beeile, kriege ich noch den Zug um achtzehn Uhr. Und bin in zwei Stunden zu Hause . . .«

Die Schuhe des Riesen

Seit mehr als dreißig Jahren bin ich Empfangschef in einem Hotel, das man zu den sogenannten guten Hotels zählt. Im Laufe der Zeit habe ich mir eine gewisse Menschenkenntnis angeeignet. Und dennoch erlebte ich kürzlich eine Überraschung.

Ein junger Mann, ein sehr junger Mann, betrat erst zögernd, aber dann doch sicheren Schrittes die Hotelhalle, sah sich kurz um, so als inspiziere er, was er sah. Dann trat er an den Empfang, höflich, bescheiden, dennoch sicher.

»Ich hätte gern ein Doppelzimmer.« Er fügte nach einer kleinen Pause hinzu: »Für meine Eltern. Hier sind die Ausweise . . .« Dabei zog er zwei Reisepässe heraus, legte sie auf den Tisch und sah mich erwartungsvoll an. Ich sage ›erwartungsvoll‹, aber im nachhinein weiß ich, daß auch eine gewisse Verträumtheit dabei war, eine erwartungsvolle Verträumtheit.

»Wann kommen denn Ihre Eltern?« fragte ich.

»Das kann spät werden. Darum bin ich hier. Der Name ist Merk, Johannes Merk, mein Vater, meine Mutter Sybille Merk, geborene Liebermann.«

»Gut«, sagte ich, »ich mache dann eine Notiz, daß das Zimmer reserviert ist.«

»Danke«, sagte der junge Mann, den ich inzwischen auf siebzehn, bestenfalls achtzehn Jahre schätzte, holte Geld heraus und sagte: »Ich soll das Zimmer auch gleich bezahlen.«

»Das ist nicht nötig«, sagte ich.
»Ich tue nur, was meine Eltern mir aufgetragen haben«, erklärte der junge Mann, fügte hinzu: »Außerdem möchte ich das Zimmer gern sehen.«
Das war ungewöhnlich, aber ich ging mit dem jungen Mann hinauf und zeigte ihm ein Zimmer.
Er sah sich um, blieb eine Weile still und sagte dann: »Sehr gut, fabelhaft. Das ist genau das, was ich mir vorgestellt habe. Radio?«
Ich zeigte ihm die Knöpfe, die sich neben dem Bett befanden.
»Plattenspieler?«
Ich war etwas verdutzt. »Plattenspieler? Nein, den haben wir nicht.«
»Das Bad?«
Ich zeigte es ihm. Er war begeistert. »Ganz hervorragend. Erste Klasse.«
Ich fragte: »Wo wohnen denn Ihre Eltern?«
Er zögerte nur kurz. »Im Argonautenweg. Aber bei uns wird umgebaut. Alles ist total auf den Kopf gestellt. Sogar das Schlafzimmer. Da hat mein Vater gesagt: Gehen wir eben für eine Nacht in ein Hotel.«
Das hörte sich gut an.
»Kann ich den Schlüssel jetzt schon haben? Ich möchte noch Blumen besorgen.«
Wieder war ich ein wenig überrascht.
Er lächelte. »Mein Vater hat mir den Auftrag gegeben. Wissen Sie, es ist eine besondere Gelegenheit, weil das Haus doch umgebaut wird, die ganzen Aufregungen –«
Ich gab ihm den Schlüssel und dachte: Eine nette Familie.

Was dann geschah, habe ich anhand der Aussagen anderer Angestellter rekonstruieren können.
Etwas später kam er mit einem großen Blumenstrauß, trug ihn etwas feierlich durch die Halle und brachte ihn aufs Zimmer. Wieder eine Weile später kam er mit einem Plattenspieler, trug ihn mit angestrengter Miene zum Fahrstuhl und fuhr nach oben.
Schließlich bestellte er Sekt, inspizierte den Sektkübel und die Flasche selbst. Der Zimmerkellner sagte, der junge Mann habe sie lange betrachtet und dann fast liebevoll zurückgestellt in den Eiskübel.
Das Zimmermädchen hatte auch ein Erlebnis: Sie kam ins Zimmer und wurde Zeuge, wie der junge Mann aus einer Aktentasche heraus Kerzen im Zimmer verteilte, wobei er eine fast künstlerische Begabung erkennen ließ.
Ich selbst habe den Anfang des Abends nicht miterlebt, aber unser langjähriger Oberkellner erzählte mir nachher, daß er den jungen Mann gesehen habe. Er stand draußen vor dem Hotel mit einem Mädchen, das kaum älter war als er. Sie redeten miteinander und kamen schließlich herein. Der Oberkellner sagte: Sie gingen ein bißchen wie auf Zehenspitzen, marschierten schnurstracks auf den Fahrstuhl zu, und ehe die Tür sich habe schließen können, hätten sie einander schon umarmt, und ihr Lachen, ein herzliches, fast triumphierendes Lachen, hätte ihn sehr gerührt.
Ich habe mir nachher vorstellen können, was da vor sich ging. Der junge Mann hatte, in der höflichsten und wohlerzogensten Weise, eine kleine Liebesfeier arrangiert. Das Zimmermädchen, das ich später be-

fragte, sagte, sie habe Musik aus dem Zimmer gehört und das lebhafteste Gelächter.

Etwas später wurde ich dann selbst in die Geschichte einbezogen.
Ein Mann kam ins Hotel, energischen Schrittes und mit finsterer Miene. Er sah sich nur kurz um, faßte mich ins Auge, als habe er erkannt, wer hier das Sagen habe, trat auf mich zu und schnarrte: »Merk. Welche Zimmernummer?«
Meine Erfahrung, von der ich eingangs sprach, sagte mir sofort, daß sich ein Verhängnis anbahnte. Ein Drama warf seinen Schatten voraus.
»Sie wünschen?« fragte ich.
»Was ich wünsche, ist die Zimmernummer eines gewissen Alwin Merk. Und was ich dort suche –«, nun mußte er Atem holen, und er tat dies auf eine eindrucksvolle Weise, etwa wie ein Wal Atem holt oder Atem bläst, genauso schnaubend, »– ich suche dort meine Tochter.«
Ich wußte sofort Bescheid, so wie sich ein Puzzle plötzlich wie von selbst zusammensetzt. Der Junge hatte ein Mädchen mit aufs Zimmer genommen.
Ich sagte: »Zimmer dreiundzwanzig.«
Wortlos wandte der Mann sich um, etwa wie sich ein Tank in Bewegung setzt und damit zugleich etwas demonstriert, nämlich Unaufhaltsamkeit.
Ich griff zum Hörer, wählte die Nummer dreiundzwanzig.
Der Junge hob ab, ich sagte: »Ihr Schwiegervater ist auf dem Weg nach oben.«
Der junge Mann war zweifellos ein schneller Den-

ker. Er nahm sich nicht mal die Zeit zu antworten, donnerte den Hörer auf die Gabel. Respekt, Respekt, dachte ich und machte mich eilig auf den Weg, dem Herrn zu folgen.
Ich kam gerade hinzu, wie er vor Nummer dreiundzwanzig stand, kräftig gegen die Tür schlug und »Aufmachen!« rief.
Der Herr sah mich an, mit Mörderaugen. »Er macht nicht auf. Sagen Sie ihm, daß er aufmachen soll.«
Aber die Tür öffnete sich schon, der junge Mann stand auf der Schwelle; er trug über dem nackten Körper einen Bademantel und sagte: »Herr Wartenberg? Sie ...?«
Der Mann schob den Jungen mit einer Bewegung beiseite, die nur ein Kriminalschriftsteller ausreichend beschreiben kann, stampfte ins Zimmer und sah sich wild um. »Wo ist Monika?«
Ich ging mit ins Zimmer und sah sofort: Nur ein Bett benützt, kein Mensch zu sehen.
Der junge Mann schien mit dem Erstaunen zu kämpfen. Er zog die Brauen hoch und sagte: »Die Monika ...? Soll hier sein?«
Ich dachte: Eine Leistung, was er da bringt, ist eine echte Leistung.
Der Mann wollte es sich nicht nehmen lassen, sich wie ein Berserker aufzuführen. »Ich weiß, daß sie hier ist. Ich habe einen Anruf bekommen. Sie schläft heute nicht bei ihrer Freundin, wie sie sagte, sondern ist eingeladen worden –«, nun schnaubte er wieder arktisch, »– in einem Hotel zu übernachten. Wo ist sie?«
Er marschierte durch das Zimmer, riß die Vorhänge

beiseite, öffnete die Badezimmertür, ging an die Tür zum Nebenzimmer, rüttelte daran.
Der Junge benutzte die Gelegenheit, mir zuzuflüstern: »Sie ist unter dem Bett. Helfen Sie uns.«
Der Herr fuhr Alwin Merk an: »Warum mietest du ein Doppelzimmer?«
Der Junge sagte höflich, bescheiden, holte dabei Atem: »Ich wollte einmal Abstand gewinnen von zu Hause.« Er setzte kaltblütig hinzu: »Man muß ja nicht gleich nach Indien fahren.«
Der Herr starrte den jungen Mann an.
»Abstand gewinnen?« fauchte er.
»Ja«, sagte der junge Mann fest, »ich wollte – zu mir selbst finden.« Bescheiden setzte er hinzu: »In der letzten Zeit ist sehr viel auf mich eingestürmt. Ich dachte: Schlaf mal in einer anderen Umgebung.«
»Und trinkst Sekt dabei?«
»Ja, ich habe eine Flasche Sekt geleert.«
Ich hatte meinen Platz am Bett eingenommen, so als könne ich auf diese Weise verhindern, daß der wütende Vater auf die Idee käme, sich zu bücken und unter das Bett zu schauen.
Der Vater war plötzlich wie ein Ballon, der die Luft nicht länger halten kann. Seine Stimme bekam einen menschlichen Ton.
»Alwin, sag mir die Wahrheit. Monika ist nicht hier, war nicht hier?«
Der junge Mann sah den Mann fest an.
»Die Information, Herr Wartenberg, die Sie bekommen haben, beruht auf reiner Böswilligkeit.«
Ich dachte: Respekt, Respekt. Er will nicht mal die Unwahrheit sagen.

»Du mußt verstehen«, sagte der Vater, »ich bekam diese Mitteilung und sauste gleich los.«
»Kann ich absolut verstehen«, sagte der Junge höflich, »und ich sollte diese Gelegenheit benutzen, Ihnen etwas zu sagen, nämlich daß die Monika ein ganz wundervolles Mädchen ist.«
»Das ist sie«, murmelte der Vater, der sich immer mehr in einer peinlichen Situation sah.
Ich stand nahe am Bett und spürte plötzlich etwas. Zuerst dachte ich: Das kann doch nicht wahr sein. Was ist denn das? Eine Hand an meinem Fuß, ich spürte Finger. Und was taten diese Finger – sie nestelten mir mein Schuhband auf, ganz deutlich, da knüpfte mir jemand den Schuh auf. Ich sah wohl ein wenig perplex aus. Herr Wartenberg begann sich daraufhin auch bei mir zu entschuldigen.
Und das Mädchen unter dem Bett knöpfte mir den zweiten Schuh auf. Es war der reine Übermut.
Herr Wartenberg entschloß sich zum Rückzug, gestattete sich noch eine kleine, etwas lahme Ironie.
»Hoffentlich habe ich dich nicht zu sehr gestört in dem Bemühen, zu dir selbst zu finden.«
»Durchaus nicht«, sagte der junge Mann und brachte den Vater zur Tür. Auch ich ging hinaus, und die Tür schloß sich hinter dem jungen Mann.
»Tut mir leid«, sagte Herr Wartenberg.
»Macht nichts«, sagte ich und dachte: Was für eine Jugend! Diese Kaltblütigkeit!
Der Gedanke machte mich plötzlich ganz glücklich.
Ich dachte: Die Zukunft kommt wie ein finsterer Riese auf uns zu, vielleicht wird es jemanden geben, der auch diesem Ungeheuer die Schuhe auszieht.

Der Pfarrer

Irene fuhr ihn zum Drehort. Alwin saß schweigend neben ihr. Sie fuhren in kaltem, feindlichem Schweigen durch die Stadt.
Er machte keinen Versuch, das Schweigen zu durchbrechen. Es gefiel ihm, sie zu quälen. Aber er war nicht sicher, ob er sie mit dem Schweigen quälte. Nur um das zu erfahren, begann er schließlich zu reden.
»Ich fühle mich von dir nicht verstanden«, sagte er, »du nimmst keine Rücksicht auf mich. Du denkst nicht daran, daß ich einen schwierigen Beruf habe, den ich nur ausüben kann, wenn ich meine innere Ruhe habe.«
»Ah was«, erwiderte sie zornig, »du bist ein Egoist. Du glaubst, daß sich alles um dich drehen muß. Du bist es, der verlangt, der immer nur verlangt und der nicht geben kann.«
»Schon gut«, sagte er und war befriedigt, weil er merkte, wie sehr der Streit sie mitnahm, »wir wollen nicht alles bis zum Erbrechen wiederholen. Es sieht so aus, als sei da nichts mehr zu reparieren, wie?«
Sie starrte ihn an, obwohl sie den Wagen steuerte.
»Du sprichst es aus?« flüsterte sie.
»Was spreche ich aus?« sagte er ruhig und genoß ihre Verzweiflung.
»Du sagst, das zwischen uns sei nicht mehr zu reparieren.«
»Kann doch sein, daß es so ist ...«, sagte er vage.
»Wir sollten dieser Frage nicht ausweichen. Es ist

doch im Ernst zu überlegen, ob es richtig ist, diesen Zustand andauern zu lassen.«
Sie sah auf die Fahrbahn. Er spürte ihre Erregung. Ihre Halsschlagader signalisierte ihren inneren Aufruhr in wildem Pochen.
»Vier Jahre«, sagte sie, »vier Jahre sind wir verheiratet. Es gab genug Leute, die mich gewarnt haben. Heirate diesen Mann nicht. Schauspieler sind nur in sich selbst verliebt. Und dieser da besonders.«
»Hör auf«, sagte er ruhig und hoffte, daß seine Stimme wiedergab, was sie wiedergeben sollte: seine Gelangweiltheit.
Er fühlte sich im Inneren angenehm erwärmt, als sei seine Körpertemperatur ein wenig höher als sonst. Er kannte diese Wärme, in der sich seine Erregung anzeigte, der er nicht erlaubte, sich auf andere Weise Ausdruck zu verschaffen. Und er genoß diese Wärme.
»Nun ja«, sagte er, »kommt Zeit, kommt Rat. Viel Zeit werden wir wohl nicht mehr brauchen.«
Sie waren am Drehort angekommen.
Sie drehten in einem Bürohaus. Man hatte eine Etage für das Filmteam geräumt.
Vor dem Eingang stand der Wagen mit dem Aggregat, dicke Kabel liefen ins Haus, und wie immer sah man Leute von der Bühne herumstehen.
Alwin stieg aus.
Er war bemüht, federnd auszusteigen, ein Mann, der ebenso gelassen wie vital den Schauplatz seiner Arbeit betrat.
Er drehte sich nicht um, obwohl er wußte, daß Irene im Wagen saß und ihm nachsah.

Am Drehort herrschte das übliche Chaos.
Alwin fragte sich zur Maske durch, begrüßte die Mitarbeiter lässig, jovial. Er wußte, daß er nicht sehr beliebt war, aber es machte ihm nichts aus.
»Wann bin ich dran?« fragte er das Scriptgirl, das ihm über den Weg lief.
»Ungefähr in einer Stunde. Vielleicht auch später.«
Alwin ging in die Behelfsgarderobe. Er sollte einen Pfarrer spielen, man hatte die Soutane bereitgelegt.
Schweigend zog sich Alwin um. In Gedanken beschäftigte er sich mit seiner Frau, wiederholte gleichsam den Dialog und fand, wie immer im nachhinein, noch bessere, noch schärfere Formulierungen.
Er besah sich im Spiegel. Das Schwarz der Soutane stand ihm, wie er meinte. Er sah gut aus, vertrauenerweckend.
Er war neunundvierzig Jahre alt, ziemlich groß und schlank geblieben, obwohl er gerne aß. Aber er hielt sich mit intensiven gymnastischen Übungen fit und war stolz auf die Konsequenz, die er dabei bewies.
Er zeigte sich in seinem Kostüm am Drehort.
»Wie sehe ich aus?« fragte Alwin den Regisseur.
Schöndorf sah ihn von oben bis unten an.
Alwin wußte, daß er die Rolle eigentlich nur dem Produzenten verdankte, mit dem er gut Freund war.
»Ganz gut ...«, beantwortete der Regisseur die Frage, »brauchbar. Sie wissen, daß Sie nicht meine Idealbesetzung sind.«
»Ich weiß es«, sagte Alwin trocken.
»Sie haben die Töne nicht. Nicht die, die ich brauche. Es kommt Ihnen nichts von Herzen. Sie sind ein Kopfschauspieler.«

Alwin spürte die Gegnerschaft, sie befriedigte ihn. »Ich spiele mit dem Kopf, meinen Sie? Nun, wohl dem, der einen hat. Wann brauchen Sie meinen Kopf?«
»In einer Stunde«, sagte der Regisseur mißvergnügt.
»Sie erlauben, daß ich ein Bier trinken gehe.«
»Ich möchte nicht auf Sie warten.«
Kühl sagte Alwin: »Ich habe vielleicht die Töne nicht, die Sie brauchen, aber pünktlich war ich immer.«
Er verließ das Bürogebäude.
Er hatte immer noch die wütende Wärme im Körper, er schritt kräftig aus, suchte eine Kneipe, um ein Bier trinken zu können.
Unversehens geriet er in die Hektik eines Verkehrsunfalls. Ein Auto stand schräg auf dem Bürgersteig, ein anderer Wagen lag daneben auf dem Dach, viele Menschen umstanden den Unfallort, Polizei war anwesend, Blaulicht drehte sich.
Die Tür zu einer Kneipe stand offen, eine Blutspur führte in das Lokal.
Man hatte einen Verletzten hineingetragen.
Alwin stand mit mäßiger Neugier im Kreis der Leute, als eine Frau in der Tür erschien.
Sie sah Alwin und rief: »Herr Pfarrer, kommen Sie mal!«
Alwin brauchte eine Weile, um festzustellen, daß er es war, der gemeint war.
Die Frau kam heran. Hastig sagte sie: »Der Mann stirbt. Er hat nach einem Pfarrer gefragt.«
»Gute Frau«, sagte Alwin, »ich bin kein Pfarrer.«
Sie schien ihn nicht gehört oder verstanden zu ha-

ben, sie sagte aufgeregt: »Mit dem Mann geht es zu Ende, bevor er im Krankenhaus ist. Der Notarzt ist unterwegs. Bitte!«
Alwin sagte grob: »Ich kann dem Mann nicht helfen. Ich bin Schauspieler, kein Pfarrer.«
Sie sah ihn verdutzt an.
»Wir machen da drüben einen Film«, erklärte Alwin.
Verwirrt sah sie ihn an. »Der Mann braucht ein paar Worte, die ihm helfen. Können Sie ihm die nicht sagen?« Sie setzte hinzu: »Darauf verstehen Sie sich doch.«
Alwin atmete tief durch.
Er spürte das Besondere an dieser Situation – es war die Aufforderung, eine Rolle zu spielen. Er folgte der Frau in das Lokal.
Man hatte sich um einen Mann geschart, der auf dem Boden lag. Er schien innere Verletzungen zu haben, stöhnte und sah in panischer Angst von einem zum anderen.
Er hob den Kopf, als er den Pfarrer sah, versuchte ein Lächeln, das ihm schrecklich mißriet, er bewegte schwach die Hand, schien sich aufrichten zu wollen.
»Bleiben Sie liegen«, sagte Alwin, ließ sich nieder, hockte sich neben den Verletzten, der die Hand des Pfarrers suchte.
Etwas widerwillig und doch zugleich fasziniert überließ Alwin ihm seine Hand, die der Verletzte nicht loslassen wollte.
»Bitte«, flüsterte er, »ich habe vielleicht ... nicht mehr viel Zeit, ich möchte Ihnen ... einen Auftrag geben, Herr Pfarrer ...«
Er sagte diesen Satz stockend, mit Pausen, unterbro-

chen von Lauten, mit denen er seinen Schmerz zeigte, der ihn peinigte.
»Einen Auftrag?« fragte Alwin.
Der Verletzte nickte schwach.
»An meine Frau«, flüsterte er, »sagen Sie ... ihr etwas, sagen Sie ihr ...«
Wieder unterbrach er sich.
Die Notärzte kamen herein.
»Bitte, Herr Pfarrer«, sagte ein junger Arzt.
Alwin stand auf, obwohl der Verletzte flehend die Hand nach ihm ausstreckte, den Pfarrer nicht gehen lassen wollte.
Aber Alwin mußte zurücktreten, denn die Ärzte bemächtigten sich des Verletzten, untersuchten ihn intensiv, hatten die Schwere der Verletzung sofort erkannt, verständigten sich mit schnellen Gesten.
Die Tragbahre wurde im Laufschritt hereingebracht.
Der Verletzte, schmerzgepeinigt, ließ keinen Blick vom Pfarrer.
Der junge Notarzt wandte sich an Alwin: »Kommen Sie mit, Herr Pfarrer.«
Der Verletzte wurde hinausgetragen, sah Alwin immer noch an.
»Wo bleiben Sie denn, Herr Pfarrer«, sagte der Notarzt ungeduldig, flüsterte dann: »Dem Mann muß Gott helfen, nicht wir.«
Alwin stieg in den Notarztwagen, die Tür wurde hinter ihm geschlossen. Der Wagen setzte sich in Bewegung, wurde schneller und schneller und heulte mit seinem Signal die Straße frei.
Der Verletzte hielt sich mit äußerster Mühe bei Bewußtsein und sah den Pfarrer unverwandt an. Die

Ärzte bemühten sich immer noch um ihn, wollten ihm Sauerstoff geben.
Aber der Verletzte machte eine so verzweifelte Bewegung, daß der Notarzt sich zu Alwin umwandte.
Alwin beugte sich über den Sterbenden.
»Herr Pfarrer«, flüsterte er, »meine Frau ... sagen Sie ihr ...« Seine Stimme wurde schwach, kaum verständlich: »Sagen Sie ihr ...«
Alwin erfuhr nicht, was er der Frau des Sterbenden sagen sollte. Der Mann hatte die Kraft nicht mehr. Er behielt bis zuletzt die Blicke auf den Pfarrer gerichtet.
Als der Notarztwagen vor dem Krankenhaus hielt, war der Verletzte gestorben.
Alwin stieg aus und spürte, wie seine Knie zitterten.
Der Notarzt sah ihn besorgt an. »Na, Herr Pfarrer, hat Sie das so mitgenommen?«
»Ja«, sagte Alwin, »ja.«
»Na«, erwiderte der Arzt, »Sie haben doch wohl schon genug Sterbende gesehen.«
»Nein«, sagte Alwin, »nein.«
Er ging hinüber zum Taxistand, setzte sich in den vordersten Wagen und wollte sich zum Drehort zurückfahren lassen.
Er saß wie betäubt im Wagen; doch plötzlich fiel ihm etwas ein.
»Fahren Sie mich nach Hause«, befahl er dem Fahrer und gab ihm die Adresse. »Fahren Sie so schnell wie möglich.«
Die ganze Zeit über quälte ihn die Vorstellung: Er würde seine Wohnung aufschließen und Irene nicht mehr vorfinden.

Er eilte die Stufen hinauf, klingelte an der Tür und spürte die schreckliche Schwäche wieder.
Plötzlich kam er sich vor, als sei er selbst der Verletzte, der keine Zeit mehr habe; er begann schwer zu atmen, stöhnte fast.
Irene öffnete die Tür und sah ihn verwundert an.
»Im Kostüm?« fragte sie.
Er begann zu lächeln, und mit dem Lächeln befreite er sich von seinen inneren Schmerzen.
Er holte Atem, setzte seine ganze Sprechtechnik ein.
»Ich wollte mich entschuldigen, Irene. Vorhin im Wagen – hatte ich den falschen Text.«
»Was bei Schauspielern öfter vorkommt«, antwortete Irene und begann nun, wenn auch zaghaft, ebenfalls zu lächeln.

Von Mann zu Mann

Jakob betrat die Kantine, die jetzt zur Mittagszeit gut gefüllt war. Er stand eine Weile wie unschlüssig da, suchte mit den Blicken und ging dann langsam, fast ein wenig unsicher auf einen Tisch zu, an dem ein einzelner Mann saß und sich mit seinem Essen beschäftigte.

»Hallo«, sagte Jakob.

Der Mann sah auf, lächelte und sagte seinerseits: »Hallo, Jakob. Komm, setz dich.«

»Danke«, erwiderte Jakob, nahm fast ein wenig gemessen Platz und fragte: »Erwartest du noch jemanden?«

»Nein, nein«, sagte Rudolf, »ich bin heute allein in meiner Abteilung, schön, daß du mir Gesellschaft leistest. Wie geht es dir?«

Jakob lächelte unsicher. »Die Frage ist nicht so leicht zu beantworten.«

»Was ist los?« Rudolf sah den jungen Mann an. Sie arbeiteten zwar nicht in der gleichen Abteilung, aber sie hatten oft miteinander zu tun und kannten sich so gut, daß sie sich duzten und halbwegs befreundet waren.

»Ich hätte gern etwas mit dir besprochen«, sagte Jakob, »aber ich muß erst etwas trinken . . .«

Er bestellte ein Bier und einen Schnaps dazu, lächelte Rudolf unsicher an. »Ich hoffe nur, daß du es mir nicht übelnimmst.«

»Ja, was denn?« fragte Rudolf verwundert.

»Weil es eine ziemlich delikate Sache ist. Versprich mir, daß du nicht böse bist. Wenn dir mißfällt, was ich sage, dann sag es mir. Ich steh dann sofort auf.«
Rudolf lachte. »Na, du machst mich aber ziemlich neugierig.«
Jakob wartete, bis das Bier, der Schnaps kamen. Er trank zuerst den Schnaps mit einer Bewegung, die Mut und Entschlossenheit verriet, nahm dann einen Schluck von seinem Bier und richtete den Blick auf Rudolf.
Er holte Atem.
»Du hast eine Beziehung zu einem jungen Mädchen bei uns in der Abteilung . . .«
Rudolf zog aufmerksam die Brauen zusammen.
»Entschuldige«, sagte Jakob hastig, »wenn es dir unangenehm ist, darüber zu reden, dann sag es.«
»Sprich schon weiter«, sagte Rudolf, »worauf willst du hinaus?«
Jakob beteuerte: »Es ist ein ganz reizendes Mädchen. Was jeder weiß und sieht. Eine lustige Person, lebhaft, lacht gern. Wir alle haben sie sehr gern, sie ist in unserer Abteilung ein belebendes Element . . .«
»Ja«, murmelte Rudolf.
»Sie hat Temperament und Feuer«, erwärmte sich Jakob, setzte zögernd hinzu: »Für jeden Mann ist sie eine – eine Herausforderung.«
»Ja, das ist sie«, sagte Rudolf knapp.
Jakob fuhr fort: »Wir alle haben gesehen, daß Anita sich nun in –«, wieder zögerte er, »– in festen Händen befindet.« Er lächelte schwach. »Ihr macht ja auch kein Hehl daraus.«
Er lachte herzlicher. »Euch zu sehen ist ein Vergnü-

gen, man sieht sofort: Die beiden mögen sich, lieben sich.«
Er hob den Kopf. »Ihr verbringt jede freie Minute miteinander.«
»Ja«, antwortete Rudolf knapp und setzte ein wenig aggressiv hinzu: »Gefällt dir daran etwas nicht?«
Jakob hob sofort beide Hände und beteuerte: »Nein, nein, mißversteh mich nicht. Ich finde das ganz in Ordnung. Ich sage ja, ein ganz reizendes Mädchen, bildschön, immer vergnügt, voller Leben.« Er lächelte. »Leben in seiner schönsten Form, in der weiblichen.«
Rudolf ließ keinen Blick von Jakob, der fortfuhr und dabei Rudolf herzlich ansah: »Ich wollte dich dazu beglückwünschen.«
»Danke«, sagte Rudolf, der sich deutlich ein wenig entspannte. Er lächelte nun auch. »Ich mußte natürlich damit rechnen, daß ihr es bemerkt.«
»Na«, lachte Jakob, »zurückgehalten habt ihr euch nicht. Da sah man gleich, da ist Feuer dahinter, und zwar auf beiden Seiten . . .«
»Da hast du recht«, sagte Rudolf und lachte nun auch. »Anita ist ein phantastisches Mädchen, wir verstehen uns irrsinnig gut. Und wenn du von Feuer sprichst . . .« Er lachte. »Ich steh in hellen Flammen.«
Jakob nickte. »Was ich, wie gesagt, gut verstehen kann. Irgendwann begegnet man dem Menschen, für den man geschaffen ist und der einem –«, er zögerte vor dem Wort, »– adäquat ist.«
»Adäquat ist gut«, sagte Rudolf, »sie ist mir ungeheuer adäquat.«

»Was man dir auch ansieht. Du bist seit Wochen in ganz anderer Laune, vergnügt und – du gehst auch forscher, beschwingter.«
»So?« Rudolf lachte. »Merkt man das?«
»Ja, das merkt man.« Jakob lächelte, zögerte, sah Rudolf, ernster werdend, an, sagte langsam: »Es ist dir also ernst mit der Beziehung zu Anita?«
»Darüber sprechen wir doch die ganze Zeit«, meinte Rudolf.
Jakob atmete tief auf. Leise fragte er: »Weiß es deine Frau schon?«
Rudolfs Gesicht versteinerte. Hastig sagte Jakob: »Entschuldige, es ist nicht böse gemeint.« Er hob beide Hände. »Laß mich ausreden. Du wirst gleich verstehen, daß ich aus einem besonderen Grund frage.« Eilig fuhr er fort: »Du weißt, ich kenne deine Frau. Seit unserem Betriebsfest, das mir in guter Erinnerung ist. Du erinnerst dich vielleicht, daß ich sehr häufig mit deiner Frau getanzt habe. Wir haben lange an einem Tisch gesessen und uns unterhalten, sehr gut unterhalten.«
»Ja«, sagte Rudolf, sah Jakob aufmerksam an.
»Sie hat einen ausgezeichneten Eindruck auf mich gemacht . . .« Jakob lächelte unsicher. »Sie war mir – wie sagte ich vorhin? – adäquat. In allen Meinungen, Beurteilungen, Lebensauffassungen stellte ich eine große Übereinstimmung fest.«
Er holte Atem, sah Rudolf vergnügt an. »Was mir sehr gefallen hat. Deine Frau war für mich –«, er zögerte vor dem Wort, sagte es dann doch mutig und entschlossen, »– sie war für mich ein großes Erlebnis.«

Rudolf räusperte sich. »Was willst du mir eigentlich sagen?«
Jakob lächelte herzlich. »Merkst du es nicht? Spürst du es nicht?« Er holte kräftig Atem, legte seine Hand auf den Arm seines Freundes. »Rudolf, darf ich mich um deine Frau bemühen?« Eilig fuhr er fort: »Ich tue es nur, wenn du einverstanden bist, aber ich dachte mir –«, er stockte, »– nun, da du in ganz anderer Richtung engagiert bist, interessiert bist, ist deine Frau vielleicht – frei?«
Er sah Rudolf fast flehend an.
»Sei überzeugt, daß ich dich nicht kränken will. Aber ich dachte mir, daß du vielleicht sogar – froh bist, daß ich dir eventuell sogar helfen könnte, Entscheidungen zu treffen.«
Jetzt war es an Rudolf, tief Atem zu holen. Er musterte Jakob, als sähe er ihn zum ersten Male.
»Sag mal«, begann er mißtrauisch, »ist irgend etwas zwischen dir und meiner Frau?«
Erschrocken hob Jakob die Hände.
»Aber nein, in gar keiner Weise –«, er berichtigte sich: »– das heißt, wir treffen uns ab und zu –«, er beteuerte: »– aber in ganz harmloser Weise, wir waren mal zusammen in einem Café, einmal haben wir miteinander zu Mittag gegessen, einmal haben wir einen Spaziergang gemacht –«
»Davon weiß ich ja gar nichts«, murmelte Rudolf.
»Ich hätte es dir eben doch sagen sollen«, klagte Jakob sich an.
»Worüber habt ihr gesprochen?« fragte Rudolf.
»Oh.« Jakob lächelte. »An Gesprächsstoff fehlte es uns nicht. Wir hatten eine Menge Themen, die uns

beide interessierten. Die Zeit verflog förmlich. Und ihr ging es genauso, sie sagte es jedenfalls.«
Jakob holte Atem. »Rudolf, du hast eine ganz wundervolle Frau. Und jetzt sehe ich einfach meine Chance, mich deiner Frau anders zu nähern, ernsthafter, sehr viel ernsthafter.« Er lächelte. »Ich sah die Fortschritte, die du bei Anita machtest, und –«, er lächelte entwaffnend, »– ich freute mich darüber, jedesmal mehr, jedesmal kräftiger, deine Fortschritte bei Anita haben mich förmlich überwältigt. Bis ich mir heute vornahm, ganz offen mit dir zu reden.«
Er holte erneut Atem. »Ich liebe deine Frau und bitte dich um die Erlaubnis, es ihr sagen zu dürfen.«
Rudolf saß ein wenig starr, ein wenig betäubt, sein Blick war ganz nach innen gezogen, seine Augen waren wie beschlagene Fensterscheiben.
»Du kannst nein sagen«, beteuerte Jakob, »du kannst sagen: Du möchtest das nicht. Obwohl – einen logischen Grund, mir das abzuschlagen, hast du ja eigentlich nicht mehr.«
Immer noch saß Rudolf da wie jemand, der sich in der fatalen Lage befindet, sich über die richtige Reaktion nicht ganz klar zu sein, was ihm einen ganz törichten Gesichtsausdruck gab.
»Habe ich dich gekränkt?« fragte Jakob und beteuerte: »Das war nicht meine Absicht.«
Dann begann er erneut, sich über Rudolfs Frau auszulassen, zeigte ganz offen seine Begeisterung, konnte nicht genug ihre Vorzüge schildern.
Rudolf stand abrupt auf.
Zögernd folgte ihm Jakob. »Ich fürchte«, murmelte er, »du bist mir jetzt böse.«

»Ich bin dir nicht böse«, sagte Rudolf ärgerlich und wußte immer noch nicht, zu welcher Reaktion er sich entschließen sollte. Er schwankte ernsthaft zwischen gewaltigem Gelächter und irrer Wut.
Er entschied sich für keins von beidem, sondern verließ einfach stumm die Kantine.

Den ganzen Tag arbeitete Rudolf in einer Weise, die die Firma nicht sehr vorwärtsbrachte.
Er hatte sich mit Anita verabredet, aber nun sagte er die Verabredung ab und ging nach Hause.
»Du kommst schon?« fragte seine Frau verwundert.
»Jaja«, sagte er, »ich habe eine Verabredung abgesagt. Sie war nicht sehr dringend.«
Rudolf ging ins Wohnzimmer, schenkte sich einen Drink ein; dann steckte er sich eine Zigarette an.
Seine Frau war ihm gefolgt und fragte: »Willst du essen? Hast du einen besonderen Wunsch?«
»Ich habe keine besonderen Wünsche«, sagte Rudolf, musterte sie und sagte plötzlich: »Kommst du mal her?« Sie kam heran, stand vor ihrem Mann.
Er sah sie an. Ihre Haare waren kastanienbraun, ein kleiner Hauch von Rot dabei. Ihre Augen waren braun, hellbraun, rehbraun, sie funkelten ein bißchen, als seien sie unter Strom. Und jetzt funkelten sie ein bißchen stärker als sonst.
Rudolf holte Atem und sagte: »Du bist eine ganz gescheite Person. Was ich ein bißchen vergessen habe.« Er hob die Stimme: »Bist du auf die Idee gekommen?«
Sie seufzte ein wenig, aber das kleine zauberhafte Funkeln in ihren Augen ließ nicht nach.

»Ja, ich«, sagte sie einfach und setzte hinzu: »Hat er es nicht gut gemacht? Er sagte mir, ich könne mich völlig auf ihn verlassen.«

Wieder holte Rudolf Atem. »Er hat es so gut gemacht, daß mir beinahe die Luft weggeblieben ist.«

»Und . . .?« fragte sie.

»Mach eine Flasche Sekt auf«, sagte Rudolf und sah seiner Frau nach, genoß den kleinen verwegenen Schwung, mit dem sie sich umdrehte, um den Sekt zu holen.

Kein Spielverderber

Herr Homann war ein Spielverderber.
Er hatte seine Lebenslaune verloren, er war ein wenig unleidlich geworden, unfreundlich, es fehlte ihm Spontaneität, er hatte die Fähigkeit eingebüßt, sich mitzuteilen, er brachte die Worte nicht mehr leicht über die Lippen, vor allen Dingen nicht die ganz unverbindlichen, die zu nichts verpflichten und die doch neunzig Prozent jeder normalen Unterhaltung ausmachen.
Dieser plötzliche Abfall ins Griesgrämliche hatte natürlich seinen Grund, einen sehr verständlichen Grund: Herr Homann hatte seine Frau verloren. Sie war ihm ganz unvermutet gestorben, und sie hatte ihn zurückgelassen wie im Schock. Die Lebenslampe hatte plötzlich ein paar Watt weniger, leuchtete nicht mehr so hell, sogar ziemlich trübe. Homann hatte sich an dieses trübe Lebenslicht gewöhnt, fand es angemessen und wunderte sich über seine Kegelbrüder, die ihn anders zu behandeln begannen, fast ein wenig mit Verachtung.
Auch an diesem Abend fand sich Homann mit der Ansammlung seiner alten Freunde nicht zurecht, beschloß ganz plötzlich, den Abend zu beenden, verabschiedete sich abrupt und erwies sich einmal mehr als ein Spielverderber.
Er verließ den Gasthof, in dem sich die Kegelbrüder alle vierzehn Tage trafen.
Er bestieg seinen Wagen und fuhr auf die Land-

straße hinaus. Er war unzufrieden mit sich selbst, dennoch genoß er auch den Unfrieden, in dem er sich befand, als stünde er ihm zu, als sei dies sein Schicksal, das er zu tragen habe.

Die Landstraße lag dunkel da, erhellte sich nur im Licht der Scheinwerfer seines Autos. Plötzlich stand weit voraus ein Mann auf der Straße und winkte mit beiden Armen.

Homann trat auf die Bremse, rollte langsam heran.

Ein Mann mittleren Alters kam heran, aufgeregt, blaß, mit zerrissener und beschmutzter Kleidung. Jetzt sah Homann einen Wagen im Straßengraben. Ein Unfall.

Homann stieg aus. »Kann ich Ihnen helfen?«

»Ich bin mit dem Wagen von der Straße abgekommen«, sagte der Mann.

»Haben Sie was abbekommen?«

»Nein, nein, nicht der Rede wert«, sagte der Mann hastig, »ein paar Prellungen, vielleicht eine Rippe gebrochen.«

Jetzt sah Homann am Straßenrand eine Frau sitzen.

»Da ist ja noch jemand«, rief er.

»Ja«, murmelte der Mann, »ich hatte eine Dame bei mir.« Er wandte sich an die Frau. »Stehst du mal auf, Ilse?«

Die Frau stand auf. Sie war sehr jung und ganz ungewöhnlich hübsch, aufregend hübsch. Das Gesicht war ein wenig blaß, staubig, aber die großen Augen leuchteten im Licht des Scheinwerfers.

Der Mann sagte: »Auch ihr ist nichts passiert. Die Tür ging auf, und sie wurde hinausgeschleudert, in den Graben hinein, der ziemlich dreckig ist.«

Er nahm Homann beiseite, sprach auf ihn ein: »Hören Sie, ich habe da ein Problem. Die Polizei ist nämlich schon verständigt, ein Autofahrer kam vorbei und wollte Hilfe holen. Die Polizei wird also gleich dasein, was bedeutet –«, der Mann atmete sorgenvoll durch, »– der Unfall wird publik werden. Aber ich möchte –«, nun wurde die Stimme flehend, »– die junge Dame dort gern unterschlagen. Aus Gründen, die Sie sicher verstehen werden, wenn Sie verheiratet sind.«

»Ich bin nicht verheiratet.«

»Aber ich bin es«, sagte der Mann aufgeregt, »tun Sie mir einen Gefallen? Nehmen Sie die Dame mit.«

»Na, hören Sie ...«, wandte Homann unbehaglich ein.

»Sie tun nichts Unrechtes«, beteuerte der Mann, »ich bitte Sie nur, dieser Dame und auch mir ein paar Unannehmlichkeiten zu ersparen, die ganz uninteressant sind für die Polizei.«

Man hörte von fern schon die Polizeisirene, sah das zuckende Blaulicht näher kommen.

»Schnell jetzt, Ilse«, rief der Mann, »da kommen sie.«

Er öffnete Homanns Wagentür, half der jungen Frau beim Einsteigen, holte noch rasch einen Koffer, den er auf den hinteren Sitzen des Homannschen Wagens verstaute.

Er schüttelte dem verdutzten Homann kräftig die Hand und sagte: »Danke, lieber Freund, danke.«

Er trat zurück, rief Homann beschwörend zu: »Steigen Sie ein – und los jetzt.«

Homann gehorchte, stieg ein und fuhr los.

Der Polizeiwagen fuhr mit hoher Fahrt an ihm vorbei.
Jetzt erst kam Homann zu sich.
Er atmete tief auf.
»Na, das ist ja ein Ding«, sagte er, »ich hoffe, ich verhalte mich da richtig.«
»Das tun Sie ganz bestimmt«, sagte die junge Dame mit einer Stimme, die zu ihr paßte. Sie war weich und doch voll und übte einen Reiz aus, als sei sie elektrisch geladen.
»Sie haben uns aus großer Verlegenheit geholfen.«
»Na na«, meinte Homann, »Verlegenheit ist gut.« Er sah zur Seite. Ein hübsches Profil, eine schlanke gerade Nase, ein Kinn, das nicht zu stark war und nicht zu flach, ein Profil wie gezeichnet von einem Maler, der zugleich ein Ästhet ist, was ja nicht unbedingt zusammengehört.
»Wo soll ich Sie hinbringen?« fragte Homann.
»Keine Ahnung«, sagte die junge Dame mit ihrer Schwachstromstimme, »ich bin ja ganz fremd hier.«
»Aber irgendwo muß ich Sie doch absetzen. An einem Hotel vielleicht?«
»Ich kann doch so nicht in ein Hotel gehen.«
Homann mußte unwillkürlich lächeln. »Das ist richtig, die würden sich fragen, wo ist die denn unter die Räuber gefallen?«
»Nicht wahr?« Auch das Mädchen lächelte und fuhr fort: »Kann ich nicht bis morgen früh bei Ihnen bleiben?«
»Bei mir?« sagte Homann verblüfft.
»Ich hörte, wie Sie sagten, Sie seien nicht verheiratet.«

»Nein, nein«, murmelte Homann, »meine Frau lebt nicht mehr, aber –«, er räusperte sich, »– ich habe eine Haushälterin.«
»Ah so«, sagte die junge Dame verständnisvoll.
»Nicht ah so.« Homann ärgerte sich. »Es handelt sich um eine ganz normale Haushälterin.«
»Der Sie Rechenschaft schuldig sind?«
»Natürlich nicht«, antwortete Homann ärgerlicher, als er antworten wollte.
Homann hielt vor seinem Haus. Eine alte Villa aus der Gründerzeit, schon ein bißchen verfallen, aber Homann liebte dieses Haus.
Homann schloß die Tür auf, wandte sich an die junge Dame.
»Wenn ich Sie bitten dürfte, leise zu sein.« Er räusperte sich. »Wir wollen die gute Frau Liebermann nicht erschrecken.«
Das Mädchen lachte, schien sich offenbar in solchen Situationen auszukennen.
»Ich gehe auf Zehenspitzen«, flüsterte das Mädchen.
Homann ging mit dem Mädchen in die Diele, öffnete die Tür zum Wohnzimmer.
»Herr Homann?« kam von fern die Stimme der Haushälterin.
»Ja, ich bin's, Frau Liebermann.«
»Brauchen Sie mich noch?«
»Nein, ich brauche Sie nicht mehr, vielen Dank.«
Das Mädchen lächelte, ging auf Zehenspitzen in das Wohnzimmer hinein.
Homann machte Licht. Jetzt erst sah er, wie hübsch das Mädchen war, und Erinnerungen überkamen ihn, die ihm angenehm waren.

»Kann ich mich waschen irgendwo?« fragte das Mädchen.
»Ich zeige Ihnen das Bad«, sagte Homann.
Dann ging er in die Küche. Er hatte Lust auf einen Kaffee. Da tat sich plötzlich die Tür auf.
Frau Liebermann hatte sich einen Hausmantel übergeworfen, sah Homann vorwurfsvoll an.
»Ich höre Sie in der Küche, zugleich aber höre ich auch, daß jemand badet. Haben Sie Besuch mitgebracht?«
»Jaja«, murmelte Homann unsicher, »ich habe noch jemanden mitgebracht.«
»Der jetzt um zwölf Uhr nachts noch in die Badewanne geht?«
»Warum nicht, Frau Liebermann«, sagte Homann tapfer.
»Aber ich sehe, daß Sie Kaffee kochen wollen. Kann ich Ihnen da nicht helfen?«
Ehe Homann antworten konnte, öffnete sich die Tür, und das Mädchen war sichtbar, eingehüllt in Homanns Bademantel, der ein wenig zu groß war und den das Mädchen bemerkenswert offen trug.
»Oh«, sagte sie mit ganz entzückendem Tonfall, riß ein wenig die wunderschönen Augen auf.
»Guten Abend«, sagte Frau Liebermann mehr mechanisch und ohne sehr viel Luft, weil sie ihr nämlich weggeblieben war.
»Ich wollte nur nach meinem Koffer fragen.« Das Mädchen lächelte. »Ich muß mich ja umziehen.«
Verlegen sagte Homann: »Der Koffer steht im Wohnzimmer neben der Couch.«
Das Mädchen zog sich zurück.

»Eine Dame?« fragte Frau Liebermann einigermaßen verblüfft.
»Na, das sehen Sie ja«, sagte Homann ärgerlicher, als er wollte.
»Die Dame bleibt hier?« fragte Frau Liebermann.
»Ja, sie bleibt hier.« Er räusperte sich. »Sie müssen das verstehen, Frau Liebermann, ich bin in einer Notlage.«
»In einer Notlage?« staunte die Haushälterin.
»Was Sie bitte akzeptieren wollen«, erwiderte Homann streng.
»Ich akzeptiere ja, Herr Homann«, sagte Frau Liebermann mit sanfter Stimme.
Homann ging zurück in das Wohnzimmer.
»Ich habe mich gleich für die Nacht zurechtgemacht«, sagte das Mädchen. Sie trug irgend etwas, von dem man nicht wußte, war es durchsichtig oder nicht.
»Wo kann ich schlafen?«
»Sie bekommen selbstverständlich mein Schlafzimmer«, sagte Homann, »ich werde mich behelfen.«
»Danke.« Das Mädchen lächelte ihn an, umarmte ihn. »Vielen Dank, daß Sie uns geholfen haben.«
Frau Liebermann kam genau in diesem Augenblick herein, brachte den Kaffee, während sich Homann verlegen aus der Umarmung des Mädchens befreite, die ihm allerdings nicht unangenehm gewesen war.
Die Nacht verlief ruhig. Am nächsten Morgen ließ Homann ein Taxi kommen, das die junge Dame entführte.

Homann ging seinen Geschäften nach wie jeden Tag, arbeitete in seinem Büro.
Es war noch nicht Mittag, als sein Sohn hereinkam.
Homanns Sohn war etwa fünfundzwanzig, ein ganz patenter Junge, lebhaft, tüchtig, den Homann gern im Außendienst einsetzte, weil er mit den Leuten zu reden verstand.
Der Junge kam herein, blieb vor dem Schreibtisch seines Vaters stehen, strahlte ihn an.
»Was ist los?« murmelte Homann.
»Mensch, Vater«, sagte der Junge, »du bist ja ein ganz toller Hecht.«
»Was bin ich?« fragte Homann verdutzt.
Der Junge lachte. »Entschuldige, Vater, nimm es der Frau Liebermann nicht übel, daß sie aus der Schule geplaudert hat. Aber sie hat's mir gesagt.« Nun lachte er herzlich, strahlend. »Du hast eine Frau mit nach Hause gebracht. Und was für eine. Eine Irrsinnsfrau, sagt Frau Liebermann.«
»Eine was –?« Homann atmete tief durch.
»Frau Liebermann sagt, die Frau sei eine wahre Schönheit gewesen.«
»Hör mal zu, Junge«, rief Homann, »das kann ich dir erklären.«
Der Junge ließ ihn nicht zu Wort kommen, sagte eifrig: »Aber, Vater, du mußt doch nichts erklären. Ich freue mich ja, daß deine Trauerjahre endlich vorüber sind –«
Homann starrte seinen Sohn an. »Daß meine Trauerjahre endlich vorüber sind?«
»Du hast ja kaum noch Leben in dir gehabt –«
»Ich hatte kaum noch Leben in mir?«

»Und plötzlich hört man so was.«
»Also«, begann Homann erneut, »noch einmal, Junge: Ich kann dir den Vorfall erklären.«
Der Junge lachte. »Vorfall ist gut.«
»Das ist nämlich eine wilde Geschichte.«
»Was ich dir unbesehen glaube.«
»Was glaubst du mir?« fragte Homann.
»Na, die wilde Geschichte.«
»Jetzt hör mal zu«, rief Homann nahezu verzweifelt, aber wieder nahm ihm der Junge das Wort aus dem Mund.
»Eine klare Frage, Vater. Hat die Frau in deinem Bett geschlafen, ja oder nein?«
»Ja«, sagte Homann, woraufhin sein Sohn ihn herzlich umarmte und sagte: »Ich wiederhole es, du bist ein toller Hecht. Glückwunsch, Vater.«

Am nächsten Kegelabend geschah Erstaunliches. Die Kegelbrüder umringten Homann, klopften ihm auf die Schultern und gaben ein paar Bemerkungen von sich, die ebenso derb wie anzüglich waren. Homann wunderte sich.
»Wollt ihr mir nicht sagen, wovon ihr sprecht?«
»Na, wovon schon!« Die Kegelbrüder lachten. »Wir haben von deinen Abenteuern gehört. Dein Sohn hat uns mitgeteilt, was wir offenbar nicht wissen dürfen. Du sollst eine ganz tolle Freundin haben ...«
So ging das hin und her, die Freunde konnten sich gar nicht genug tun in der Ausschmückung der Geschichte.
Homann war zuerst ärgerlich, dann ratlos, aber dann geschah etwas mit ihm, irgendein Prozeß

setzte ein, etwas in ihm bewegte sich. Ein merkwürdiges Gefühl begann in ihm zu wachsen, füllte ihn immer mehr aus. Ein Gefühl, das triumphale Ausmaße annahm. Er fühlte sich außerdem, als würde er größer, er richtete sich auf, stand plötzlich ganz anders in seinen Schuhen. Er sah sich um, was ihm nicht peinlich war, obwohl er sich ein wenig vorkam wie ein Hahn auf dem Mist.
Und er hörte sich plötzlich sagen: »Na ja, also dann –« Und dann schmetternd: »Eine Runde für alle.« Er sah von einem zum andern und rief: »In der Tat sind nämlich die Trauerjahre vorüber. Was hiermit eindeutig festgestellt sei.«
Und er gab der jungen drallen Kellnerin einen kräftigen Klaps. »Hast du verstanden, mein Kind?«
»Aber Herr Homann«, sagte die Kellnerin ganz verdutzt.

Einladung ins Bristol

Wir hatten einige Freunde eingeladen, wir hatten gegessen, getrunken und saßen nun in fröhlicher Runde und unterhielten uns. Alle Gespräche hatten eine gewisse Intimität angenommen, man begann, die Herzen zu öffnen, und man war dabei, ein paar Geständnisse zu machen, wie es öfter geschieht, wenn der Abend das ist, was man einen Erfolg nennt. Das stets vorhandene Mißtrauen, die allgemeine Vorsicht, die besorgte Zurückhaltung, alles das war abgebaut und machte einer gewissen Vertraulichkeit Platz, die so selten ist.

Die Rede kam auf sogenannte ›schreckliche Erlebnisse‹. Das Gespräch wurde sogleich sehr lebhaft, denn jeder hat so seine mehr oder weniger schrecklichen Erlebnisse gehabt.

Auch ich wurde gefragt.

Ich hatte mich bis dahin zurückgehalten, war darauf aus, das Gespräch der anderen in Gang zu halten, eingedenk der Tatsache, daß Gäste sich dann wohl fühlen, wenn man ihnen zuhört.

Ich war also ein wenig aufgescheucht.

»Nun sag du mal, was im Leben einen so schrecklichen Eindruck auf dich gemacht hat, daß du es nicht vergessen kannst, daß du manchmal davon träumst.«

Ich überlegte, sah meine Frau an, die mir zulächelte.

»Hm«, sagte ich, »ich hatte allerdings mal ein schreckliches Erlebnis, ein geradezu fürchterliches Erlebnis, es liegt viele Jahre zurück, fast möchte ich

es ein Jugenderlebnis nennen. Aber es hat mich damals fast um den Verstand gebracht.«
Das erregte allgemeine Neugier, alle wandten sich mir zu. Ein wenig unsicher begann ich. »Das ist jetzt fast zwanzig Jahre her, ich studierte noch, war im ersten oder zweiten Semester, ziemlich unfertig in jeder Beziehung, vor allen Dingen völlig ohne Selbstbewußtsein.«
Ich hielt es für richtig, an dieser Stelle hinzuzufügen, daß ich selbst heute noch darunter leide, zuweilen zu wenig Selbstbewußtsein zu haben.
Ich fuhr fort: »Dafür war meine Gefühlswelt ziemlich bewegt und völlig in Anspruch genommen von einem jungen Mädchen, das ich auf einem Studentenball kennengelernt hatte. Das Mädchen war so etwas wie die Erfüllung aller Träume, es war schlank, schmal, nicht zu klein, nicht zu groß, es bewegte sich graziös und mit großer Selbstsicherheit, es hatte etwas Tänzerisches an sich und eine Art, mich anzusehen, die mich innerlich in Unordnung brachte; ich verlor meinen Atem, begann unsinnige Sachen zu sagen und setzte alle Hoffnungen darauf, mit Hilflosigkeit Eindruck zu machen, was ungefähr das Dümmste ist, was man tun kann. Aber ich sage es, damit sich jeder ein Bild von meiner Verfassung machen kann. Ich war also geistig und seelisch völlig in Anspruch genommen, ich wachte mit dem Gedanken an dieses Mädchen auf, und der Gedanke an dieses Mädchen begleitete mich in den Schlaf, der damals so unruhig war, so durchzogen von Träumen, daß man von normalem Schlaf nicht sprechen konnte.
Anita nahm meine Verehrung hin wie etwas, was ihr

zustand, sie machte keinerlei Aufhebens davon und ließ sich selbst zu keiner Gefühlsäußerung verleiten, auf die ich angewiesen war und die mich zum seligsten Menschen gemacht hätte.

Eines Tages lud ich sie ein. Sie sagte: ›Du willst mich einladen?‹ Sie sah mich dabei mit ihren dunklen Augen an, verhalten und undeutbar, eher ein wenig fragend.

›Nun gut‹, sagte sie, ›ich habe frei heute abend, gehen wir ins Bristol.‹

Mein Herz schlug höher. Bristol, das hieß: tanzen, denn das Bristol war nicht nur ein erstklassiges Hotel, sondern beherbergte auch ein Tanzcafé – erster Klasse versteht sich, kein einfacher Schuppen, wie er den jungen Leuten heutzutage völlig genügt.

Um das Bristol ausreichend zu beschreiben, fallen mir automatisch ein paar Worte ein: Seide, Teppiche, Spiegel, Gold und Schleiflack. Das Bristol war eine Welt für sich, die ich noch nicht genau kannte, die aber eine große Faszination auf mich ausübte. Es war die sogenannte ›große‹ Welt, gegenüber der kleinen, in der ich zu Hause war.

Ich holte Anita ab und war wie erschlagen, als ich sie sah. Sie trug ein Kleid aus Silberlamée, war gleichsam kostbar eingehüllt, so wie sich das für einen so schönen und wertvollen Gegenstand gehörte.

Sie nahm es mit Genugtuung hin zu sehen, daß mir der Atem stehenblieb.

Wir fuhren mit dem Taxi ins Bristol, und eine leichte Betäubung ergriff Besitz von mir, so als sei ich dabei, den Boden der Tatsachen zu verlassen, was ja ein ganz angenehmer Zustand ist. Wir schritten also hinein ins Bristol, wir fanden uns umgeben von Seide, Teppichen, Spiegeln, Gold und Schleiflack. Anita hatte den Kopf erhoben wie jemand, der sich in der Welt befindet, die zu ihm gehört, ich hingegen stolperte ein wenig, weil ich mit dem Schweben nicht zurechtkam.

Die Kapelle war schon in Aktion, die Herren Musiker in dunklen Anzügen spielten das, was damals üblich war, von Wildheit keine Spur, keiner dabei, der groß schwitzte, sie behielten alle einen gemessenen Gesichtsausdruck, als wollten sie sagen: Keine Sorge, unsere Welt ist in Ordnung, möge es auch die Ihre sein.

Anita nahm Platz, nachdem sie eine Weile gestanden, sich gedreht und umgesehen hatte, Gelegenheit, leichtes Aufsehen zu erregen, was sie in unvergleichlicher Weise hinzunehmen verstand.

Ich befand mich immer noch im angenehmen Schwebezustand und fühlte mich überwältigt von dem Gedanken: Ich, ich bin es, dem dieses Mädchen gehört, zu dem es gehört, der es ausführen darf.

Der Ober kam an den Tisch, und ehe ich mich mit Anita beraten konnte, hatte sie schon bestellt. Eine Flasche Champagner.

Mein Schwebezustand kam zu einem abrupten Ende. Ich spürte wieder Boden unter den Füßen. Ich versuchte, unauffällig einen Blick in die Karte zu werfen, um zu sehen, was mich das kosten würde, aber wie schräg ich auch den Kopf hielt, ich kam mit dem Geflimmer von Buchstaben und Zahlen nicht zurecht. Ich beruhigte mich schließlich bei dem Gedanken: Na, so schlimm wird es nicht sein. Ich hatte etwa dreißig Mark bei mir, die ich für Kaffee und Kuchen auszugeben gedacht hatte. Also überkam mich wieder der Schwebezustand, den der Leichtsinn, zu dem ich mich ausdrücklich bekannte, noch etwas schöner machte, aufregender, fast feuriger.

Ich tanzte mit Anita und kam mir vor wie jemand, der die Tür zum Paradies einen Spaltbreit geöffnet hat und schon hineinsehen kann.

Der Champagner beflügelte mich, zudem war es mir gelungen, die Karte so herumzuziehen, daß ich einen Blick auf den Preis werfen konnte.

Ich war beruhigt, das würde ich schaffen, es würde sogar zu einem Trinkgeld für den Ober reichen.

So wurde ich munter, lebhafter, als es meine Art war, womit ich auch auf Anita Eindruck zu machen schien, sie taute auf, lächelte mich an in einer Weise, die ich nur verheißungsvoll nennen konnte. Ich beschloß, den Fuß hineinzustellen in die offene Tür zum Paradies.

Herzlich lächelnd wandte sich Anita an den Ober und bestellte eine neue Flasche Champagner.

Das Paradies verlor sofort seinen Glanz, ich hatte Mühe, den offenen Mund zu schließen, und wußte: Jetzt ist es passiert. Ich kann nicht bezahlen.

Ich war mir sofort klar: Ein Schicksalsschlag hatte mich getroffen oder würde mich treffen. Die wildesten Gedanken durchzuckten mich. Würden sie als Sicherheit meine Uhr nehmen? Würde ihnen mein Ausweis genügen? Sollte ich den Ober beiseite nehmen, ihn um Stundung bitten? Würde er mir glauben? Oder würde er mich vor den Direktor bringen? Mein Atem wurde ganz kurz, ich spürte ein Zucken

in den Füßen, sie zitterten, als stünde ich selbst im Sektkübel, in den der Ober gerade die neue Flasche hineinsetzte.
›Ist was?‹ fragte Anita.
›Nein, nein . . .‹, sagte ich sofort und hörte meiner Stimme zu, die wie die eines fremden Menschen klang. Ich stand auf und murmelte: ›Ich muß nur schnell mal telefonieren.‹
Anita wunderte sich ein wenig, möglicherweise war sie auch etwas gekränkt, daß ich sie allein ließ.
Aber ich hatte keine Wahl. Mit gewissem Trotz dachte ich: Was kann sie gegen einen Mann haben, der mal telefonieren geht? Das zeichnet ihn nur aus. Er ist beschäftigt. Ihm gehen allerlei Gedanken durch den Kopf. Was ist dagegen zu sagen?
Ich ging zur Telefonzentrale, ließ mir vom Telefonfräulein ein Amt geben.
Ich suchte die Kabine auf und rief einen guten Freund an. ›Hallo‹, sagte ich, ›wie geht es dir? Hör zu, mir ist ein Mißgeschick passiert. Ich sitze hier im Bristol mit einem Mädchen und kann nicht bezahlen.‹
Der gute Freund begann laut zu lachen, was mich nervös machte.
›Entschuldige‹, rief ich, ›du sollst nicht lachen, du sollst herkommen und mich auslösen, aber ganz unauffällig.‹
Er antwortete: ›Ich kann dich weder auffällig noch unauffällig auslösen. Ich liege nämlich im Bett und mache eine Schwitzkur.‹
Ich wünschte ihm gute Besserung und ließ mir erneut eine Amtsleitung geben.

Ich rief einen zweiten guten Freund an, den ich vorsichtshalber fragte, ob er gesund sei und nicht zufällig im Bett liege. ›Nein‹, sagte er verwundert, ›ich bin völlig okay. Was ist los?‹
Ich sagte ihm, daß ich im Bristol sei, daß mir das Geld ausgegangen sei und daß ich in eine unangenehme Situation käme, wenn ich meine Rechnung nicht bezahlen könne.
Er fragte: ›Was kannst du denn nicht bezahlen?‹
Ich sagte: ›Champagner.‹
Ich spürte förmlich, wie er Atem holte. Er sagte: ›Respekt.‹ Dann lachte er und fuhr fort: ›Aber noch mehr wundert mich, daß du mir zutraust, Geld zu haben. Mein Freund, ich habe keins. Ich bin blank.‹
Ich legte den Hörer auf und beschloß, mich bei Anita mal wieder sehen zu lassen.
Sie war sehr ärgerlich. ›Was ist denn los?‹ rief sie. ›Warum telefonierst du so lange? Geschäfte?‹
Ich versuchte sie zu beruhigen, was mir sicher nicht gelang, denn ich konnte mein Zittern, meine Blässe, meine Atemlosigkeit nicht verbergen.
›Einen kleinen Moment‹, bat ich, ›ich bin noch nicht – nicht zu Ende gekommen mit – mit dem Telefonieren.‹
Und zugleich dachte ich: Gott, sieht sie aus. Möge der Herr die Tür zum Paradies nicht zuschlagen, nicht auf diese blamable Weise.
Ich eilte erneut zum Telefon. Ich dachte, ich werde doch noch Freunde haben. Ich erklärte meine Lage, sagte, wo ich sei, daß ich mich im Bristol befände und in Lebensgefahr.
Niemand, der mir helfen konnte oder wollte.

Ich raste zurück in den Tanzsaal.
Anita tanzte mit einem Herrn, der einen sehr geschmeidigen Eindruck machte und den ich sofort für einen Lackaffen hielt.
Ich stürzte erneut zum Telefon, weil ich mich einer alten Tante entsann, die mir möglicherweise etwas Geld telegrafisch schicken würde.
Ehe ich die Nummer wählen konnte, tippte mir jemand auf die Schulter.
Die Telefonistin stand hinter mir, sah mich an und sagte leise: ›Wieviel brauchen Sie?‹
Ich sagte: ›Fünfzig.‹
Sie reichte mir fünfzig Mark, und ich war gerettet.«
Allgemeiner Beifall erhob sich.
Meine Frau lächelte und sagte: »Er sah so verzweifelt aus, daß ich mitgehört habe, obwohl es strengstens verboten war.«

Besuch bei einer alten Dame

Ein belebter Platz inmitten einer Stadt. Passanten eilten hin und her, das Licht der Ampeln belebte das Bild mit wechselnden Farben, die Fußgänger stauten sich, mit leeren Blicken, marschierten dann auf Lichtzeichen los, aufeinander zu, mischten sich, trennten sich.
Ein alter Herr, weit über siebzig, bewegte sich über den Bürgersteig, sah sich suchend um.
Gleichzeitig kam aus einem Gebäude ein jüngerer Mann, mit kräftigen Schritten, fast ein bißchen federnd. Armin Gruber, ein erfolgreicher Kaufmann, ging auf seinen Wagen zu und schloß ihn auf.
Der alte Herr wandte sich an Armin: »Verzeihen Sie.«
»Ja, bitte?«
»Ist hier nicht der Taxistand?«
Armin war ein wenig überrascht. »Ja, das ist hier der Taxistand, aber besetzt von anderen Autos.« Trokken fügte er hinzu: »Unter anderem auch von mir.« Er lachte. »Na, dann mal schnell weg hier, ehe ich Ärger kriege.«
Der alte Herr hob die Hand, sah ihn freundlich, aufmerksam an.
»Fahren Sie vielleicht nach Grunau?«
»Ja«, erwiderte Armin, »ungefähr. Wollen Sie nach Grunau?«
Der alte Herr nickte. »Das wäre meine Richtung. Ich wollte ein Taxi nehmen, aber es ist ja keins da.

Könnten Sie mich mitnehmen, ein kleines Stück nur?«
»Na gut«, sagte Armin, »steigen Sie ein. Sie sagen mir dann, wo ich Sie absetzen soll.«
Der alte Herr stieg ein, nahm auf dem Beifahrersitz Platz, bemühte sich um den Gurt, lächelte höflich. »Wenn Sie mir sagen wollen, wie das hier gehandhabt wird.«
Armin half dem alten Herrn den Gurt anlegen, startete dann den Motor.
»Sie legen den Gurt nicht an?« fragte der alte Herr.
Armin lächelte ein wenig schuldbewußt. »Ja, Sie haben ganz recht.« Er legte den Gurt an, mit schnellen, entschiedenen Bewegungen.
Der alte Herr lächelte ihn an. »Wenn einer von uns darauf verzichten könnte, dann doch wohl ich.«
»Na, was heißt das denn?« fragte Armin gutgelaunt zurück.
»Ich will nur sagen«, setzte der alte Herr fort, »bei mir ist es nicht mehr so wichtig.«
Armin ordnete sich in den Verkehr ein.
»Das hört sich aber sehr pessimistisch an.«
Fast erschrocken beteuerte der alte Herr: »So war das nicht gemeint. Ich bin durchaus nicht pessimistisch. Gefühle dieser Art habe ich schon lange nicht mehr.«
Armin achtete auf den Verkehr, unterhielt sich aber weiter mit dem alten Herrn.
»Sie kennen keine Depressionen?« fragte er ernsthaft.
Der alte Herr antwortete höflich, ohne Aufdringlichkeit.

»Ich hatte sie natürlich mal, ich hatte sie eine ganze Weile lang, aber nun habe ich sie nicht mehr.« Er lächelte. »Vielleicht, weil ich mich daran gewöhnt habe. Alles, woran man sich gewöhnt, tut nicht mehr weh.«

»Wenn Sie keine Depressionen mehr haben, dann sicher auch keine Glücksgefühle mehr.«

Der alte Herr nahm sich Zeit für seine Antwort. Es schien, als denke er über die Frage nach. Dann sagte er: »Doch, die habe ich. Ich habe sie eigentlich immer stärker.« Er zögerte, setzte hinzu: »Kann natürlich sein, daß wir darunter etwas Verschiedenes verstehen.«

Armin lachte. »Na, was versteht man darunter?« Er suchte nach einer Formulierung. »Glück ist – na, so eine Art Hochgefühl, das man möglichst ständig haben sollte, weil – weil es einem gutgeht, weil man keine Schwierigkeiten hat, keine beruflichen, keine privaten. Was Glück ist – das zu beschreiben ist doch die einfachste Sache der Welt.«

Der alte Herr sah ihn aufmerksam an.

»Ja«, meinte er dann, »jeder hat seine Auffassung vom Glück. Wahrscheinlich die, die er braucht.«

»Ja.« Armin lachte, das Gespräch machte ihm Spaß.

»Wohnen Sie hier in der Stadt?« fragte er.

»Ja.« Der alte Herr nickte. »Im Städtischen Altenheim. Ich habe mich noch gar nicht vorgestellt – Mahler ist mein Name. Ich wohne schon seit einigen Jahren im Altenheim.«

»Soso«, murmelte Armin.

»Sehr gut, sehr nett da, angenehme Leute.« Der alte Herr lächelte schwach.

»Nur schwierig, dort Freunde zu finden. Man hat sie meistens nicht sehr lange.«
Er sah zum Seitenfenster hinaus, hob die Hand, fragte höflich: »Würde es Ihnen etwas ausmachen, mal zu halten? Dort bei dem Blumenladen?«
»Aber gern«, sagte Armin, erspähte eine Lücke zwischen parkenden Autos und fuhr an den Rand des Bürgersteiges.
»Sind Sie angekommen?« fragte er.
»Nein, ich würde dort nur gern einen Blumenstrauß kaufen. Wenn Sie es eilig haben, dann fahren Sie nur weiter.«
»Nein, nein«, sagte Armin fast gegen seinen Willen, »kaufen Sie nur Ihre Blumen.«
»Zwei Minuten«, sagte der alte Herr, stieg aus und ging in den Laden, nicht allzuschnell, ein alter Herr, der Zeit hatte und in allen Bewegungen nicht mehr von Eile war.
Der alte Herr kaufte einen Strauß Moosröschen, kam aus dem Laden heraus, stieg wieder ein.
Armin lachte. »Sie machen einen Besuch, wie ich sehe.«
»Ja«, sagte der alte Herr.
»Ganz korrekt mit Blumen.« Armin lächelte.
»Ja«, sagte der alte Herr wieder.
»Eine Dame?«
»Eine Dame«, bestätigte der alte Herr.
»Es erwartet Sie also ein hübscher Nachmittag, bei Kaffee und Kuchen.«
Der alte Herr nickte heiter. »Sie haben recht. Ein Nachmittag, der mir viel bedeutet. Aber aus Kaffee und Kuchen machen wir uns längst nichts mehr.«

Der alte Herr blickte zum Fenster hinaus. »Hier müßte ich aussteigen.«
Armin hielt den Wagen an.
»Haben Sie noch weit?«
»Von hier aus noch etwa zwanzig Minuten.«
»Es macht mir nichts aus, Sie dahinzubringen, wohin Sie müssen«, sagte Armin, »Zeit spielt keine Rolle, ich habe nichts Besonderes vor.«
»Na gut«, sagte der alte Herr zögernd, »dann links jetzt.«
Armin fuhr nach Anweisung des alten Herrn. Er hielt mit dem Wagen schließlich vor einem Friedhofstor.
Armin war fast ein wenig erschrocken. »Sie wollten hierhin?«
»Die Dame, die ich besuche«, murmelte der alte Herr, »ist meine Frau.«
Er stieg aus.
»Ich gehe fast jeden Tag hierher, um nicht allein zu sein.« Höflich fuhr er fort: »Haben Sie vielen Dank. Ich bin heute eine Stunde früher. Sie wird nichts dagegen haben.«
Er bedankte sich noch einmal, ging dann langsam durch das Tor in den Friedhof hinein.
Armin ließ den Motor an, aber er fuhr nicht los, stellte den Motor wieder ab, überließ sich der besonderen Stimmung, die ihn plötzlich überkam.
Er stieg aus, zündete sich eine Zigarette an und sah hinüber auf das schweigende Grün der Gräber.
Er mußte ziemlich lange warten, bis der alte Herr wieder erschien. Er war ganz erschrocken, als er Armin neben seinem Wagen sah.

»Sie haben auf mich gewartet?«
»Ja«, sagte Armin.
»Aber das war nicht verabredet«, meinte der alte Herr besorgt.
»Nein, ich habe aus freien Stücken hier auf Sie gewartet.«
»Gerade heute habe ich es ausgenutzt, mehr Zeit zu haben, dank Ihrer Hilfe, und bin länger bei ihr geblieben.«
Armin öffnete die Wagentür, half dem alten Herrn einzusteigen.
»Vielen Dank. Aber jetzt nehme ich Ihre Zeit über Gebühr in Anspruch.«
»Nein, nein«, erklärte Armin und fragte: »Seit wann liegt Ihre Frau hier?«
»Seit elf Jahren.«
»Und Sie besuchen sie jeden Tag?«
Der alte Herr antwortete höflich: »Sagen wir, sooft es geht, nicht bei schlechtem Wetter und nicht, wenn es mir nicht gutgeht. Aber manchmal gehe ich auch dann.« Er lächelte schwach, sah Armin aufmerksam an. »Wenn ich mit ihr reden muß.«
»Sie reden mit ihr?« wunderte sich Armin.
Der alte Herr lächelte stärker. »Ich sehe Ihnen an, daß Sie sich fragen, ob ich noch normal bin. Ein Toter kann nicht reden, natürlich nicht. Aber dennoch unterhalte ich mich mit ihr. Man kann es eine Unterhaltung nennen, weil ich genau weiß, was sie auf alles, was ich sage, antworten wird.«
Er korrigierte sich: »Antworten würde.«
»So gut kennen Sie sie?«
»Wir waren fünfunddreißig Jahre verheiratet.«

»Sehr glücklich, nehme ich an.«
Der alte Herr dachte über die Frage nach, krauste die Stirn.
»Glücklich?« meinte er zögernd.
»Ja, wie«, fragte Armin überrascht, »nicht glücklich?«
Der alte Herr lachte. »Sprachen wir nicht schon darüber, was für ein fragwürdiger Begriff das ist?«
»Also war Ihre Ehe nicht glücklich?« wollte Armin wissen.
Der alte Herr behielt seine Heiterkeit. Er holte Atem. »Meine Frau war manchmal der reine Teufel.«
»War sie?« fragte Armin überrascht zurück.
Der alte Herr lächelte. »Sie hatte ein irrsinniges Temperament, sie war hitzig, kämpferisch, immer auf der Suche nach einem Gegner –«, er lachte, »– meistens war ich es dann, ich hatte den ersten Ansturm ihrer wilden Gefühle auszuhalten.«
»Sie haben sich gestritten?« fragte Armin.
»Jeden zweiten Tag.«
»Ernsthaft gestritten?«
»Ernsthaft«, erwiderte der alte Herr, »wir haben jede Möglichkeit gesucht und benutzt, um uns weh zu tun.«
Er blickte Armin plötzlich besorgt an. »Ich hoffe, Sie mißverstehen mich nicht, auch im Wehtun liegt Liebe – nicht immer natürlich«, schränkte er ein, »aber sehr oft zeigt man etwas damit, nämlich Liebe, sogar eine ziemlich intensive Art davon, die manchmal durchaus höher einzuschätzen ist als die gewöhnliche Form.« Er fragte: »Schwer zu verstehen?«

»Nein, nein«, murmelte der junge Mann, meinte: »Aber es ist eine ungewöhnliche Darstellung.«
Der alte Herr lächelte, nickte. »Für den, der seine Liebe – oder das, was er dafür hält – noch nicht zu Ende gebracht hat.«
Er machte eine Pause, fuhr dann ruhig fort: »Ich habe alles zu Ende gebracht. Bei mir hatte die Liebe einen Anfang, eine Mitte und ein Ende. Das natürliche Ende, meine ich, das Ende, das der Tod setzt.«
»Aha«, murmelte Armin angestrengt, »und jetzt gehen Sie zu Ihrer Frau auf den Friedhof und reden mit ihr.« Er lachte. »Und nun reden Sie, wie es Ihnen gefällt.«
»Nein, nein«, wehrte der alte Herr lächelnd ab. »Sie ist noch im Grab so hitzig wie eh und je. Sie ist anders einfach nicht vorstellbar und –«, er nickte heiter, »– ich will sie auch nicht anders.«
Armin brachte den alten Herrn zum Altenheim.
»Kann ich noch mit hineingehen?« fragte er.
Der alte Herr war ein wenig überrascht, nickte dann aber.
»Kommen Sie nur«, sagte er.
Armin ging mit dem alten Herrn ins Heim, ging mit ihm über den langen Gang und fand sich schließlich in einem einfach möblierten Zimmer wieder.
»Am Ende«, sagte der alte Herr und lächelte, »bleibt nicht viel, es bleibt das, was ausreicht. Man besitzt im Leben viel zu viele Gegenstände. Wie Sie sehen, wird man sie alle wieder los.«
»Ich habe einen Wunsch«, sagte Armin ruhig, »erzählen Sie mir mehr von Ihrer Frau.«
»Sehr gern«, sagte der alte Herr eifrig, holte ein paar

Alben hervor, schlug sie auf, zeigte Armin Fotos.
»Das ist sie.«
Armin sah eine Frau, die in die Kamera lachte, mit starken weißen Zähnen, mit blitzenden Augen, mit einer Frisur, die nicht ganz gebändigt war.
»Lachte sie gern?« fragte Armin.
»Ja«, sagte der alte Herr, »und auf die verwegene Art, die Sie auf diesem Foto sehen.«
»Man sieht ihr an, daß sie Temperament hat«, sagte Armin.
Eifrig sagte der alte Herr: »Man sieht es, nicht wahr?«
Er blätterte in den Alben. »Warten Sie, da gibt es ein anderes Bild von ihr, da sieht man ihr an – Verwegenheit, Kühnheit geradezu. Sie hatte vor nichts Angst.« Er korrigierte sich: »Gut, gut, es hat mal Gelegenheiten gegeben, wo sie ängstlich wurde, aber erst –«, er lachte, »– nachdem sie alle Möglichkeiten der Aggression ausgeschöpft hatte.« Vergnügt fuhr er fort: »Sie konnte schimpfen wie ein Rohrspatz.«
»Schimpfen wie ein Rohrspatz?« fragte Armin.
»Was möglicherweise ein harmloser Vergleich ist. Ich fragte sie mal: Warum schimpfst du eigentlich so?«
»Was antwortete sie?«
Der alte Herr lachte herzlich. »Sie sagte unsterbliche Worte. Sie sagte: Ich schimpfe, weil ich lebe.«
»Weil sie lebe?« wiederholte Armin verblüfft.
»Schimpfen war für sie eine Lebensäußerung, weiter nichts.« Er wiederholte das Wort: »Eine Lebensäußerung, und das war es ja auch . . .«
Der alte Herr ging im Zimmer auf und ab. »Manch-

mal überlege ich heute: Was hat sie damals noch gesagt? Wie reagierte sie? Welchen Ausdruck hat sie gebraucht?« Er stand ganz still im Zimmer, ein wenig heiter-abwesend. »Und dann hole ich mir die ganzen Köstlichkeiten zurück ins Bewußtsein.«
Armin war beeindruckt, fragte: »Sie haben Ihre Frau geliebt. Aber lassen Sie mich jetzt mal fragen: Hat Ihre Frau auch Sie geliebt?«
Der alte Herr war ein wenig verdutzt. »Mich geliebt?«
Er meinte: »Jetzt überraschen Sie mich aber.« Er suchte nach Worten: »Natürlich hat sie mich geliebt –«, er zögerte, »– aber gesagt hat sie es nie. Es lag nicht in ihrer Art, Erklärungen abzugeben.«
»Aber sie hat Sie nie betrogen?«
Wieder dachte der alte Herr lange nach, hob dann die Schultern. »Ich weiß es nicht. Wissen Sie«, fuhr er eifrig fort, »sie hatte eine ganze Menge Verehrer, was ich ganz logisch fand. So eine phantastische Frau, in der alles – vibrierte, die so voller Leben war. Da gab es natürlich einige Herren –«, er sagte es genauer: »– einige ängstliche Herren, die teilhaben wollten an dieser Lebenskraft.« Er hob wieder die Schultern. »Vielleicht hat sie hin und wieder mal jemandem – geholfen. Ich glaube nicht«, beteuerte er, »daß sie mir damit etwas genommen hat. Wenn ich heute darüber mit ihr spreche, dann lacht sie, aus dem Grab heraus höre ich sie lachen.« Er schüttelte den Kopf. »Nein, nein, ich liebte sie, sie liebte mich. Wir liebten uns durch dieses ganze verrückte Leben hindurch.« Etwas hilflos setzte er hinzu: »So gut Menschen eben können.«

Armin schwieg eine ganze Weile, hob dann den Kopf.
»Ich muß jetzt gehen. Wenn Sie mal wieder mit Ihrer Frau sprechen, einen schönen Gruß.«
Armin verließ das Altenheim, setzte sich in den Wagen, fuhr los. Er fuhr nicht sehr schnell, eher gemächlich, wie man halt fährt, wenn man zugleich auch nachdenkt und dabei nicht unbedingt Menschen töten will.
Er hielt schließlich bei einer Telefonzelle, ging hinein und führte ein Gespräch.
»Hallo, Doktor Burkhardt«, rief er ins Telefon, »hier ist Armin Gruber, ich war vor zwei Stunden bei Ihnen. Hören Sie zu –«, er sprach nun deutlich und langsam, »– ich habe es mir anders überlegt. Ich ziehe die Scheidungsklage zurück.«
Dann führte er ein zweites Gespräch.
»Christa, ich bin's, Armin, ich wollte dir nur sagen, ich komme wieder nach Hause.«
Er wurde offenbar unterbrochen, setzte mehrmals an, um wieder zu Wort zu kommen, sagte schließlich aufgebracht: »Nun geh doch nicht gleich in die Luft. Also, ich bin in einer halben Stunde da.« Fast erbittert setzte er hinzu: »Und soll ich dir was sagen: Ich freu mich drauf.«
Er knallte den Hörer auf die Gabel, holte Atem, begann zu lächeln, setzte sich in seinen Wagen und wunderte sich, daß er plötzlich so vergnügt war.

Als ein neues Jahr noch neues Leben war

Wir hatten zur Silvesterparty eingeladen. Die Wohnung war dekoriert, ein paar Luftschlangen verteilt, Luftballons aufgehängt worden. Auf jedem Stuhl lag eine Papiermütze für jeden, dem der Sinn danach stand.

Alwine trug ein langes Kleid in feurigem Rot, ein weit ausgeschnittenes Kleid.

»Zu sehr ausgeschnitten?« fragte sie mich.

Ich sagte: »Ah was, das alte Jahr soll ruhig ein wenig frivol verabschiedet werden, und mit ein bißchen Frivolität läßt sich auch das neue ganz gut anfangen.«

»Merkwürdig«, sagte meine Frau, »daß du dieses Wort gebrauchst.« Sie sah mich an: »Was ist Frivolität?«

Ich suchte nach Worten und fand es plötzlich gar nicht so leicht, diesen Begriff zu erklären.

Alwine sagte: »Du hast unbewußt irgend etwas ausdrücken wollen, deine Empfindung, die du hast, wenn du an die Zeit denkst . . .«

»Jaja«, sagte ich, dachte nach und fand richtig, was Alwine sagte.

Sie nahm mir das Wort aus dem Mund.

»Wir haben ja gar keine echte Beziehung mehr zu diesem Tag, zu dieser Nacht. Wir machen hier eine Feier in der Weise, die üblich ist und die sich jedes Jahr wiederholt. Immer dieselben Leute, immer dieselben Themen, Geschichten, die wir alle kennen, niemand, der uns irgend etwas Neues sagen könnte,

über sich selbst, über andere. Und um zwölf Uhr zählen wir die Sekunden mit, erheben unsere rechtzeitig gefüllten Gläser, jeder wendet sich dem Menschen zu, dem er seine Aufmerksamkeit vor dem Gesetz schuldig ist, sieht ihm tief und etwas verlegen ins Auge, sagt seinen Spruch auf.« Alwine sah mich ruhig an. »Und dann knallen wir ein bißchen, sagen ›Ah‹ dazu und frieren ein bißchen in der kalten Nachtluft.«
»Jaja«, sagte ich, »so ist es nun mal.«
Alwine goß sich ein Glas Sekt ein und sah mich groß an.
»Ich finde das zum Kotzen.«
Ein so starkes Wort hörte ich zum ersten Mal von Alwine. Sie hatte plötzlich einen ganz strengen Gesichtsausdruck, ein wenig Verachtung lag darin und auch so etwas wie Entschlossenheit.
Ich sagte besorgt: »Da kommen jetzt fünfzehn gute Freunde, Alwine. Wenn dir auch nicht nach feiern zumute ist, nimm dich zusammen.«
»Hör mal«, sagte Alwine energisch, »wir alle haben vor dem neuen Jahr Angst. Nicht nur vor dem neuen Jahr, sondern vor der Zeit, die vor uns liegt. Hast du keine Angst?«
»Doch«, antwortete ich, »ich habe auch Angst.«
»Wie drückt sich das aus?« fragte Alwine aufmerksam.
Ich überlegte. »Nun, ich spüre so etwas wie – Unbehagen. Als kämen da ein paar Gefahren auf mich zu. Ich suche eine Wand, um mich wenigstens im Rükken zu schützen . . .«
»Du auch?« fragte sie, schüttelte den Kopf. »Warum

sagen wir uns das nicht? Warum sprechen wir nicht darüber?«

Ich hob die Schultern. »Gegen diese Angst kann man nichts machen. Es ist ja eine leise Angst, sie ist nicht – nicht auffällig, sie schreit nicht, springt uns nicht an, sie macht sich unversehens zum Hausgenossen.«

»Na«, sagte Alwine trocken, »das drückst du ja hübsch aus. Ich habe da also einen Hausgenossen. Den ich aber nicht haben will.«

»Damit, Kind, müssen wir leben.«

Alwine trank ihr Glas leer, wandte sich um, denn es hatte geläutet, die ersten Gäste kamen.

Das übliche Zeremoniell, lautes, herzliches Begrüßen. Ich bemerkte plötzlich, daß sich sogar der Wortlaut der Begrüßung wiederholte, denn ich kannte ihn. Die kräftige männliche Stimme von Johannes, den seine Firma im Außendienst jahrelang dazu erzogen hatte, mit seiner Stimme eine positive Stimmung zu erzeugen, Amalie, die immer sehr weich sprach, ein bißchen Vogelzwitschern, mit dem sie gleichsam um Schonung bat: Seht, wie schwach, wie sensibel ich bin.

Ich stand plötzlich ganz still, hörte dem Zeremoniell zu und mußte tief durchatmen.

Ich dachte: Das wird kein übliches Silvesterfest. Die Üblichkeiten sind zu Ende gegangen. Und zwar in diesem Moment.

Alwine kam herein.

»Da sind unsere lieben Gäste«, sagte sie, und nur ich hörte die leise Ironie in ihrer Stimme.

Die Gäste verteilten sich im Raum. Sie waren so oft bei uns gewesen, daß sie ihre Lieblingsplätze kann-

ten, jeder zog sich in seine Ecke zurück, um von dort aus in den Konversationskampf einzugreifen.
Aber Alwine war nicht gewillt, die Üblichkeiten mitzumachen. Sie stellte sich in die Mitte, bat um Aufmerksamkeit und sagte genau das, was sie mir gesagt hatte.
Ich sah förmlich, wie unsere Gäste sich unangenehm berührt fühlten. Jeder hatte sein eingeübtes Verhalten, mit dem und hinter dem er sich wohl fühlte und nicht gestört werden wollte. Alwine störte nun beträchtlich.
Erst herrschte allgemeines Schweigen, fast Betroffenheit, daß jemand die Spielregeln außer Kraft gesetzt hatte.
Dann meldete sich unser Freund Horward, ein älterer Mann, der in der Stadt ein Hotel besaß.
Alle wandten sich ihm zu, schienen froh zu sein, daß irgend jemand antworten wollte.
»Ja«, sagte Horward leise, »was du da aussprichst, liebe Alwine, empfinden wir alle, mehr oder weniger stark. Komisch, daß mir bei deinen Worten eine Silvesternacht einfällt, die ich schon fast vergessen hatte. Ganz plötzlich erinnere ich mich an sie.«
Horward sah von einem zum anderen, als wolle er sich vergewissern, daß alle bereit waren, sich diese Geschichte anzuhören.
»Nur zu!« Unsere Gäste nickten, hofften darauf, einen Ausweg zu finden aus einer Situation, die sie unsicher gemacht hatte.
Und Horward erzählte.
»Ihr alle wißt, daß ich mein Hotel nach dem Krieg neu aufgebaut habe. Es war ausgebombt worden,

zum Teil war es eingestürzt, die Räume, die noch standen, mußten erneuert werden, wir setzten Fenster und Fußböden ein, ich besorgte alte Schränke, Bettgestelle, Matratzen und Zinkbadewannen. Das Jahr fünfundvierzig, mit seiner Trauer, mit seiner Not, ging zu Ende, wir schrieben den einunddreißigsten Dezember und waren in Erwartung eines neuen, bitteren Jahres. Da betrat gegen neun Uhr abends ein Mann mein Hotel. Jemand, den man sicher gerade aus der Kriegsgefangenschaft entlassen hatte, er trug einen Militärmantel, in dem er jahrelang geschlafen hatte. Er war unrasiert, blaß, mager, hatte auf der Nase seine Gasmaskenbrille und trug einen Rucksack, eine wahre Elendsgestalt. Dies allerdings nur von außen, innerlich war der Mann voller Leben. Er wollte ein Zimmer haben, und er bekam eins. Ich nahm ihm den Rucksack ab und trug ihn.
Was, lachte der Mann, jemand trägt meinen Rucksack? Ja, sagte ich, dies ist ein Hotel, und ob Sie nun einen Koffer haben oder einen Rucksack, das spielt für mich keine Rolle. Der Mann lachte. Das einzige, was ich besitze, außer Sachen, die im Moment nicht zählen – Erfahrungen natürlich, ich bin ein Millionär an Erfahrungen.
Ich brachte ihn auf sein Zimmer. Er sah sich staunend um. Luxus, absoluter Luxus, solche Riesenzimmer gibt es noch, für einen allein? Und ein Bett, er starrte das Bett an, dann betrachtete er den Schrank und ging schließlich ins Badezimmer, sagte: Ich werd verrückt, eine Badewanne. Ja, sagte ich, mein Ehrgeiz ist es, wieder das erste Haus am Platz zu sein. Dann fragte ich ihn, wie lange er bleiben wolle.

Er sagte: Ich weiß es nicht, drei Tage, drei Wochen, keine Ahnung. Ich suche meine Frau, die mir abhanden gekommen ist mit drei Kindern, wir haben in Gleiwitz gewohnt, da ist sie weg. Ich fahre im Moment alle Adressen ab. Hier hat mal ein Onkel von ihr gewohnt. Er holte eine Flasche Schnaps aus seinem Rucksack. Kartoffelschnaps. Mögen Sie auch? Er lachte. Der ist ziemlich scharf. Ich glaube, man kann auch Autos damit fahren. Wissen Sie, dies hier ist meine letzte Station. Wenn ich hier nichts erfahre, dann suche ich mir irgendwo einen Platz zum Weinen. Ich habe mir was geschworen, weine nicht, ehe die letzte Hoffnung verschwunden ist, aber dann weine richtig.
Wir brachten diesem Mann das heiße Wasser in Eimern aufs Zimmer. Er schrie: Ein irres Gefühl. Ist das zulässig, seinen eigenen Körper so wichtig zu nehmen? Könnte das vielleicht wieder normal werden?
Ich ging wieder hinunter zum Empfang und sah eine Frau dort stehen, schlank, groß, sie trug eine Wattejacke und hatte einen Pappkoffer neben sich stehen.
Kann ich ein Zimmer haben? fragte sie. Ja, sagte ich, ich habe noch ein Zimmer, es ist noch nicht richtig eingerichtet.
Macht nichts, sagte sie, wenn ich nur schlafen kann.
Wie lange wollen Sie bleiben? fragte ich.
Das weiß ich noch nicht, antwortete die Frau, kommt ganz darauf an, ich suche jemanden. Sie fragte: Die Winterfeldstraße ist ganz kaputt? Ja, ich glaube, antwortete ich.
Ich suche da einen Onkel von mir, fuhr die Frau fort,

wo ist denn das Einwohnermeldeamt? Ich sagte es ihr. Gut, erwiderte die Frau, dann werde ich es morgen da mal versuchen. Sie hatte den Kopf gehoben. Wird Neujahr gefeiert?
Ich schob ihr den Anmeldezettel zu und fragte: Ihren Onkel suchen Sie? Sagen Sie, haben Sie vielleicht drei Kinder?
Sie war ganz verwundert. Ja, sind Sie Hellseher?
Ich lachte. Vielleicht bin ich es gerade geworden. Haben Sie in Gleiwitz gewohnt?
Wieder starrte sie mich an. Ja, sagte sie, in Gleiwitz.
Dann kommen Sie mal mit, sagte ich, nahm ihren Pappkoffer auf und ging mit ihr die Treppe hinauf.
Ich stand vor einer Zimmertür und sagte: Dies hier, und stieß die Tür auf.
Sie ging ins Zimmer, drehte sich um. Das Zimmer ist ja besetzt, da liegt ja ein Rucksack auf dem Bett.
Ich sagte: Es wird Ihnen doch nichts ausmachen, das Zimmer mit jemandem zu teilen?
Sie fragte: Eine Frau? Nein, sagte ich, ein Mann.
Sie nahm sofort ihren Koffer auf, warf mir einen vernichtenden Blick zu. Ich sagte: Moment, sehen Sie sich den Mann doch erst mal an, rief zum Badezimmer hinüber: He, kommen Sie mal da raus.
Der Mann antwortete: Was ist los? Darf man hier nur zehn Minuten baden? Ich sagte: Mit Baden ist jetzt Schluß.
Dann kam der Mann heraus. Es war ein Moment, als ob plötzlich alle Kirchenglocken läuteten, alle zur gleichen Zeit und so, als stünde man daneben. Ein kleines Erdbeben, ohne daß sich etwas bewegte, vielleicht nur mein eigenes Herz, denn die beiden starr-

ten sich an, als sei der Finger Gottes auf sie gerichtet und nur auf sie.
Ich bin langsam hinausgegangen und habe aus meinem Keller eine Flasche Wein geholt, irgendeine irrsinnige Flasche, die ich für irgendeinen irrsinnigen Moment aufbewahrt hatte.
Mit der Flasche haben wir Silvester gefeiert, stießen zusammen an auf das neue Jahr.
Und der Mann sagte: Ein neues Jahr ist neues Leben.«
Horward endete, wir standen alle ganz betroffen.
Und Alwine sagte: »Eine hübsche Geschichte. Mir gefällt sie. Vielleicht«, fuhr sie fort, ganz sanft, ganz leise, ganz nachdenklich, »sollten wir alle uns um ein neues Leben bemühen. Und vielleicht –«, sie sah von einem zum anderen, »– ehe wieder alles kaputtgeht.«

Die Brücke

Ich habe mein Büro mitten in der Stadt. Seit langem fahre ich nicht mehr mit dem Wagen, ich nehme die Straßenbahn, die ziemlich in der Nähe meines Büros hält. Ich habe nur eine Eisenbahnbrücke zu überqueren und bin dann in meinem Geschäft.

Vor etwa einem halben Jahr passierte mir folgendes: Ich stieg aus der Straßenbahn und überquerte wie immer die Eisenbahnbrücke. Keine neue Brücke, sondern eine ziemlich alte, eine Eisenkonstruktion, an beiden Seiten ein eisernes Geländer, senkrechte Stäbe mit einem handbreiten Eisenband oben. Ich liebte den Blick durch dieses Geländer hinunter auf die vielen Geleise. Ich mochte es, wenn die Züge unter der Brücke durchfuhren, während ich sie überquerte. Manchmal war noch eine alte Dampflok dabei, die mit ihren weißlichen Dampfschwaden die Brücke wie in Nebel hüllte. Ich liebte den Geruch, der sonderbar beißend und würzig zugleich war.

Ich überquerte also wieder einmal die Brücke und wurde plötzlich Zeuge eines aufregenden Schauspiels.

Über das Geländer der Brücke balancierte ein Junge. Er war etwa zehn Jahre alt, ein schmächtiger Junge mit kurzer schwarzer Hose, er hielt die Arme weit von sich gestreckt, hielt die Blicke fest auf das schmale Eisenband des Geländers gerichtet und wollte offensichtlich auf diese Weise die Brücke überqueren.

Mir blieb der Atem stehen. Ich sah das Gleisgewirr tief unten, ich sah Züge fahren, rangieren, hörte die gellenden Pfiffe der Loks.
Ich dachte: Ist der Junge wahnsinnig? Und so wie ich dachten auch andere. Es war einfach haarsträubend zu sehen, wie der Junge sein Leben riskierte.
Ich konnte nicht anders, ich lief auf den Jungen zu. »Was machst du denn da? Willst du da wohl runterkommen?«
Der Junge sah nur kurz beiseite, dachte offensichtlich nicht daran, zu tun, was ich sagte. Er antwortete nicht einmal, sondern setzte Fuß vor Fuß in einer Weise, die man nur starrsinnig nennen konnte.
»Runter da, Junge!« rief ich.
Auch andere Passanten waren herbeigeeilt, riefen durcheinander: »Was macht der Junge denn da?« – »Was soll denn das?« – »Ist der lebensmüde?« – »Runter da!« – »Willst du wohl da runterkommen!«
Aber der Junge hielt die Arme von sich gestreckt, verhielt nur kurz den Schritt, schwankte ein wenig, rief dann wie in Panik: »Laßt mich, laßt mich!«
Und er setzte weiter Fuß vor Fuß. Er hatte eine merkwürdige Entschlossenheit in der Stimme, eine hohe Aufgeregtheit und zugleich etwas Flehendes. Er richtete den Blick voraus und ging weiter.
»Man sollte ihn da runterziehen«, rief jemand. Mit dem Gedanken spielte ich längst, aber zugleich hatte ich Angst davor, es zu tun. Es war einfach zu gefährlich. Der Junge sah aus, als ob er sich wehren würde. Er würde es möglicherweise auf ein Handgemenge ankommen lassen und könnte dabei zu Fall kommen, auf die Geleise hinunterstürzen.

Eine ganze Reihe von Erwachsenen lief nun neben dem Jungen her, war erbost, wütend, ärgerlich und zugleich besorgt.
Erneut rief der Junge: »Laßt mich, laßt mich doch!«
Und wieder ergriff mich der verzweifelte Ton in der Stimme des Kindes.
Ich sah in der Ferne einen Zug herandonnern. Die Lokomotive stieß Wolken von weißlichem Dampf aus, der bald darauf die Brücke wieder in Nebel hüllen würde.
Ich konnte nicht anders.
Ich sprang vor, erwischte den Jungen bei der Hand und zog ihn mit einem Ruck herunter, kurz bevor wir alle eingehüllt waren in Dampfschwaden.
Der Junge war auf die Knie gefallen, richtete sich auf, schnell wie eine Katze. Er funkelte mich an, in heller Verzweiflung, und hob die Fäuste, als wolle er auf mich einschlagen.
»Warum haben Sie mich nicht gelassen?« schrie er.
Plötzlich wußte ich: Das war kein einfacher Scherz, der ihn auf das Geländer getrieben hatte. Kein bloßer Streich eines sogenannten dummen Jungen.
Ich nahm den Jungen bei der Hand, obwohl er sich meinem Griff zu entziehen suchte.
Der Junge weinte, wollte nicht aufhören zu weinen.
Ich nahm ihn beiseite, ging mit ihm einige Schritte weiter, um die Zuschauer loszuwerden, die immer noch voll Empörung herumstanden und den Fall besprachen.
»Was ist los?« fragte ich den Jungen.
Der hörte nicht auf zu schluchzen und schüttelte nur den Kopf.

»Junge, ich tu dir nichts«, sagte ich, »ich gehe nicht mit dir zu deinem Vater. Sag, was du hast. Warum wolltest du über das Geländer gehen, obwohl es so gefährlich ist?«
Der Junge antwortete nicht.
Er war auf eine ganz unkindliche Weise verzweifelt.
»Wolltest du ganz bis ans Ende?« fragte ich.
Er nickte, ich gab ihm mein Taschentuch, daß er sich schneuzen konnte.
Er schluckte, ich mußte mich ganz tief hinunterbeugen, um ihn zu verstehen.
»Ich wollte bis ans Ende«, sagte der Junge, »ich dachte, wenn ich bis ans Ende komme, kriegt mein Vater Arbeit.«
»Hat dein Vater keine Arbeit?«
Der Junge schüttelte den Kopf.
»Heute soll er sich vorstellen. Vielleicht kriegt er Arbeit. Ich dachte: Wenn ich bis ans Ende komme, kriegt er Arbeit.«
Ich gebe zu, ich fühlte mich plötzlich sehr bedrückt.
»Aber, aber«, sagte ich, »ob dein Vater die Stelle bekommt, das hängt bestimmt nicht davon ab, ob du über dieses verrückte Geländer gehen kannst und bis zum Ende kommst.«
»Warum nicht?« sagte der Junge und weinte wieder.
»Weil das nichts miteinander zu tun hat. Dein Vater selber hätte dich da vom Geländer heruntergeholt.«
Meine Worte trösteten ihn nicht. Er schluchzte weiter und sah ganz jammervoll aus, ein zehnjähriger Junge, mit langen, ungekämmten Haaren, mit einer Stupsnase und graublauen Augen.
Ich stand nun da und war ganz unsicher geworden.

Was sollte ich mit dem Jungen machen, der seine ganze Lebhaftigkeit verloren hatte. Er hielt den Kopf gesenkt und weinte immer noch, als könne er nicht aufhören.
Sollte ich ihn stehenlassen, einfach davongehen?
Das konnte ich nicht. Irgendwie war ich nun mit dem Schicksal des Jungen verbunden, so albern mir das vorkam.
»Komm mit«, sagte ich, hielt ihn fest an der Hand, daß er mir nicht auskam.
Ich nahm ihn mit ins Büro.
»Was macht dein Vater?« fragte ich.
»Er ist Buchhalter«, sagte der Junge, der sich ein wenig beruhigt hatte. Aber er war nicht fröhlicher geworden. Er sah aus wie jemand, der sich anschickt, sich in sein Schicksal zu ergeben. Oder wie jemand, dem alles fehlgeschlagen war. Er sah einfach deprimiert aus.
Ich kam mir ganz schuldig vor, überlegte hin und her, ließ mir dann seine Adresse sagen, bestellte ein Taxi und fuhr mit ihm nach Hause.
Er wohnte in einem Mietshaus, in einer ganz behaglichen Dreizimmerwohnung.
Der Vater selber machte uns die Tür auf, ein Mann Ende Dreißig, schmal, ein bißchen blaß, mit ganz ruhigen Augen.
»Hallo«, sagte er, sah seinen bedrückten Sohn an, der den Blick niedergeschlagen hatte, und fragte mich: »Hat er etwas angestellt?«
»Nein, nein«, sagte ich und fühlte mich ganz unsicher, außerstande, dem Mann zu erklären, wo und wie ich seinen Sohn kennengelernt hatte.

»Wir haben uns getroffen«, murmelte ich, »und er hat mir erzählt, daß Sie keine Arbeit haben.«
»Richtig«, sagte der Mann, »ich kann ganz gut rechnen, aber nicht so gut wie ein Computer.« Er hob die Stimme, sah seinen Sohn an: »Und er hat Ihnen erzählt, daß ich keine Arbeit habe?«
»Ja«, sagte ich, »es scheint ihn – unglücklich zu machen.«
»Nun ja«, sagte der Mann, »wir alle leben in unsicheren Zeiten. Unsicherheit ist schwer zu ertragen. Kinder müssen es erst lernen«, sagte er leise.
»Ich würde Ihnen gerne helfen«, sagte ich, »aber ich kann keinen Buchhalter gebrauchen.«
Wir unterhielten uns noch eine Weile, und dann ging ich, ließ die beiden allein.

Am Abend erzählte ich meiner Tochter von meinem Erlebnis.
Meine Tochter war ganz erschüttert, viel stärker betroffen, als ich gedacht hatte.
»Dieser Junge«, sagte sie, »das ist ja unglaublich. Was mag in ihm vorgegangen sein? Und wie fühlt er sich jetzt, nachdem du ihm alles zerstört hast?«
»Wie?« sagte ich. »Ich habe ihm alles zerstört?«
»Nun, du hast ihn heruntergezogen von dem Geländer.«
»Aber liebes Mädchen«, sagte ich, »du glaubst doch nicht etwa, daß dieser Traum eines Jungen – nennen wir es mal so – irgend etwas mit der Realität unseres Arbeitslebens zu tun hat?«
Sie sah mich groß an.
»Träume bedeuten nichts«, sagte ich etwas härter,

als ich es eigentlich wollte, »ich würde mich wundern, wenn du darüber anders denken solltest.«
Meine Tochter ist Ende Zwanzig, von Beruf Lehrerin. Ich habe sie immer für einen logisch denkenden, vernünftigen Menschen mit klaren Ansichten gehalten.
Meine Tochter aber sagte plötzlich: »Mit Träumen, Vater, wird die Welt bewegt. Der Junge, den du da vom Brückengeländer heruntergezogen hast, wollte die Welt bewegen.«
Sie ließ sich den Jungen genau beschreiben, bekam ganz helle Augen dabei, schüttelte ein übers andere Mal den Kopf und sagte: »Ich kenne ihn nicht, aber ich mag ihn. Wenn ich einen Sohn hätte – so würde ich ihn mir vorstellen.«
Sie ließ sich die Adresse geben.
»Wie«, sagte ich, »ich habe den Jungen vom Geländer gezogen – willst du ihn wieder draufsetzen?«
Sie lachte, umarmte mich, war dabei aber in einer Weise gutgelaunt, die mich fast besorgt machte.

Meine Tochter besuchte Vater und Sohn gleich am nächsten Tag.
Als sie zurückkam, berichtete sie mir, wieder mit ganz heller Stimme, wie fabelhaft sie den Jungen fände. »Du hast mir gar nicht gesagt«, fuhr sie fort, »daß der Junge gar keine Mutter mehr hat.«
»Die ist gestorben«, sagte ich, »ist das wichtig?«
»Ich habe den beiden gleich Abendessen gemacht. Der Mann ist großartig, er paßt zu seinem Sohn.« Sie lachte. »Auch einer, dem es nichts ausmachen würde, über Brückengeländer zu spazieren.«

Sie war ganz vergnügt und sagte wie nebenbei: »Ich habe die beiden für morgen abend eingeladen.«

Wie gesagt, das ist nun ein halbes Jahr her. Meine Tochter hat den stellungslosen Buchhalter geheiratet und einen Jungen dazu bekommen, wie sie ihn immer haben wollte.
Und jetzt meine ich: Irgendwie ist der Junge doch bis zum Ende des Geländers gekommen.
Und ich meine, das könnte tröstlich sein für alle, die nicht aus noch ein wissen, behutsam Fuß vor Fuß setzen auf einem ganz schmalen Pfad, der manchmal nur handbreit ist und auf dem man doch gehalten ist von der Kraft des Traumes.

Interessante Nebenbeschäftigung

»Und noch etwas . . .«, sagte Herr Richter zu seiner Frau, kurz bevor er das Haus verließ, um ins Büro zu fahren, »mit dem Jungen stimmt irgendwas nicht.«

Frau Richter wunderte sich. »Mit dem Jungen stimmt was nicht?«

»Ja, er hat so einen verlorenen Gesichtsausdruck, hört zwar alles, was man ihn fragt, aber er antwortet nur mit Verzögerung, wie jemand, der in Gedanken ganz woanders ist. Vielleicht versuchst du mal herauszufinden, wo er sich aufhält, wenn er in Gedanken ist.«

Der Junge, von dem die Rede war, war achtzehn Jahre alt, Oberschüler, ein netter, aufrichtiger Junge, ein bißchen höflich, ein bißchen verträumt, eine Mischung, die ziemlich selten geworden ist.

Frau Richter ging in das Zimmer ihres Sohnes.

Eberhard saß an seinem Tisch, hielt den Kopf gebeugt und notierte auf einem Blatt Papier, was wie eine Zahlenreihe aussah. Es schien ihm unangenehm zu sein, daß seine Mutter hereinkam, und er versuchte, den Zettel zu verbergen.

»Wie geht es dir, Junge?« fragte die Mutter.

»Gut, Mama«, antwortete Eberhard, stand auf.

»Mußt du nicht in die Schule?«

»Ich bin schon dabei«, antwortete der Junge, nahm seine Schultasche auf.

»Sag mal«, wunderte sich die Mutter, »was sieht hier in deinem Zimmer anders aus?«

Eberhard stand wortlos da, sah seine Mutter an.
»Richtig«, sagte die Mutter, »wo ist denn dein Radio?«
»Das Radio habe ich verkauft«, murmelte der Junge.
»Fehlt nicht auch dein Plattenspieler?«
»Ja, den habe ich auch verkauft. Die Anlage war ja ganz veraltet.«
»Na, sie war erst ein Jahr alt. Geht das so schnell?«
»Ja, ziemlich schnell, Mama.«
»Na«, sagte Frau Richter, »dann hast du ja eine Menge Geld.«
»Noch nicht genug«, murmelte der Junge und fuhr zögernd fort: »Ich brauche Geld ...«
»Du willst nicht sagen, wofür?« erkundigte sich seine Mutter.
»Ich möchte es ungern sagen«, erwiderte der Junge, zögerte wieder ein wenig, gab sich dann einen Ruck.
»Ich sollte dir noch etwas sagen. Ich habe eine Arbeit angenommen.«
»Eine Arbeit angenommen?«
»Ja, ich fahre Zeitungen aus. Wenn ihr morgens um fünf was hört im Haus, das bin ich. Ich werde ganz leise sein, versuchen, euch nicht zu stören.«
»In Ordnung, Junge«, sagte Frau Richter, »die Arbeit wird hoffentlich gut bezahlt.«
»Einigermaßen«, sagte Eberhard.
»Und wofür du das Geld brauchst ...?« versuchte Frau Richter erneut zu fragen.
Aber der Junge sah sie fast flehend an. »Bitte, Mama.«
Er ging hinaus auf die Straße, bestieg sein Motorrad und fuhr in die Schule.

Den ganzen Tag über war Frau Richter beunruhigt, und als ihre Tochter Inge nach Hause kam, fragte sie: »Ich wollte mit dir über Eberhard sprechen.«
Inge sah sie überrascht an. »Weißt du es schon?«
»Nein«, erwiderte die Mutter ungeduldig, »ich weiß nichts, ich weiß nur, daß der Junge Geld braucht, und ich frage mich wofür.«
»Mama, ich –«
»Du sollst es mir nicht sagen, nehme ich an.«
»Ja«, sagte Inge, »so ist es.« Sie zögerte, sagte dann offen und ein wenig unglücklich: »Er hat etwas mit einer verheirateten Frau.«
Frau Richter zog scharf die Luft ein. »Kind«, sagte sie perplex, »das ist ein Volltreffer.«
Inge fuhr fort: »Er bezahlt ihr die Wohnung und daß sie leben kann – mit dem Kind.«
Frau Richter fragte entsetzt: »Seins?«
»Nein, nein, Mama, seins nicht. Das Kind ist schon vier Jahre alt.«

Am nächsten Morgen um fünf Uhr früh fand Eberhard seine Mutter in der Küche.
»Ich habe gedacht, ich mache dir Frühstück.«
»Es ist mir unangenehm, Mama. Ich wollte niemanden stören.«
»Ich fühle mich nicht gestört«, erklärte seine Mutter, »jdenfalls nicht dadurch, daß du morgens um fünf aus dem Haus mußt, um Zeitungen auszutragen.«
»Ich will dir nichts erklären, Mama«, sagte der Junge hastig, »bitte frag mich nicht.«
»Nein, nein«, erwiderte seine Mutter, »ich frage dich nicht, ich warte nur. Wohin fahren wir zuerst?«

»Wohin wir fahren? Willst du mitfahren, Zeitungen austragen?«
»Warum nicht? Versuch nicht, mich davon abzubringen. Denk daran, daß ich sowieso nicht mehr schlafen könnte . . .«
Der Junge sagte nichts, verschloß sich völlig und nahm es hin, daß seine Mutter sich nicht davon abbringen ließ, ihn zu begleiten. Seine Mutter schwang sich hinter ihm auf das Motorrad, nicht einmal der kalte Morgenwind schien sie aus der Fassung zu bringen. Sie fuhren zur Auslieferung, Eberhard bekam die Zeitungstasche, die sich Frau Richter wortlos umhängte.
Und so sausten sie los, straßauf, straßab. Der Junge ein wenig verbissen, düster, seine Mutter hingegen schien besser gelaunt, übernahm es schließlich selbst, die Zeitungen in die Briefkästen zu stecken.
»Keine Angst«, sagte sie, »ich will keinen Anteil an deinem Verdienst.«
»Du schaffst mich, Mama«, sagte er, holte Atem und fing an, ihr mitten auf der Straße seine Geschichte zu erzählen. »Ich bin da in etwas hineingeraten, Mama. Ich kam abends aus der Klavierstunde, war noch im Haus, ging die Treppe hinunter. Da hörte ich im Parterre einen Riesenkrach, Randalieren, Schreien, Toben. Eine Wohnungstür wurde aufgerissen, ein Mann, völlig betrunken, warf seine Frau aus der Wohnung, seine Frau und sein Kind. Die Frau sah schrecklich aus, weinte, war ganz außer sich. Die Frau tat mir leid, sie wagte sich nicht mehr in die Wohnung zurück und wußte nicht, wohin. Ich habe sie dann in ein Hotel gebracht –«

»In ein Hotel?«
»Mehr eine Pension, eine kleine Pension, ganz billig, ich hatte ja nicht viel Geld –«
»Sie hatte auch keins?«
»Keinen Pfennig, Mama. Ihr Mann hat sie von einer Sekunde zur anderen aus der Wohnung geworfen.«
»Du hast ihr also die Pension bezahlt. Wie lange ist das denn her?«
»Drei Wochen.«
Frau Richter staunte. »Sie wohnt seit drei Wochen in der Pension, die du bezahlst?«
Eifrig erklärte Eberhard: »Hör mir zu, Mama. Ich habe sie am nächsten Tag in der Pension besucht, wollte sehen, was aus der Sache geworden ist.«
Er holte Atem. »Ihr Mann hat sie nicht wiederaufgenommen, sie nicht, das Kind nicht.«
»Warum denn nicht? Inzwischen war der Mann doch wohl wieder nüchtern.«
»Er tat es nicht.«
»Du hast dann weiterbezahlt?«
»Wo sollte sie hin? Wovon sollte sie leben?«
Frau Richter sah ihren Sohn an, dann zog sie ihn an sich, küßte ihn. »Du bist ein fabelhafter Junge«, sagte sie, »und ich liebe dich. Und jetzt sagst du mir die Pension, in der dein Schützling wohnt.«
Am Nachmittag besuchte Frau Richter die so rauh behandelte Dame. In der Tat eine kleine Pension, aber das Zimmer, das Frau Richter betrat, war ganz hübsch, wohnlich eingerichtet. Ein Radio spielte. Sie erkannte das Radio ihres Sohnes, auch den Plattenspieler. Auf dem Tisch eine Tischdecke, die sie schon vermißt hatte. In einer Schale Obst.

Eine junge Frau kam aus dem Badezimmer, noch nicht richtig angezogen, sie trug einen Bademantel, den Frau Richter ebenfalls kannte, denn es war ihr eigener.
Die junge Frau war ein wenig verwundert, eine Dame in ihrem Zimmer zu sehen.
»Nanu?« sagte sie. »Wer sind Sie denn?«
Frau Richter seufzte ein wenig. Die junge Frau war etwas füllig, hatte provozierende Bewegungen, lange blonde Haare, die ihr etwas Löwenhaftes gaben, ein ganz gewöhnlicher Löwe, dachte Frau Richter, ein Stubenlöwe. »Tja«, sagte sie leise, wies auf den Radioapparat. »Und mir hat er gesagt, er habe ihn verkauft.« Sie lächelte. »Ich bin die Mutter.«
»Oh«, sagte die junge Frau, faßte sich rasch und lachte. »Hat er Ihnen erzählt . . .?«
»Alles hat er mir erzählt.«
Die löwenhafte Dame stand da mit offenem Bademantel, der ihre Formen nicht verdeckte, auch nicht verdecken sollte. »Ein großartiger Junge«, sagte sie, »Sie können stolz auf ihn sein. Ich wüßte nicht, was ich ohne ihn angefangen hätte.«
»Ja, er hat ein weiches Herz. Er kann nicht sehen, wenn jemand in Not ist.«
»Ich sag ja – ein toller Junge.«
Frau Richter sah die junge Frau wohlwollend an. »Glauben Sie, daß sich Ihre Probleme in absehbarer Zeit lösen lassen?«
»Ich weiß es nicht . . .«, bedauerte die junge Frau.
»Soll ich mal mit Ihrem Mann sprechen?«
»Um Himmels willen, tun Sie das nicht. Mein Mann ist ganz unberechenbar, jähzornig und die meiste

Zeit betrunken. Aber vielen Dank für Ihr Angebot, und ich sage es noch einmal: ein wirklich guter Junge, Ihr Sohn.«
In diesem Augenblick ging die Tür auf. Ein Mann kam herein, kräftig, vierschrötig, ganz ohne Zweifel der dazugehörige Löwe, auch er ein ganz gewöhnlicher Löwe. »Schätzchen«, rief er, »ich lasse gerade zwei Gläser heraufkommen.« Er sah Frau Richter. »Oh, du hast Besuch?«
»Ja, wie du siehst«, fauchte ihn die junge Frau an.
Frau Richter lächelte. »Oh, Ihr Mann, nehme ich an, in einer friedlichen Phase.«
Sie hob die Hände. »Da will ich nicht länger stören. Ihr Mann ist sicher gekommen, Sie abzuholen.«

Eberhard fand seine Mutter in der Küche, wo sie gerade einen Schnaps trank.
»Du trinkst, Mama?« wunderte er sich.
»Ja, manchmal habe ich's ganz gern, wenn's in der Kehle brennt.«
»Warum trinkst du in der Küche?«
»Damit's dein Vater nicht sieht.«
Sie hob das Glas. »Auf dein Wohl, Junge. Übrigens: Sie hat sich wieder mit Ihrem Mann vertragen.«
»Hat sie?« freute sich der Junge.
»Ja. Sie bedankt sich noch einmal für deine Hilfe.«
»Aber, Mama, das habe ich doch gern getan.«
»Ich weiß.« Frau Richter lächelte, küßte ihren Sohn noch einmal und dachte: Nicht einzusehen, warum ich ihm die Wahrheit sagen soll. Er soll's ja nicht verlernen, das, was in der Welt so selten ist: den Wunsch, anderen zu helfen.

Die Zauberflöte

In einem Krankenhaus bewegten sich viele Kinder, alle in einer Richtung. Sie wurden in Rollstühlen gefahren, sie wurden geschoben, auf Betten liegend, sie wurden getragen oder an der Hand geführt. Alles Kinder zwischen vier und vierzehn Jahren, alle krank, aber nicht so krank, daß sie ihre Zimmer nicht verlassen konnten.

Ein Arzt hielt eine Schwester an.

»Was ist denn hier los? Wohin werden alle diese Kinder gebracht?«

Die Schwester lachte.

»Wir haben eine Vorstellung für unsere kleinen Patienten. Ein Clown vom Zirkus hat sich angemeldet.«

»Soso«, sagte der Arzt verdutzt, »eine Vorstellung, aber – wo findet sie statt?«

»Im Kapellenraum«, sagte die Schwester, »da haben wir gerade alle Platz.«

Nachdenklich sah der Arzt die Kinder an, die alle aufgeregt waren, sich freuten.

Mehrere Schwestern betreuten die Kleinen, schoben die Rollstühle, die Krankenbetten in den Kapellenraum hinein. Dort hatte man Platz geschaffen für die Rollstühle, für die Krankenbetten. Die anderen Kinder nahmen auf den Stühlen Platz und harrten der Dinge, einige laut und lebhaft, andere stumm und regungslos.

An der kahlen Wand vorn hing ein sehr freundlicher

Jesus, der die Kreuzesschmerzen längst überwunden hatte und fast liebevoll herabsah.
Der Arzt fragte die Oberschwester: »Wer ist denn auf diese Idee gekommen?«
Die Oberschwester lachte. »Wir haben gestern ein Kind behandelt vom Zirkus. Und die haben das Angebot gemacht.«
»Daß sie einen Clown schicken?«
»Ja, einen Clown. Er kommt nur für eine halbe Stunde. Die Kinder jedenfalls sind ganz begeistert.«
Die Oberschwester ging hinein in den Kapellenraum, der sich inzwischen ganz mit Kindern gefüllt hatte, und wandte sich an die junge Schwester Elena.
»Gehen Sie mal hinunter zum Portier und nehmen Sie unseren Mann in Empfang.«
Die junge Schwester ging hinunter in die Eingangshalle, sah einen Mann, der unruhig auf und ab ging.
»Sind Sie der Mann vom Zirkus?«
Der Mann war ein wenig verdutzt.
»Vom Zirkus? Nein, nein, ich bin nicht vom Zirkus.«
»Entschuldigen Sie bitte«, sagte Elena, wandte sich an den Portier, der aus seinem Gehäuse herausgekommen war. »Hat sich bei Ihnen schon der Mann vom Zirkus gemeldet?«
Der Portier nickte. »Ja, er hat hier einen kleinen Koffer abgestellt, da steht er, aber der Mann fühlt sich nicht besonders, er hat nach einem Arzt verlangt.«
Die junge Schwester war ganz betroffen. »Nach einem Arzt verlangt?«
»Ja, er sagte, er habe Schmerzen, Herzschmerzen, ich habe ihn in die Ambulanz geschickt.«

»Um Gottes willen«, sagte die junge Schwester, »hoffentlich kann er auftreten, die Kinder sind alle schon versammelt, es wäre eine schreckliche Enttäuschung für sie.«
Elena ging hinüber in die Ambulanz.
Der Mann, den die junge Schwester zuerst angesprochen hatte, wandte sich an den Portier. »Entschuldigen Sie bitte, ich habe da zugehört. Hier soll jemand auftreten?«
»Ja, ein Clown vom Zirkus will hier eine Vorstellung geben, vor unseren kranken Kindern. Keine große Sache, nur daß sie ein bißchen Spaß haben.«
Der Herr war etwa sechzig Jahre alt, wirkte seriös und hatte dem Portier aufmerksam zugehört.

Schwester Elena befand sich in der Ambulanz, sah den Mann vom Zirkus, der gerade untersucht wurde, ein älterer Herr mit dunklen, angenehmen Augen, die er auf den Arzt gerichtet hielt.
Der Arzt sagte: »Es ist eine Herzrhythmusstörung, die wir beobachten müssen. Herr Seewald wird hierbleiben.«
»Oh«, sagte die Schwester. »Auftreten kann er also nicht?«
Der Arzt schüttelte den Kopf. »Schwester«, sagte er fast ärgerlich.
»Entschuldigen Sie, die Kinder sind alle schon versammelt und freuen sich so sehr.«
Der Patient sah bekümmert aus. »Tut mir leid, Schwester. Ich hatte alles schon bei mir, Schminke, Kostüm. Ich trete gern vor Kindern auf. Sie sind ein sehr dankbares Publikum.«

Die Schwester ging zurück zum Portier.
»Leider«, sagte sie bekümmert, »es wird nichts aus der Vorstellung. Passen Sie auf den Koffer auf. Oder, warten Sie, ich nehme ihn an mich.«
Sie nahm den Koffer auf, sagte: »Er hatte alles bei sich, Schminke, Kostüm.«
Der Herr stand immer noch in der Nähe, hatte zugehört, kam jetzt langsam näher.
Er sprach die Schwester an. »Verzeihen Sie, ich habe mitgehört – ein Clown wollte auftreten vor Kindern? Wie alt sind denn die Kinder?«
»Zwischen vier und vierzehn.«
»Und die sind alle schon versammelt?«
»Ja, in der Kapelle.«
Der Mann hob den Kopf. »In der Kapelle?«
Die Schwester lächelte. »Der Pfarrer wird nichts dagegen haben.«
»Das denke ich auch«, murmelte der Mann, der jetzt lebhafter wurde, »ich könnte Ihnen einen Vorschlag machen, Schwester.« Nun wurde er ein wenig unsicher. »Ich verstehe mich ein wenig auf dergleichen. Ich mache jedes Jahr den – den Weihnachtsmann im Verein, im Sportverein.« Hastig fügte er hinzu: »Ich weiß, ich kann mich nicht vergleichen mit einem Berufsclown, aber ich habe meine Rolle ausgearbeitet und immer großen Erfolg gehabt. Sagen wir so: Ich habe immer alle zum Lachen gebracht, worauf es doch ankommt. Alle waren ganz angetan und sagten, daß mein Auftritt jedesmal ein Höhepunkt gewesen sei.«
Die junge Schwester hörte aufmerksam zu.
»Jaja«, sagte sie zögernd, »aber ein – ein Zirkus-

clown ist nun wirklich etwas anderes als ein gelegentlicher Weihnachtsmann.«

»Richtig«, sagte der Herr, »aber –«, er holte Atem, »– ich werde doch noch ein Kind zum Lachen bringen können.«

Er zeigte auf den Koffer. »Was für Utensilien sind denn da drin? Darf ich mal sehen?«

Die Schwester war in Verlegenheit. »Ich weiß nicht recht, ob ich das erlauben kann.«

Eifrig erwiderte der Herr: »Wir können ihn ja fragen, den berufsmäßigen Clown.«

Sie gingen hinüber in die Ambulanz. Dort lag Herr Seewald lang ausgestreckt, sah die Schwester an, dann den Herrn, der sich als ein Herr Feldmann vorgestellt hatte.

Er hörte sich an, was die Schwester, was Herr Feldmann zu sagen hatten.

»Sie können nein sagen«, sagte Herr Feldmann, »aber die Kinder werden es nicht merken, daß die Darbietung ein wenig schlechter sein wird.«

Der Clown sah den Herrn aufmerksam an, gab dann ganz überraschend seine Einwilligung.

»Nichts dagegen«, meinte er, ließ keinen Blick von Herrn Feldmann, »versuchen Sie es halt. Der Kinder wegen.«

Herr Seewald gab die Erlaubnis, seinen Koffer zu öffnen.

Herr Feldmann holte das Clownskostüm hervor. Es bestand aus einem Ringelhemd, aus einer ganz weiten Hose, die an Hosenträgern gehalten wurde. Dann waren da noch Riesenschuhe, eine Perücke und Schminktöpfe.

Herr Feldmann zog das Clownskostüm über, ganz bei der Sache. Er stieg in die Schuhe und probierte zu gehen. Er watschelte wie eine Ente, bekam Spaß an dieser Art zu gehen und wuchs richtig hinein in die Clownsrolle, atmete tief auf, sah den Clown an.
»Geht's einigermaßen?« fragte er.
Herr Seewald nickte. »Das Kostüm wirkt nicht unnatürlich an Ihnen, was ja eine Vorbedingung ist, obwohl man dies kaum glauben sollte. Ein Clownskostüm darf nicht lächerlich wirken. Es verdeckt ja nicht, es enthüllt.«
Auch die Schwester fand Herrn Feldmann ganz passabel und sah zu, wie sich Herr Feldmann unter der Anleitung des Clowns schminkte.
Herr Seewald war ganz zufrieden, betrachtete seinen Kollegen aufmerksam und sagte: »Die Wirkung eines solchen Kostüms liegt darin, daß eigentlich wir alle es tragen sollten.« Er fügte hinzu, leise und ein wenig dunkel: »Eine andere Würde haben wir nicht.«
Dann nickte er der Schwester zu. »Bringen Sie ihn in die Arena.«

In der Kapelle wartete man inzwischen, die Kinder lärmten, verloren schon ein wenig die Geduld. Die Oberschwester ging auf den Flur hinaus.
Zu ihrer Erleichterung sah sie den Clown angewatschelt kommen, mit roter Knollennase, riesigem, rotem Schlips, eine Flöte schaute aus einer Hosentasche heraus.
»Na, endlich«, sagte die Oberschwester.
Der Clown hob die Hände. »Es geht sofort los«,

sagte er, »gehen Sie nur hinein und schließen Sie die Tür.«
Die Schwestern taten es, gingen hinein zu den Kindern, die ganz aufmerksam geworden waren. Der Lärm ließ nach, alle harrten der Dinge, die da kommen würden.
Ganz plötzlich ging die Tür auf, der Clown flog herein, stolperte, stürzte, fiel lang hin, lag auf dem Boden. Das Gelächter der Kinder war wie eine Explosion.
Der Clown lag auf dem Boden, schien seine Brille verloren zu haben, suchte mit den Händen auf dem Boden herum.
»Da habe ich doch – meine Brille verloren – wo ist sie denn? Ohne meine Brille kann ich nicht sehen und weiß nicht, wo ich bin.«
Er richtete sich auf, sah sich blind um, schwankend wie ein Tanzbär.
»Oder sagt mir jemand, wo ich bin?«
Ein Kind rief: »Du bist doch hier.«
Der Clown sah sich um. »Hier? Wo ist denn hier? Ist hier überall da, wo man ist, und ist da, wo man nicht ist, nicht hier? Darüber muß ich mal nachdenken.«
Er sah sich um: »Wer hat denn hier gerufen?«
Das Kind hob die Hand. »Ich habe gerufen.«
Der Clown ging wie kurzsichtig auf das Kind zu, blieb stehen. »Rufst du noch mal?«
»Was soll ich denn rufen?« fragte das Kind.
Viele Kinder riefen jetzt, sagten gleichsam vor: »Hier –«
Der Clown drehte sich im Kreise. »Habe ich auch was an den Ohren? Jetzt höre ich überall hier. Aber

überall kann doch nicht hier sein. Wer hat zuerst gerufen?«
Das Kind meldete sich wieder: »Ich –«
Der Clown ging näher auf das Kind zu, zwinkerte mit den Augen. »Ja, jetzt sehe ich jemanden.«
Er ging auf das Kind zu, das in einem Rollstuhl saß. Er beugte sich hinunter, streckte die Hände vor, berührte das Kind, zog es ganz langsam an sich.
Der Clown sagte: »Ein Kind. Ja, jetzt sehe ich dich. Krank? Aber nicht ernstlich, nicht wahr.«
Er beantwortete sich die Frage gleichsam selbst. »Nein, nein, das sehe ich, das spüre ich. Das habe ich an der Stimme gehört, die Stimme war nicht krank, die sagte –«, er hob die Stimme, atmete tief durch, »– ich lebe. Hier bin ich, weil ich lebe. Ich bin nur ein bißchen krank, ein bißchen ist erlaubt. Der liebe Gott erlaubt Kindern, ein bißchen krank zu sein.«
Die junge Schwester beugte sich hinüber zur Oberschwester, flüsterte: »Das ist nicht der Mann, den wir erwartet haben, das ist ein Besucher.«
Die Oberschwester war ganz verdutzt, mochte aber die Vorstellung nicht stören.
Der Clown hatte das Kind wieder losgelassen, stand nun inmitten der Kinder.
»Und jetzt sehe ich lauter Kinder, die ich doch begrüßen muß.« Er wollte seinen Hut ziehen, fand aber keinen.
»Wo habe ich denn meinen Hut? Bin ich vielleicht ohne Hut gekommen?«
Die Kinder riefen: »Ja, du bist ohne Hut gekommen.«

»Ich bin wohl sehr vergeßlich heute. Was fehlt mir denn noch alles? Habe ich meinen Kragen?«
»Ja, du hast deinen Kragen«, riefen die Kinder durcheinander.
»Habe ich meinen Schlips?«
»Ja, du hast deinen Schlips.«
»Habe ich auch ein Taschentuch?« Er griff in eine seiner weiten Hosentaschen und holte die Flöte hervor. »Was ist denn das?« fragte er verwundert.
»Das ist eine Flöte«, riefen die Kinder.
»Ich kann mir doch nicht mit einer Flöte die Nase putzen.«
Alle Kinder lachten, bewegten sich, waren aufgeregt, klatschten in die Hände.
»Was macht man denn mit einer Flöte?« fragte der Clown.
»Man muß hineinblasen«, riefen die Kinder.
»Was kommt denn heraus, wenn man da hineinbläst?«
Die Kinder lachten. »Es kommen Töne heraus.«
»Dann will ich es mal versuchen.«
Der Clown setzte die Flöte an, blies hinein und brachte einen Ton heraus.
Ganz erschrocken setzte er die Flöte ab. »Was war denn das?«
»Das war ein Ton«, riefen die Kinder.
Der Clown war ganz verdutzt. »Jaja«, sagte er, »ein Ton, aber wo ist er denn geblieben?«
Er ging suchend herum. »Der muß doch irgendwo geblieben sein.« Er sah sich suchend um. »Weiß einer von euch, wo der Ton geblieben ist?«
Er zog eine strenge Miene. »Hat mir einer von euch

den Ton weggenommen? Ich möchte sofort meinen Ton wiederhaben.«
Die Kinder riefen aufgeregt durcheinander. »Den kann man doch nicht wiederkriegen.«
»Kann man nicht?« sagte der Clown, lachte dann listig. »Ich weiß schon, wie ich ihn kriege. Ich schicke einen zweiten Ton hinterher, daß er den ersten zurückbringt.«
Er blies wieder in seine Flöte, setzte ab, lauschte, wartete. Dann sagte er entrüstet: »Ist das möglich? jetzt kommen beide nicht zurück.« Ärgerlich fuhr er fort: »Na, wartet.«
Er blies nun kräftig in die Flöte hinein, produzierte eine ganze Folge von Tönen und wartete, lauschte.
Ein Kind lachte. »Die kommen doch nicht zurück. Die können doch gar nicht zurückkommen.«
Der Clown sagte leise, betrübt: »Können sie nicht? Ich stelle mir das so vor, sie verkriechen sich nicht, sie verstecken sich nicht, sie steigen auf –«
Er richtete den Blick gegen die Decke.
»Sie gehen nach oben. Vielleicht haben sie die Fähigkeit, durch die Decke zu gehen, daß sie bis zu den Wolken hinaufsteigen und vielleicht noch höher. Alle Töne wollen nach oben, und vielleicht kann man ihnen etwas mitgeben – Wünsche, die man hat.«
Er holte Atem. »Also, jetzt schicke ich meine Wünsche nach oben. Ich habe einen ganz großen Wunsch, da reicht ein Ton nicht, da müssen mehrere zupacken –«
Er blies nun kräftig in die Flöte hinein, brachte eine ganze Folge von Tönen hervor, hob den Kopf, blickte nach oben, stand eine ganze Weile.

Dann sah er die Kinder an. »So, und jetzt kommt ihr dran. Jeder schickt einen Ton nach oben mit einem Wunsch, den er hat.«
Er ging auf ein Kind zu: »Hast du einen Wunsch?«
Das Kind sah ihn ernst an.
»Natürlich hast du einen Wunsch«, sagte der Clown, »du willst gesund werden. Das ist ein Wunsch, den man sehr gut hinaufschicken kann.«
Er reichte dem Kind die Flöte. »Probier's –«
Das Kind nahm die Flöte in die Hand, setzte die Flöte an und brachte einen Ton heraus und sah dann nach oben. Der Clown hatte auch den Blick erhoben. »Ich sehe, wie er nach oben geht, dein Wunsch. Er geht immer höher, jetzt ist er in der Decke verschwunden und geht durch das Dach.«
Die anderen Kinder riefen: »Darf ich auch mal?«
»Ja«, sagte der Clown, »ihr bekommt sie alle. Es ist eine Zauberflöte.«

Als die Vorstellung beendet war, brachten die Schwestern den Clown in den Waschraum, damit er die Schminke entfernen konnte.
Er wusch sich und sagte zu den Schwestern: »Wissen Sie, meine Enkelin ist mit dem Rettungswagen hier eingeliefert worden. Sie wird gerade operiert.«
Unten beim Pförtner sah Feldmann, nun in seinem gewöhnlichen Aufzug, den Arzt auf sich zukommen. »Herr Feldmann«, rief der Arzt, »machen Sie sich keine Sorgen. Alles ist gutgegangen, Ihre Enkelin ist außer Gefahr. Wo waren Sie denn?«
Und Feldmann erwiderte: »Ich war in der Kapelle und habe gebetet.«

Mit Goethe ans Meer

Der Sommer hatte seine schönste Phase. Er benahm sich, wie sich ein Sommer zu benehmen hat, er war warm, der Wind war weich und wohltuend, er ließ den Blick ungehindert gehen bis an den Rand des Weltraums, der nichts Kaltes und Fremdes hatte.
Alle Leute waren gutgelaunt. Und wer konnte, fuhr in Urlaub, fuhr ins Gebirge, fuhr ans Meer.
Auch Lena wollte ans Meer. Sie hatte sich ihre Jeans angezogen, eine Art Seesack gepackt und sich an die Straße gestellt.
Ein junges Mädchen, eingepackt in rauhen Stoff, der dennoch die Süße der Jugend verriet.
Sie versuchte Autos anzuhalten, aber die waren alle vollgepackt mit Kindern und Hunden.
Lena stand seit einer Stunde an der Straße, voller Ungeduld, denn man roch das Meer schon.
Ein Trecker kam des Weges, wollte in einen Feldweg einbiegen. Ein junger Mann stieg ab, der Fahrer hatte ihn mitgenommen.
Der junge Mann nahm seinen Rucksack und gesellte sich zu Lena.
»Hallo«, sagte er.
»Hallo«, erwiderte Lena lakonisch.
»Hält keiner?«
»Wie zu sehen«, antwortete sie nüchtern.
Der junge Mann setzte seinen Rucksack ab und fragte: »Wo willst du denn hin?«
»Ans Meer.«

»Ich auch«, sagte der junge Mann, »vielleicht nimmt jemand uns beide mit.«
»Das glaube ich nicht«, sagte Lena und setzte hinzu: »Ich möchte hier gerne allein stehen.«
»Ich verstehe«, der junge Mann nickte freundlich, »wenn ein Junge dabei ist, fahren sie vorbei.« Er öffnete seinen Rucksack. »Magst du was essen?«
»Mann«, antwortete sie, »ich will vorwärts kommen, nicht essen.«
»Was trinken?« fragte er und öffnete eine Thermosflasche. »Es ist Tee.«
»Kein Durst«, sagte sie knapp und hob ihre Hand, um sich den Vorüberfahrenden bemerkbar zu machen. Dann wandte sie sich ihm zu. »Du störst, Menschenskind.«
»Ich geh ein bißchen vor«, sagte der Junge verträglich.
»Nicht daß jemand denkt, wir gehören zusammen.«
»Schon gut«, sagte der Junge und nahm seinen Rucksack, »ist auch kein guter Platz hier.«
Er nickte ihr zu, marschierte los, langsam, wie jemand, der Zeit hat. Er ging eine Weile, setzte den Rucksack ab, holte ein Buch heraus und begann zu lesen. Er überließ es offensichtlich den Autofahrern, zu erraten, daß er mitgenommen werden wollte.
Lena verließ ihren Platz und gesellte sich zu ihm.
»Du hast recht«, sagte sie, »der Platz hier ist besser.«
»Soll ich verschwinden?« fragte er.
»Ich kann doch nicht sagen, du sollst verschwinden«, erwiderte sie ärgerlich. »Was liest du denn da?«
Er legte das Buch beiseite. »Ich habe eine irre Lust auf Wasser. Auf Seewasser.«

»Ich auch«, sagte Lena, »und auf Laufen, am Strand entlanglaufen. Weißt du, wo du wohnst?«
»Ich habe ein Zelt bei mir.«
Sie sah ihn an, lachte ein wenig. »Ein Zelt? Das wär' das letzte.« Sie sah auf das Buch. »Goethe?«
»Ja, ich wollte mal wissen, was mit dem Typ los ist. Irre Gedichte. Irgendwie macht es Spaß, den zu lesen.«
Lena streckte ihre Hand einem Autofahrer entgegen, der aber vorbeifuhr.
»Jetzt stör ich wieder, was?«
»Ja«, sagte sie knapp.
Er nahm seinen Rucksack auf. »Na, dann geh ich mal wieder. Damit du deine Chance hast.«
»Danke«, sagte sie.
»Vielleicht sehen wir uns mal am Strand. Wenn du da langläufst.«
»Vielleicht«, sagte sie knapp.
Er lachte, beugte sich vor und küßte sie auf die Backe. »Damit du mich wiedererkennst.« Sie verzog keine Miene, sah ihm nach, wie er sich entfernte.
In diesem Augenblick hielt ein Auto neben ihr, ein großer Wagen. Ein älterer Herr beugte sich heraus. »Wohin?«
Lena machte eine Handbewegung gegen Norden.
Der ältere Herr sah den jungen Mann, der stehengeblieben war, sich umgedreht hatte. Er sagte: »Ich kann aber nur einen mitnehmen.«
»Schon gut«, sagte sie, »ich kenne den nicht.«
»Okay«, sagte der ältere Herr, »ich will auch ein paar Tage ans Meer, ausspannen und, na ja, ein bißchen Spaß haben.«

Lena lief am Strand entlang. Ihre Haare flogen im Wind.
Sie blieb stehen, denn der junge Mann stieg aus dem Wasser.
»He«, sagte der junge Mann, »gibst du mir mal das Handtuch?«
Sie gab ihm das Handtuch und sah ihn neugierig an.
»Wo ist denn dein Zelt?«
»Da oben irgendwo.«
Sie ging mit ihm hinauf in die Dünen, sah das kleine Dreieckszelt, sah sich um: »Ein irrer Platz. Hier siehst du ja keinen Menschen.«
Er sagte: »Kann ich dir was anbieten?«
»Deinen Tee?«
»Nee, der ist alle. 'ne Coca. Ich hab sie im Kühlschrank.« Er grub eine Flasche aus dem Sand. »Meine Vorratskammer. Wenn ich schwimmen gehe, buddle ich alles ein. Wo bist du denn untergekommen?«
»Im Friesenhof.«
»Hotel?« fragte er.
»Ja, der Typ bezahlt alles. Ist ganz nett. Ein Kaufmann aus Hamburg. Handelt mit Sachen fürs Badezimmer. Handtuchhalter, Seifenschalen. Ganz interessant, sagt er.«
»Dann hast du ja Glück gehabt.«
»Ja, habe ich, ein ganz lustiger Typ. Irgendwie ist er scharf darauf, seinen Spaß zu haben.«
»Den will jeder haben«, sagte der Junge, »jeder auf seine Weise.« Er reichte ihr die Cola.
Sie sah das Buch im Sand. »Du liest wieder? Den Goethe?«

»Ja, der Mann ist großartig. Irgendwie wird man ganz ruhig dabei.« Er lächelte. »Die Art hat der.«
»Liest du die ganze Zeit?«
»Nein, manchmal liege ich nur da und seh in den Himmel.«
Er fragte: »Läufst du immer um diese Zeit? Der Typ läuft nicht mit?«
»Er sagte, er möchte gern, aber es ist ihm zu anstrengend. Komm doch mal rüber, ich stell ihn dir vor.«
»Mach ich, bei Gelegenheit«, versprach er.
Sie beugte sich plötzlich vor, küßte ihn auf die Backe. »Jetzt kriegst du den zurück, den von neulich.«

Der junge Mann ging durch den Friesenhof, sah Lena draußen im Garten sitzen. Neben ihr der ältere Herr. Sie saßen bei Kaffee und Kuchen.
Lena stand gleich auf.
»Da bist du ja.«
»Hallo«, sagte der junge Mann.
Der ältere Herr stand auf und fragte: »Der Junge im Zelt?«
»Sie sagte, ich könnte ruhig mal vorbeikommen.«
»In Ordnung«, sagte der ältere Herr, »setzen Sie sich. Kaffee?«
Der junge Mann setzte sich.
»Sie schlafen in den Dünen, habe ich gehört. Muß doch kalt sein in der Nacht.«
»Nicht so schlimm«, sagte der junge Mann und lächelte, »auch vom Zittern wird man warm. Manchmal schlafe ich gar nicht im Zelt, sondern draußen.«
Lena sah ihn an. »Die Sterne, ja?«

»Ja. Nicht eine Wolke am Himmel. Es ist phantastisch.«
Der ältere Herr fragte: »Was für Sterne haben wir denn gerade?«
Lena sagte: »Kleiner Bär, großer Bär, Capella ...«
»Das weißt du?« fragte der ältere Herr überrascht.
»Ist doch das Irrste, was es gibt, der Sternenhimmel.«
»Und ich habe keine Ahnung«, sagte der ältere Herr, sah von einem zum anderen. »Sternenkinder, wie?«

Der ältere Herr und Lena stapften durch die Dünen. Der junge Mann legte das Buch beiseite.
»Jetzt kommen wir mal zu Besuch«, sagte der ältere Herr und sah sich um. »Das ist ja toll. Gehört Ihnen dic Dünenlandschaft hier?«
Der junge Mann lachte. »Ich bin der Besitzer.«
»Das Meer rauscht«, sagte der ältere Herr, »macht Sie das nicht nervös?«
»Im Gegenteil.« Der junge Mann suchte nach Worten. »Es hört sich so ewig an.«
Der ältere Herr überlegte. »So ewig ...?« Er machte eine Pause, sagte dann: »Sie haben ganz recht. Das Meer wird noch rauschen, wenn es uns längst nicht mehr gibt.«
Der junge Mann sah Lena an. »Ich habe dich gar nicht mehr laufen sehen ...«
»Es fehlt mir auch«, sagte sie. »Läufst du mit?«
»Ich habe gerade Gäste gekriegt«, sagte der Junge und lachte.
»Er hat nichts dagegen.«
»Nein, habe ich nicht«, sagte der ältere Herr, »lauft

nur los.« Er lachte auch. »Ich kann's nicht. Nach hundert Metern kriege ich keine Luft mehr und würde ungern das bieten, was man einen erbärmlichen Anblick nennt.«
»Keine Kondition?« fragte der junge Mann.
»Überhaupt keine. Also, lauft los.«
Der junge Mann und Lena gingen zum Strand hinunter. Sie standen eine ganze Weile dort, nahe beieinander. Sie hatten sich an der Hand genommen, wirkten sehr klein vor dem riesigen Hintergrund.
Der ältere Herr sah ihnen zu. Sie liefen jetzt los, am Rande des Wassers, auch durch das flache Wasser, daß sie wie eingehüllt waren von Wasserschleiern. So als biete das Meer selbst sie dar.
Jedenfalls war das mein Eindruck. Denn der ältere Herr bin ich selbst, der dies jetzt erzählt.

Lena ging mit mir zurück ins Hotel. Sie war lebhaft, dankbar, zärtlich.
Ich sagte: »Das Rauschen hat er gerne. Es hört sich so ewig an. Bei mir hört sich lange nichts mehr ewig an.«
Lena kam aus dem Badezimmer und sagte: »Und jetzt sieht er schon Sterne. Oder haben wir Wolken?«
Ich ging an das Fenster. »Nein, es ist ganz klar draußen.«
Lena hatte sich ins Bett gelegt.
Ich sagte: »Und was sehen wir, wenn wir an die Decke sehen?«
»Wasserflecke«, sagte sie trocken.

»Und weißt du«, sagte ich, »was ich die ganze Zeit denke: Du hast Sterne verdient.«
Sie sah mich ruhig an, ganz ohne Lächeln plötzlich.
Ich sagte, ich gebe es zu, mit Überwindung: »Ich würde dich hinbringen.«
Immer noch sagte sie nichts. Es war ein Moment, für den sich keine Worte finden ließen.

Der junge Mann hatte eine kleine Lampe aufgestellt, las in einem Buch, sah auf, als wir kamen.
Er stand auf, sah Lena an, die ihren Seesack in den Sand stellte, dann sah er mich an.
»Na ja«, sagte ich, »meine Sterne habe ich gehabt.«
Die beiden sagten nichts, und ich machte mich auf den Rückweg, ging am Strand entlang und war, sonderbarerweise, zutiefst zufrieden.

Reizende Nachbarn

Es war Abend. Robert Bauer saß in seiner kleinen Wohnung vor der Schreibmaschine und versuchte einen Artikel zu schreiben, den er am nächsten Morgen in der Redaktion abzuliefern hatte. Er kam nicht recht vorwärts, ging auf und ab und befand sich im Kampf mit seinen Gedanken.

Plötzlich klingelte es an der Tür.

Robert öffnete und sah seine Nachbarin, ein junges Mädchen, das er ab und zu gesehen und gegrüßt hatte.

»Guten Abend, Fräulein Bachmann«, sagte er etwas verwundert.

»Entschuldigen Sie die Störung«, sagte das junge Mädchen, »ich habe nur eine Frage: Arbeiten Sie gerade?«

»Ich versuch's«, sagte der junge Mann, »aber ohne großen Erfolg. Kann ich irgendwas für Sie tun?«

»Stellen Sie sich vor«, sagte Fräulein Bachmann, »mein Fernseher ist kaputt.«

»Oh«, lachte Robert Bauer, »wenn Sie da von mir Hilfe erwarten – von Fernsehapparaten verstehe ich gar nichts. Aber kommen Sie doch einen Moment rein.«

Fräulein Bachmann, ziemlich bekümmert, wie es schien, kam herein, sah seine Schreibmaschine, das eingespannte Papier. »Sie arbeiten ja doch.«

»Ja, aber ich komme nicht vorwärts. Das fliegt alles in den Papierkorb.«

»Ah so.« Fräulein Bachmann sah sich im Zimmer um. Ihr Blick blieb am Fernseher hängen.

»Wissen Sie«, sagte sie, »es gibt da heute eine Fernsehdiskussion, die ich wahnsinnig gern gesehen hätte.« Sie sah ihn hoffnungsvoll an. »Ob ich das wohl bei Ihnen sehen könnte?«

Robert sagte verdutzt: »Bei mir sehen?«

Sie beteuerte sofort: »Es war nur eine Frage. Ich wußte nicht, daß Sie arbeiten, das geht ja dann nicht.«

»Sagen wir so –«, er lächelte, »– es paßt nicht recht zusammen: Nachdenken, und da läuft ein Fernseher. Um was geht es denn da?«

»Es geht um alleinstehende Frauen, um die Probleme, die sie haben, in der modernen Welt, in der Gesellschaft von heute.«

»Das interessiert Sie?« wunderte er sich.

Sie antwortete schlicht: »Ich bin eine alleinstehende Frau. Aber wie gesagt, ich will nicht stören.« Sie hob plötzlich den Blick. »Oder haben Sie vielleicht einen Kopfhörer?«

»Sie meinen, so einen Knopf, den man ins Ohr steckt? Ich glaube, den habe ich irgendwo. Ich müßte ihn suchen.«

Das junge Mädchen lächelte ihn an, sagte lebhaft: »Den Apparat könnte man – herumdrehen. Sie sähen das Bild nicht, und hören würden Sie auch nichts.«

»Ja«, sagte Robert ein wenig zögernd.

»Den Sessel könnte man herumdrehen, vielleicht dorthin, Sie würden nicht gestört werden.«

»Aha, ja, das ginge«, sagte Robert, »aber den Hörknopf – ich weiß tatsächlich nicht, wo ich ihn habe.«

Das Mädchen lachte ihn an. »Große Ordnung haben Sie auch nicht, was?«
»Nein, das ist richtig, ich liebe Unordnung, fast möchte ich sagen, ich lebe auf in Unordnung, Unordnung ist Leben, Ordnung ist – das Gegenteil davon.«
»Das Gegenteil ist der Tod«, sagte das junge Mädchen sanft und setzte hinzu: »Ich habe einen Hörknopf drüben und weiß sogar, wo er ist.« Sie sah ihn hoffnungsvoll an. »Darf ich ihn holen?«
Robert mochte es ihr nicht abschlagen, und das junge Mädchen verließ eilig und, wie es schien, beschwingt seine Wohnung.
Robert stand nachdenklich vor seiner Schreibmaschine, fühlte sich irritiert, und der kurze Versuch, erneut Ordnung in seine Gedanken zu bringen, mißlang kläglich.
Fräulein Bachmann kam wieder herüber, trug nun einen sehr hübschen weißen und flauschigen Bademantel, unter dem sie – möglicherweise – nicht sehr viel trug.
»Entschuldigen Sie«, sagte sie heiter, »ich habe es mir bequem gemacht. Ich mache es mir immer bequem vor dem Fernseher.«
»In Ordnung, Fräulein Bachmann«, murmelte Robert.
Sie schoben nun den Fernseher herum, so daß er Robert die nackte Rückseite zeigte, der Sessel wurde so davor plaziert, daß man selbst von Fräulein Bachmann nicht sehr viel sah, nur ab und zu das Gesicht.
»Ich darf doch die Füße hochziehen?« fragte sie, streifte schon mit einer anmutig zu nennenden Be-

wegung die leichten Hausschuhe ab. »Ohne Schuhe natürlich.«
Sie steckte sich dann den Hörknopf ins Ohr, und offensichtlich begann die Diskussion, denn Fräulein Bachmann sah ernst und interessiert auf den Bildschirm, dessen flackernder Widerschein sich zuweilen auf ihrem Gesicht spiegelte.
Robert versuchte erneut, aus dem Teich seiner Gedanken die paar richtigen herauszufischen, aber er fühlte sich abgelenkt, blickte ab und zu zur Seite, auf die häßliche Rückwand des Apparates, darüber und daneben erschien knapp die Hälfte des jungen Mädchens.
Er sah sie ab und zu nicken, ihr Mienenspiel wechselte von grimmig in heiter.
Robert versank schließlich in eine Art von Betäubung, gegen die zu kämpfen er bald aufgab.
Nach einer Stunde zog Fräulein Bachmann den Hörknopf aus dem Ohr, stand auf, sagte: »Schluß, Ende. Darf ich mich mal recken – ich bin ganz steif geworden.«
Sie reckte sich, in der anmutigsten Weise übrigens, in einer Weise, die ihre Figur zur Geltung brachte.
»Wie war's denn?« fragte Robert.
Lebhaft antwortete sie: »Das Thema wurde sehr gut erfaßt. Die Teilnehmer der Diskussion haben sich ausgiebig mit dem Problem alleinstehender Frauen befaßt, aber –«, sie schüttelte betrübt den Kopf, »– aber Lösungen konnten sie auch nicht bieten.« Sie lachte. »Einer der Herren sagte: Alleinstehende Frauen müssen sich selber helfen.«
Fräulein Bachmann sah Robert an, charmant den

Kopf schüttelnd. »Jetzt frage ich Sie – wie kann man das?«
Sie schlüpfte wieder in ihre Hausschuhe, bedankte sich noch einmal, fragte besorgt: »Ich habe Sie doch nicht gestört?« und ging dann mit einem zauberhaften Lächeln.

Am nächsten Tag begegneten sich Robert und Fräulein Bachmann nachmittags vor dem Haus. Fräulein Bachmann kam gerade vom Einkaufen.
»Na? Ihr Fernsehapparat wieder in Ordnung?« fragte Robert.
»Stellen Sie sich vor«, sagte Fräulein Bachmann, während sie die Treppen hinaufgingen, »der Mann hat keine Zeit. Er will erst morgen kommen.«
Sie sah ihn von der Seite an, lächelte ein wenig besorgt. »Da habe ich gleich eine Frage: Mögen Sie Ballett ...?«
»Ballett?« wunderte er sich.
»Ich schwärme für Ballett«, sagte Fräulein Bachmann, »das hängt vielleicht damit zusammen, daß ich gern tanze. Tanzen Sie auch gern?«
»Ich mache mir nicht viel daraus«, erwiderte Robert ehrlich.
Sie blieb fast erschrocken auf der Treppe stehen. »Aber in der Bewegung, in der tänzerischen Bewegung befreit sich der Mensch. Sie sollten sich das ansehen. Da ist nämlich heute abend eine Ballettaufführung – im Fernsehen.« Weich und fast ein wenig flehend sah sie ihn an. »Ob ich mir das wieder bei Ihnen ansehen kann?«
»Nichts dagegen ...«, murmelte Robert und spürte,

wie die Betäubung, die ihn gestern so entsetzlich gelähmt hatte, wieder näher kam.
Fräulein Bachmann erschien abermals in ihrem kurzen, weißen flauschigen Hausmantel.
»Entschuldigen Sie«, sagte sie und lachte, »ich habe es mir gleich bequem gemacht. Lassen Sie mich nur schnell herein, daß mich kein Hausbewohner sieht.« Wieder lachte sie. »Ich kann ja nicht sagen, ich gehe in diesem Aufzug zu Herrn Bauer, um ein bißchen fernzusehen.«
»Nein«, meinte er, »das wäre wohl etwas unglaubwürdig.«
»Nicht wahr?« stimmte sie zu und ging ins Wohnzimmer. »Ah«, sagte sie überrascht, »Sie haben den Fernseher schon präpariert.«
In der Tat war alles wieder in die richtige Position gebracht.
Fräulein Bachmann schlenkerte mit charmanter Bewegung die Schuhe von den Füßen.
»Ich darf doch?« Sie lachte. »Es wird mir sowieso gleich in den Füßen jucken. Ballett! Da fällt es mir schwer, stillzusitzen.« Sie beteuerte: »Was ich aber versuchen werde. Müssen Sie wieder arbeiten?«
»Ja«, murmelte er, »ich muß eigentlich immer arbeiten.« Hastig fügte er hinzu: »Aber lassen Sie sich nur nicht stören.«
Fräulein Bachmann nahm auf dem Sessel Platz, steckte sich den Hörknopf ins Ohr, und der Fernsehapparat begann zu laufen.
Wieder saß Robert am Schreibtisch, war hinter seinen Gedanken her, die sowenig einzuholen waren wie Vögel am Himmel.

Sein Blick irrte ab, er sah Fräulein Bachmann an, die ihm zulächelte und mimisch auszudrücken schien, wie ungeheuer das Erlebnis war, dem sie sich so hingeben durfte.
Er sah fasziniert auf einen ihrer nackten Füße, den sie vorgestreckt hatte und mit dem sie wippte, gleichsam mittanzte.
Sie nahm den Hörknopf aus dem Ohr. »Eine sagenhafte Aufführung. Wollen Sie nicht doch mitsehen?«
»Nein, nein«, murmelte er und räusperte sich, »ich fürchte, eine gewisse Beeinträchtigung meiner Konzentration ist doch gegeben.«
Sie stand sofort auf. »Ich gehe.«
»Nein, nein, ich mache Ihnen einen Vorschlag: Ihre Wohnung drüben ist doch frei. Sie sehen sich hier in aller Ruhe das Ballett an, und ich nehme meine Schreibmaschine, mein Papier und die paar Gedanken, die mir geblieben sind, und verziehe mich zu Ihnen rüber.«
»Aha«, murmelte sie, zögerte ein wenig.
»Wenn Sie mir nur noch Ihren Schlüssel geben wollen?«
Fräulein Bachmann gab ihm, wie es schien, ein wenig widerwillig den Schlüssel zu ihrer Wohnung.
Robert ging hinüber, schloß die Wohnung auf, machte Licht, sah sich in der Wohnung von Fräulein Bachmann um.
Sie glich seiner aufs Haar, war nur anders eingerichtet. Weiblicher, wie Robert fand, ein leichter Duft lag in der Luft, der aber nicht unangenehm war.
Robert plazierte seine Schreibmaschine auf einem niedrigen Couchtisch, ging dann auf und ab, um er-

neut einen Versuch zu machen, seine Gedanken zu bändigen.
Dabei fiel sein Blick auch auf den Fernseher von Fräulein Bachmann. Mehr spielerisch als absichtlich betätigte er den Schalter.
Und siehe da – der Apparat begann sofort seinen Dienst und zeigte ein brillantes Bild.
Ein wenig überwältigt setzte sich Robert auf die Couch.

Nach einer Stunde ging er zurück in seine Wohnung. Fräulein Bachmann reckte sich soeben wieder in geradezu klassisch anmutiger Weise.
»Konnten Sie arbeiten bei mir?« fragte sie.
»Ja«, murmelte er, »ich habe mir jedenfalls eine Menge Gedanken gemacht.«

Am nächsten Abend klingelte Robert an der Tür seiner Nachbarin.
»Nanu?« wunderte sich Fräulein Bachmann.
»Ja«, sagte Robert und lachte, »da ist etwas Komisches passiert. Stellen Sie sich vor: Jetzt ist mein Fernseher kaputt, hat seinen Geist aufgegeben, von einer Sekunde zur anderen, was mich sehr betrübt, denn da ist eine politische Sendung, die ich mir unbedingt ansehen möchte. Kann ich sie bei Ihnen sehen?«
Verwirrt sagte Fräulein Bachmann: »Aber, mein Apparat –«
Robert nahm ihr das Wort aus dem Mund: »– geht ja großartig, wovon ich mich gestern abend überzeugen konnte.« Er sprach weiter, herzlich, lächelnd:

»Und darf ich es mir auch bequem machen?« Er zog seine Jacke aus. »Auch die Schuhe würde ich gerne ausziehen, kann das aber nicht so elegant wie Sie, aber im Geiste habe ich sie ausgezogen und hocke da bei Ihnen auf dem Sessel und bin absolut vergnügt.«
Sie staunte, setzte mehrmals an, Atem zu holen, sagte dann atemlos: »Herr Bauer . . .«
Und er antwortete, plötzlich ebenso atemlos: »Fräulein Bachmann.«
Dann begannen beide zu lachen, zögernd erst, dann immer kräftiger, wie immer, wenn das Lachen des einen den anderen beflügelt.

Alte Liebe

Herr und Frau Winter betraten die Halle des Hauptbahnhofes, die voller Menschen war, Reisende, die gerade angekommen waren oder abfahren wollten. Herr Winter sah auf seine Uhr und sagte: »Der Zug muß gleich kommen.«
Er sah ein wenig unsicher seine Frau an und fragte: »Was soll ich machen? Soll ich im Restaurant auf dich warten. Was habt ihr vor?«
»Ich weiß nicht, was er vorhat«, antwortete Frau Winter, »vielleicht möchte er etwas essen. In diesem Falle würden wir vielleicht ins Restaurant kommen.«
»Gut«, sagte Herr Winter hastig, »dann warte ich draußen im Wagen.«
»Nein«, widersprach Frau Winter, »bitte nicht im Wagen warten.«
»Warum nicht?«
»Es gefällt mir nicht«, sagte Frau Winter, nun auch unsicher, »ich möchte nicht, daß du im Wagen auf mich wartest.«
Sie schwiegen eine Weile. Herr Winter verglich seine Uhr mit der Bahnhofsuhr. Er lächelte schwach. »Hoffentlich erkennst du ihn noch? Wenn ihr euch zwanzig Jahre lang nicht gesehen habt.«
»Ja«, sagte sie zögernd, »ich bin eigentlich ganz sicher, daß ich ihn wiedererkenne . . .«
»Eine alte Liebe . . .«, sagte Herr Winter, »da hilft auch das Herz mit beim Wiedererkennen.«
Frau Winter nickte nachdenklich, atmete tief auf.

»Bist du nervös?« fragte ihr Mann.
»Ja, irrsinnig«, gab sie zu, »er hat mir damals viel bedeutet. Und er bedeutet mir noch immer etwas, auch nach zwanzig Jahren.«
»Ja«, murmelte Herr Winter, »eine alte Liebe hat eine ungeheure Wirkung. Sie vergeht nicht, wird merkwürdigerweise immer tiefer.«
»Meinst du?« fragte sie.
»Ich bin davon überzeugt«, sagte Herr Winter, lauschte angestrengt einer Lautsprecherdurchsage. »Der Zug läuft ein.«
»Wo finde ich dich nachher?« fragte seine Frau.
»Ich gehe ein bißchen herum. Und irgendwann werde ich beim Wagen sein.«
»Ja, ist gut«, erwiderte sie und sah ihrem Mann nicht nach, der jetzt langsam die Halle verließ.
Charlotte bewegte sich auf die Bahnsteige zu, langsam, hin und her gestoßen in der Menge, sie ging wie jemand, der seinen Weg mehr mechanisch als mit den Blicken sucht.
Die Aussteigenden kamen ihr entgegen, gingen an ihr vorbei.
Sie war stehengeblieben, wartete. Und dann sah sie ihn. Auch er war stehengeblieben, selber atemlos, kam dann langsam auf sie zu wie jemand, der mit tiefer Bewegung kämpfen muß.
Vor ihr setzte er seinen Koffer ab.
»Charlotte«, sagte er und ergriff ihre Hände. Er lachte. »Ich dachte, ich würde Mühe haben, dich wiederzuerkennen, aber ich hatte nicht die geringste Mühe.«
»Es geht mir genauso«, sagte Charlotte und lachte

auch, »ich dachte, er wird anders aussehen und mir vielleicht ganz fremd sein . . .«
»Ich bin dir nicht fremd?« fragte er.
»Überhaupt nicht«, fuhr sie langsam fort, »die Vertrautheit ist da, sofort wieder da.«
»Mein Gott«, sagte der Mann, hielt sie noch immer an den Händen, fragte: »Darf ich?«
Und ohne auf eine Antwort zu warten, zog er sie an sich, eine Bewegung, die nicht ungestüm war, eher sanft.
»Zwanzig Jahre«, sagte er, »kaum zu glauben, daß zwanzig Jahre vergangen sind.«
Er blickte sie an wie jemand, der seinen Blick nicht lösen kann.
»Du siehst umwerfend aus«, sagte er, »so schön wie immer.« Er korrigierte sich: »Nein, noch schöner. Da ist etwas dazugekommen.«
»Das Alter«, sagte Charlotte.
»Nein, nein«, widersprach er. »Kann es sein, daß Gesichter tiefer werden?«
»Das hört sich gut an. Poetisch.«
»Poetisch?« Er lachte. »Zur Poesie habe ich keine Beziehung.« Lebhaft fuhr er fort: »Was machen wir? Ich habe zu tun hier, geschäftlich, aber eine gute Stunde Zeit. Essen wir miteinander?«

Herr Winter ging langsam durch die Straßen. Er blieb vor Schaufenstern stehen, ohne zu sehen, was sich darin befand. Er verspürte so etwas wie eine Lähmung. Seine Bewegungen waren langsam, auch seine Gedanken kamen nicht vorwärts, er überließ sich ganz einem unruhigen Nichtdenken.

Charlotte saß mit Weber im Restaurant. Sie hatten gegessen, getrunken. Weber war aufgekratzt, glücklich, immer bereit, Charlotte herzlich und fast ein wenig hungrig anzusehen.
Er sagte: »Ich habe mich nie gemeldet, aber oft hatte ich die Absicht, dich anzurufen oder dir zu schreiben. Ich wußte ja nicht, was du machst, kannte ja nicht einmal mehr deine Adresse. Wie oft habe ich an dich gedacht, im Laufe der Jahre eher mehr als weniger. Ich habe sogar von dir geträumt.«
»Geträumt?« sagte sie lebhaft. »Dann ist es dir ergangen wie mir. Ich habe auch oft von dir geträumt. Im Traum bist du immer mal wieder aufgetaucht.« Sie lachte herzlich. »Im Traum hast du meine Adresse gewußt.«
Er ergriff ihre Hand.
»Im Traum also nie getrennt gewesen«, sagte er.
»Nein«, erklärte sie gutgelaunt, »du warst wie jemand, dem ich in meiner Wohnung ein Zimmer reserviert habe. Ich mußte nur eine Tür aufmachen, dann warst du da.«
Weber hörte die Worte mit großer Bewegung.
»Wir haben die gleichen Empfindungen gehabt.« Er ließ ihre Hand nicht los. »Wie ist es dir ergangen? Bist du verheiratet?«
»Seit fünfzehn Jahren«, sagte Charlotte, fügte hinzu: »Nachdem es keinen Sinn mehr hatte, auf dich zu warten.«
»Jaja«, murmelte er, »ich war vor dir verheiratet.«
»Bist du glücklich geworden?« fragte sie.
Er antwortete sofort: »Na, klar.« Er lachte. »Zum Glück muß man eine innere Beziehung haben. Die

habe ich immer gehabt.« Er schränkte ein: »Hundertprozentiges Glück gibt es wohl nicht.« Er hob den Kopf: »Und dein Mann?«
»Was willst du wissen?«
»Zufrieden? Keinen Fehler gemacht?«
»Nein, nein«, erwiderte Charlotte.
Er lachte unsicher. »Dann haben wir ja beide Glück gehabt.«

Herr Winter überquerte die Straße, stand lange vor einem Kinoplakat, das wildeste Aufregung versprach, starrte dann in die Auslage eines Uhrengeschäftes. Mit der Trägheit kam auch ein Gefühl von Traurigkeit, das er, merkwürdigerweise, genoß.

Charlotte und Weber waren beim Kaffee angelangt und befanden sich in lebhaftem Gespräch.
Er sagte: »Dann kamen die Kinder, erst der Junge, dann das Mädchen.« Er hielt inne. »Hast du Kinder?«
»Ja, eine Tochter.«
Der Gedanke schien ihn zu entzücken. Lebhaft fragte er: »Hast du ein Foto da? Sieht sie aus wie du?«
Sie kramte das Foto hervor. Er sah es sich an, war dabei fast atemlos. »Komischer Gedanke, den ich da plötzlich habe. Könnte meine Tochter sein.«
»Das sicher nicht«, erwiderte sie, »die würde bestimmt ganz anders aussehen.«
»Aber nicht schlechter«, sagte er und gab das Bild lachend zurück. »Hat wohl keinen Sinn, ihr Grüße zu bestellen.«

Herr Winter stand vor dem Bahnhof, starrte das Gebäude an.
Er blickte nach oben. Der graue Himmel sah nach Regen aus. Er betrachtete die Tauben, die in verstaubten Nischen hockten und ab und zu in Wolken aufflogen.
Herr Winter ging zu seinem Wagen, setzte sich hinein und verspürte eine seltsame Müdigkeit.

Weber erzählte lebhaft: »Ich wurde sofort ins Krankenhaus gefahren, eine Stunde später lag ich auf dem Operationstisch. Seitdem . . .«, er lachte, »nur noch einen halben Magen.« Er beteuerte: »Was mich nicht stört, wie du siehst. Ich esse immer noch gerne und gut. Und bin auch sonst gesund, bis auf den Blutdruck, der höher ist, als er sein sollte.« Er fragte: »Bist du gesund?«
Sie lachte. »Das Krankenhaus kenne ich auch von innen. Zweimal war ich drin.«
»Ernsthaft?«
»Frauensachen . . .«, erklärte sie.
Es nahm ihn offensichtlich mit zu hören, wie es ihr ergangen war. Ein ums andere Mal ergriff er ihre Hand, drückte sie, als leide er nachträglich ihren Schmerz mit.
Er bestand darauf, noch Kognak zu bestellen. Der Gesprächsstoff versiegte ein wenig, und sie sprachen schließlich über das Wetter und darüber, in welcher Weise sich das Wetter in Norddeutschland vom Wetter in Süddeutschland unterscheidet.

Herr Winter sah Charlotte kommen.
Sie stand mit Weber im Eingang des Bahnhofs. Sie sprachen miteinander, gaben sich die Hand. Weber ging zu einem Taxi, drehte sich noch einmal um, blieb eine Weile stehen, als könne er mit seiner starren Haltung noch seine tiefe Bewegung ausdrücken.
Winter öffnete die Tür des Wagens.
Charlotte setzte sich hinein, saß ganz abwesend.
»Wie war's?« fragte Winter.
»Ganz interessant«, murmelte Charlotte. »Es hat mir gefallen, ihn wiederzusehen, nach so vielen Jahren.«
»Hat er sich verändert?«
»Nicht mal, nicht so sehr ...«
»Aber ...?« fragte Winter, da sie nicht weitersprach.
Sie wandte ihr Gesicht ihrem Mann zu.
»Ich weiß jetzt, daß er zwei Kinder hat. Das eine lernt gut, das andere nicht so gut. Seine Firma hat schwierige Zeiten erlebt. Er selber hat nur noch einen halben Magen und leidet unter hohem Blutdruck.« Leise fuhr sie fort: »Wir haben uns alles mögliche erzählt. Was zu hören oder zu sagen nicht besonders wichtig war ...«
»Du meinst ...?«
Charlotte machte eine lange Pause, ehe sie, fast selber überrascht, sagte: »Jetzt ist es kein Traum mehr.«
Beide sahen sich lange an, bis Winter schwach lächelte und sagte: »Schade.«
»Ja, schade«, sagte Charlotte und fügte nachdenklich hinzu: »Ich hätte ihn gern behalten. Und habe ihn nun nicht mehr.«

Theos Träume

Der junge Mann wälzte sich im Bett herum, stöhnte und seufzte. Er träumte.
Es mußte ein schrecklicher Traum sein.
Der junge Mann fuhr auf, wurde wach, machte das Licht an und sah ziemlich bleich aus.
Er erhob sich schwankend, tastete sich ins Badezimmer und trank ein Glas Wasser.
Er starrte sich benommen im Spiegel an, schüttelte den Kopf und versuchte den Traum zu vergessen.
Theo legte sich wieder ins Bett und wünschte sich, zerschlagen, wie er war, endlich eine traumlose Nacht.
Aber kaum schlief er, sah er sich erneut mitten in einem schrecklichen Traum.
Er träumte, er gehe über eine Straße, trage nur seinen Schlafanzug, was niemanden zu stören schien. Ihm war es sehr peinlich, aber keiner der Passanten sah sich nach ihm um.
Theo ging offenbar ziellos durch die Stadt. Er kam an einer Baustelle vorbei, die durch einen mannshohen Bretterzaun abgesperrt war. Hinter dem Zaun hörte man Lärm von Maschinen, ein riesiger Kran bewegte seinen Ausleger, Motoren ratterten. Theo sah zwei, drei Männer am Zaun stehen, sie spähten durch ein Loch, sahen in das Baugelände hinein.
Theo wurde neugierig, trat zu den Männern und fragte: »Was ist denn hier los? Was gibt es denn da zu sehen?« Niemand von den Männern antwortete

ihm. Sie traten nur stumm beiseite, um Theo hindurchschauen zu lassen.
Theo sah durch das Loch im Bauzaun ein wüstes Gelände. Ein Gabelstapler kam mit einer großen viereckigen Holzkiste heran, setzte sie ab.
Dann näherten sich vier, fünf Arbeiter im Geschwindschritt, stürzten sich auf die Kiste und nagelten sie zu mit langen Nägeln, sie schwangen ihre Hämmer geradezu mit Verbissenheit.
Der Ausleger eines Krans schwenkte heran, senkte einen riesigen Greifer. Die Kiste wurde gepackt, hochgezogen, der Kran schwenkte herum, der Greifer öffnete seine stählernen Klauen, die Kiste stürzte zu Boden und wurde völlig zertrümmert.
Theo stockte der Atem. Er wandte sich um. Da standen die Männer noch, die vor ihm durch das Astloch gesehen hatten.
»Was ist denn das?« ächzte Theo. »Was macht man denn da?«
Er sah erneut hinein. Der Gabelstapler brachte eine neue Kiste, die von Arbeitern mit hexenhafter Geschwindigkeit zugenagelt wurde. Wieder kam der Greifer herunter, hob die Kiste hoch in den Himmel, schwenkte herum und ließ die Kiste fallen, daß sie auf dem Boden zersplitterte.
»Da muß man doch Aufklärung verlangen!« rief Theo aus. »Wo geht man denn hier rein?«
Wieder antworteten die Männer nicht, ließen ihn stehen, gingen stumm davon.
Theo lief am Bauzaun entlang, suchte einen Eingang und fand ihn auch schließlich.
Er betrat das Baugelände. Das Hämmern war nicht

zu überhören und auch nicht das stählerne Kreischen, mit dem sich der Kran bewegte.
Theo fand eine Baracke, vor der eine Reihe von Männern standen, stumm, ganz ruhig, ein bißchen blaß.
»Was passiert denn hier?« fragte Theo. Aber auch diese Männer antworteten nicht. Theo ging bis an die Tür, vor der die Leute standen.
In diesem Moment wurde die Tür aufgemacht, zwei Männer ergriffen Theo.
Sie brachten ihn in eine Art Werkhalle, warfen ihn dort in eine Kiste. Theo wehrte sich, rief um Hilfe, aber niemand schien ihn zu hören, der Deckel der Kiste wurde zugeschlagen, und kurze Zeit später hörte er, wie die Kiste zugenagelt wurde.
Theo trommelte mit den Fäusten gegen die Wände, aber die Kiste schwankte schon, wurde hochgezogen und fallen gelassen.
Ehe sie auf dem Boden zersplitterte, wachte Theo auf.
Erneut war er schweißgebadet.
Wieder machte er Licht, setzte sich aufrecht. Er sah auf seine Uhr – erst zwei Uhr.
Um Himmels willen, dachte er, was für Träume sind das. Er versuchte, sich zur Ruhe zu bringen, legte sich vorsichtig wieder hin, ließ das Licht brennen.

Aber unversehens fiel er wieder in Schlaf und träumte.
Er war im Zoo, ließ sich mit der Menge treiben, von Gehege zu Gehege, und fütterte auch ein paar Tiere.
So kam er auch vor das Freigehege der Löwen.

Dort standen viele Leute wie in stummer Erwartung.
Theo gesellte sich zu ihnen.
Im Gehege, in dem Wassertümpel und Felsgruppen eine natürliche Landschaft bildeten, lagen die Löwen faul herum.
Es waren kräftige Tiere, manchmal bewegte sich einer, stand auf, reckte sich.
Ein schönes und kraftvolles Bild.
Theo fragte einen Nachbarn: »Worauf warten die Leute hier?«
»Es ist gleich Fütterung«, erwiderte der Mann.
»Ah so«, sagte Theo. Jetzt erst fiel ihm ein großes Schild auf. Darauf war zu lesen: Fütterung täglich elf Uhr. Darunter hatte jemand mit Kreide geschrieben: Gesangbuch Nummer 56 und 74.
Theo wunderte sich und fragte seinen Nachbarn: »Sagen Sie, was bedeutet das denn? Gesangbuch Nummer sechsundfünfzig und vierundsiebzig?«
Der Mann sah ihn nur stumm an, hob langsam die Schultern.
»Aber das muß doch einen Sinn haben«, beharrte Theo.
Da der Mann ihm keine Erklärung gab oder geben wollte, ging Theo um das Freigehege herum, bis er zum Löwenhaus kam.
Er ging hinein.
Die Gitterkäfige waren alle leer, zwei Wärter misteten sie gerade aus.
»Hallo«, sagte Theo, »ich habe eine Frage.«
Die beiden Männer sahen sich an, stiegen dann aus einem der Käfige, kamen langsam näher.
»Da steht: Fütterung um elf Uhr. Und darunter: Ge-

sangbuch Nummer sechsundfünfzig und vierundsiebzig. Ich hätte gern gewußt, was es bedeutet.«
»Wie spät haben wir denn?« fragte einer der Wärter.
Theo sah auf seine Uhr, hob den Blick, flüsterte: »Es ist elf Uhr.«
Daraufhin packten ihn die beiden Wärter und zerrten ihn hinein in den Löwenkäfig.
»Nein, nein!« schrie Theo so laut, daß sein eigener Schrei ihn von seinem Traum erlöste.
Theo fand sich erneut schweißgebadet, atmete schwer, ging wieder ins Badezimmer und nahm eine Schlaftablette, und dies mit geradezu wilder Entschlossenheit.
Lieber bewußtlos sein als so träumen.
Er starrte eine Weile vor sich hin und versuchte, die Traumbilder aus seinem Gedächtnis zu vertreiben. Was ihm nur mühsam gelang.
Aber dann begann die Tablette zu wirken, Theo streckte sich erneut aus und fiel in Schlaf und Traum.
Er sah sich plötzlich in einem weitläufigen Bahngelände, ein Gewirr von Gleisen; es mußte sich um einen Güterbahnhof handeln. Man hörte und sah Züge fahren, überall pfiff es, wurden Signale gegeben.
Theo kam sich ein wenig verloren vor, sah sich um und entdeckte einen Bahnbeamten, der des Weges kam.
»Verzeihen Sie«, sagte Theo und hielt den Bahnbeamten an. »Ich scheine mich hier verirrt zu haben.«
»Ja«, sagte der Mann und wirkte ein wenig abwesend und uninteressiert.

»Wie komme ich denn hier raus?« fragte Theo. »Ich kenne mich hier tatsächlich nicht aus.«
»Ganz einfach«, erwiderte der Bahnbeamte, zeigte mit der Hand quer über das Gleisgewirr, »einfach da rüber. Gehen Sie nur los.«
»Aber da fahren doch dauernd Züge.«
»Na«, sagte der Bahnbeamte trocken, »die sehen Sie ja. Sie haben ja Augen im Kopf.«
»Schon gut«, sagte Theo und ging langsam los. Er stieg über die blanken, stählernen Schienen, versuchte auf dem Schotter sein Gleichgewicht zu halten und den Signaldrähten aus dem Weg zu gehen. Überall fuhren die Züge herum, gellende Lokomotivenpfiffe hielten ihn in Atem.
Er ließ einen der riesigen dunklen Züge vorbeidonnern, wollte dann weitergehen.
Aber er konnte nicht.
Erschrocken sah er an sich herunter und entdeckte, daß sein Fuß in einer Weiche eingeklemmt war.
Wie Theo auch zog und zerrte, der Fuß saß fest.
Theo geriet in Panik, zog und zerrte stärker, aber der Fuß schien wie von einer eisernen Faust gepackt und gehalten. Zudem hörte er von fern den gellenden Pfeifton eines Zuges, der sichtbar wurde, ein kleiner schwarzer Punkt zunächst, der größer und größer wurde und direkt auf ihn zuraste.
Immer verzweifelter wurden Theos Bemühungen, zumal die Lokomotive ins Gigantische wuchs.
Und wieder schrie Theo gellend: »Nein!«
Er wälzte sich herum, wurde wach, fuhr auf, starrte ins Zimmer.
Es war hell geworden, die Sonne schien herein.

Zugleich klingelte es an der Wohnungstür.
Theo taumelte aus dem Bett.
Er zog sich seinen Morgenmantel über und öffnete die Tür.
Auf der Schwelle stand sein Vater.
Sein Vater trug einen dunklen Anzug, eine schwarze Fliege, hatte eine Blume im Knopfloch.
»Was ist denn los?« fragte Theos Vater. »Du bist noch nicht angezogen?«
»Nein, nein«, stammelte Theo, »ich habe sehr schlecht geschlafen und dann noch eine Tablette genommen. Ich bin tatsächlich völlig benommen.«
»Dann wird's aber Zeit«, sagte der Vater, »kann sein, daß der Pfarrer schon wartet . . .«
Der Vater drehte sich um und rief: »Er hat sich verschlafen, stellt euch das vor.«
Und jetzt kam auch jemand, der sich bis dahin im Hintergrund gehalten hatte. Anneliese, die Braut, im Brautkleid.
Sie stellte sich vor ihn hin, und die Morgensonne ließ die Szene geradezu unwirklich erscheinen.
Sie lächelte Theo an.
»Verschlafen?« fragte sie verwundert.
Theo war wie erschlagen vom Bild seiner Braut.
»Toll siehst du aus!« rief er. »Ich bin einer der glücklichsten Menschen dieser Welt. Gebt mir zehn Minuten, und ich bin nicht nur der glücklichste, sondern auch der schönste.«
Er beeilte sich und schaffte es wirklich, in kürzester Zeit so auszusehen, wie man sich einen Bräutigam vorstellt.
Der Pfarrer mußte nicht lange warten.

Die Kirche war voller Menschen, und Theo schritt langsam unter Orgelklängen mit seiner Braut den Mittelgang hinunter auf den Altar zu.

Theo hob plötzlich den Kopf.

»Was ist?« flüsterte die Braut.

Theo fragte: »Was ist denn das für ein Hämmern?«

»Ich höre nicht, daß irgendwo gehämmert wird«, flüsterte die Braut zurück, streifte ihn mit einem Blick und fragte: »Sag mal, hinkst du?«

»Nein, nein«, flüsterte Theo zurück, »alles in Ordnung«, und er versuchte, das Zittern seines Fußes zu unterdrücken.

Er sammelte sich. Und dann sah er seitlich auf einer Tafel angeschrieben: Gesangbuch Nummer 56 und 74.

»Was ist?« fragte die Braut wieder.

»Nichts, nichts«, murmelte er und beschloß, nicht zu erwähnen, daß er in der Ferne Löwengebrüll vernahm.

Kosta sah zu, wie die Roulettkugel lief. Sie wurde langsamer, hüpfte von Nummer zu Nummer und blieb liegen.
Die Drei war gekommen.
Kosta atmete tief durch, sah auf seine Uhr. Zwanzig Minuten vor sieben. Den ganzen Nachmittag hatte er im Kasino verbracht und kein Glück gehabt. Im Gegenteil, er hatte nur verloren.
Er unterdrückte seine Enttäuschung, löste sich aus dem Ring der Leute, die den Spieltisch umstanden, und ging hinaus. Vielleicht würde er den Bus um sieben noch erreichen.
An der Garderobe wollte er sich gerade seinen Mantel geben lassen, als eine ältere Dame ihn ansprach.
»Verzeihen Sie bitte«, sagte die ältere Dame, »Sie wollen das Kasino verlassen?«
»Ja, das wollte ich«, antwortete Kosta etwas verwundert.
Die ältere Dame sah sehr gut aus, war elegant frisiert, trug sehr wertvollen Schmuck. Alter Familienschmuck, taxierte Kosta.
»Ich habe Ihnen eine Weile zugesehen«, sagte die alte Dame und lächelte. »Sie haben Pech gehabt. Sie setzten immer haarscharf daneben.«
»Ja, das stimmt«, erwiderte Kosta achselzuckend, »es war ein bißchen wie verhext.«
»Das letzte Spiel«, sagte die alte Dame eifrig, »Sie setzten zuerst auf die Drei, änderten dann ihre Ab-

sicht, schoben den Einsatz von der Drei auf die Sieben. Es kam die Drei.«

»Sie haben sehr genau zugesehen.«

»Sechsmal hintereinander setzten Sie auf Zero, dann hörten Sie auf.«

Kosta lachte. »Und da kam Zero. Ich sagte ja, es war wie verhext.«

»Und jetzt wollen Sie gehen?«

»Ja, ich bin noch verabredet heute.«

Die alte Dame lächelte. »Mit einer Frau?«

Kosta nickte langsam, überrascht.

»Ja, mit einer Frau.«

Die alte Dame hob ein wenig die Hände, sehr anmutig. »Entschuldigen Sie, aber –«, sie machte eine Pause, ehe sie mit einem halben Lächeln weitersprach, »– ich glaube, Sie machen einen Fehler, wenn Sie jetzt gehen.« Sie sah ihn fest an. »Ihre Pechsträhne ist zu Ende.«

»Was ist sie?« fragte Kosta verblüfft.

»Zu Ende«, wiederholte die alte Dame und setzte lebhaft hinzu: »Ich besuche häufig Kasinos und hatte immer Interesse für die psychologische Seite dieses Spiels. Ich glaube, gewisse Gesetzmäßigkeiten erkannt zu haben. Wieviel Chips haben Sie noch?«

Kosta holte die wenigen Chips aus der Tasche. »Zwei Zehner, einen Zwanziger.«

»Nun«, sagte die alte Dame, »das ist nicht viel.« Sie öffnete ihre Handtasche, holte Chips heraus. »Ich habe noch Chips und spiele heute nicht.« Sie drückte ihm die Chips in die Hand. »Nehmen Sie, spielen Sie.«

Kosta war ziemlich verdutzt.

»Sehr liebenswürdig«, sagte er, »aber – das kann ich nicht machen. Ich spiele sehr gerne, was ich zugeben muß, aber nicht mit fremdem Geld.«
»Fremdes Geld?« wiederholte die alte Dame und schien irritiert. »Ah so, ja dann –«, sie fand einen Ausweg, »– spielen Sie auf meine Rechnung.« Sie lächelte. »Meine Rechnung, Ihre Rechnung, das ist für mich dasselbe.« Ihre Stimme bekam einen sehr herzlichen Ton. »Probieren Sie es. Ich bin sicher, wir werden Glück haben.«
Kosta zögerte. Er mochte die alte Dame, die ihm sympathisch war, nicht enttäuschen, ging mit ihr zurück in den Spielsaal. Kosta nahm seinen Platz am Spieltisch wieder ein, die alte Dame stellte sich hinter ihn.
»Ich würde auf die Siebzehn setzen, wenn Sie erlauben«, sagte Kosta.
»Tun Sie nur, was Ihnen durch den Kopf geht. Es wäre ganz falsch, auf mich zu hören.«
»Sind Sie gegen die Siebzehn?«
»Mir würde die Zwölf besser gefallen«, sie lächelte, »aber ich kann nicht den geringsten Grund dafür angeben.«
Kosta ließ den Einsatz auf der Siebzehn stehen, die Kugel rollte und blieb auf der Zwölf liegen.
Kosta dreht sich um, sah die alte Dame an, sagte atemlos: »Die Zwölf. Kommt doch tatsächlich die Zwölf.«
Die alte Dame lächelte. »Ich bin selber ganz überrascht.«
»Das wäre ein Volltreffer gewesen«, sagte Kosta, immer noch ganz entgeistert.

»Nehmen wir es als ein gutes Zeichen«, beruhigte ihn die alte Dame herzlich.
»Was jetzt?« fragte Kosta. »Die Sieben?«
Die alte Dame hob unsicher die Schultern. »Die Sieben sagt mir nichts.«
Kosta lachte. »Sagt Ihnen nichts. Wenn es so einfach wäre. Ich würde gern hören, wenn mir eine Zahl etwas sagt. Dann wäre Roulettspiel ungeheuer einfach.«
»Vielleicht wieder die Zwölf«, murmelte die alte Dame.
»Wieder die Zwölf?« staunte Kosta. »Na, hören Sie, es kommt zwar vor, daß eine Zahl zweimal hintereinander kommt, aber das ist sehr selten.«
»Ich weiß«, sagte die alte Dame fast ein wenig schuldbewußt, »ich will Sie zu nichts drängen.«
»Na gut«, sagte Kosta, »es ist Ihr Geld und Ihr Vorschlag. Also die Zwölf. Wieviel?«
»Alles«, sagte die alte Dame.
Kosta zögerte, aber dann schob er die Chips geschlossen auf die Zwölf. Und die Zwölf kam.
Kosta konnte kaum sprechen, drehte sich langsam um. Die alte Dame lachte.
»Wir haben ein Vermögen gewonnen«, sagte Kosta atemlos, »das müssen wir feiern. Trinken Sie Sekt?«
»Sehr gerne«, sagte die alte Dame lächelnd, »aber ich werde mich dort drüben hinsetzen und Ihnen von dort aus zusehen.«
Sie beugte sich vor und flüsterte: »Ich habe übrigens keinen Widerstand mehr gegen die Sieben.«
»In Ordnung«, sagte Kosta, den die Spielleidenschaft völlig ergriffen hatte.

Er setzte auf die Sieben – die Sieben kam. Die Chips häuften sich vor Kosta.
Aufatmend griff er zu seinem Glas, drehte sich herum zu der alten Dame, die auch ihr Glas lächelnd erhob.
Zuschauer scharten sich um Kosta, denn nichts spricht sich schneller herum als das Glück eines Menschen.
Kosta spielte wie im Fieber.
Er gewann noch ein paarmal, aber dann verließ ihn das Glück, er verlor, versuchte die Verluste mit höherem Einsatz wettzumachen und verlor auf diese Weise noch schneller.
Wie betäubt saß er schließlich an seinem Platz, hatte alles verloren, und die Zuschauer verliefen sich.
Tief atmete Kosta durch, stand auf, drehte sich herum zu der alten Dame.
Aber ihr Sessel war leer, sie selbst nicht zu sehen.
Kosta winkte einen Diener heran. »Sagen Sie, wo ist denn die ältere Dame geblieben?«
»Ältere Dame?« fragte der Diener etwas konsterniert zurück.
»Ja«, sagte Kosta ungeduldig, »die hier im Sessel saß, eine ältere Dame, nicht sehr groß, grauhaarig, dunkles Kleid, Perlenkette, besonders auffällig ein Medaillon, etwas altmodisch, an einer langen Kette.«
»Ich weiß nicht«, sagte der Diener.
»Aber ich habe doch Sekt bei Ihnen bestellt, eine Flasche mit zwei Gläsern.«
»Mit zwei Gläsern?« fragte der Diener erstaunt.
Kosta ging zum Chefcroupier.
»Hören Sie, meine Begleiterin ist mir verlorengegan-

gen, eine ältere Dame, die mit mir gekommen ist, die eine Weile hinter mir gestanden hat. Sie gab mir den Rat, auf die Zwölf zu setzen. Sie erinnern sich nicht?«
»Nein«, sagte der Chefcroupier aufmerksam, »Sie sind allein gekommen, und Sie haben allein gespielt.«
Kosta beschrieb die alte Dame, aber der Croupier stellte nur nüchtern fest: »Eine Person, auf die diese Beschreibung zutrifft, ist den ganzen Abend nicht in diesem Raum gewesen.«
Kosta zog tief seinen Atem ein, wurde sich plötzlich einer besonderen Hilflosigkeit bewußt und verließ langsam den Raum.
Er ließ sich seinen Mantel geben, zählte die restlichen Chips: zwei Zehner, ein Zwanziger.
Er löste sie nicht ein, ging hinaus auf die Straße.
Es war inzwischen dunkel geworden. Den Bus hatte er verpaßt, er mußte ein Taxi nehmen. Er hatte einen Weg von zehn Kilometern.
Er lehnte sich zurück und dachte: Ich bin doch nicht wahnsinnig, ich habe doch nicht geträumt. Ich hatte drei Chips, zwei Zehner, einen Zwanziger, als eine alte Dame auf mich zukam und sagte: Sie wollen schon gehen? Ich ging hinein, gewann und verlor und stand schließlich wieder da, mit zwei Zehnern und einem Zwanziger.
Kosta schüttelte den Kopf, während der Taxifahrer seinen Weg durch die Nacht suchte.
Plötzlich war ein Auflauf von Fahrzeugen zu sehen, Polizeifahrzeuge, Ambulanzen.
»Was ist denn da los?« sagte der Taxifahrer und ge-

horchte dem geschwenkten Lichtsignal, hielt seinen Wagen an.
»Unfall?« fragte Kosta.
»Ja«, sagte ein Polizist, »ein Zusammenstoß.«
Er zeigte den steilen Hang hinunter. »Da unten liegt ein Bus.«
Der Polizist befahl dem Taxifahrer weiterzufahren.
Der Taxifahrer war ganz aufgeregt. »Die Stelle kenne ich, eine gefährliche Stelle. Wenn etwas passiert, dann immer hier.«
Kosta dachte: Mein Bus. Es ist mein Bus, der da unten liegt, der Bus, den ich nehmen wollte, der Sieben-Uhr-Bus.
Vor Irenes Haus ließ er sich absetzen.
Langsam ging er die Treppe hinauf, läutete.
Irene öffnete die Tür, starrte ihn an, umarmte ihn dann mit einem erstickten Ruf, drückte ihn immer wieder an sich. »Du lebst, o Gott, du lebst.«
Sie küßte ihn, war ganz außer sich. »Ich dachte schon, ich sehe dich nie wieder. Ich habe schon angerufen, die Polizei, die Krankenhäuser. Der Bus, mit dem du immer kommst, ist doch verunglückt . . .«
»Ja«, murmelte Kosta, »ich bin da vorbeigefahren.«
»Du kommst doch immer mit diesem Bus«, wiederholte Irene.
»Heute nicht«, sagte Kosta, »heute ist etwas dazwischengekommen.«
»Gott sei Dank.« Irene umarmte ihn wieder. »Ich habe eine Todesangst ausgestanden.«
Sie ging mit Kosta in die Wohnung.
Kosta sah sie an. »Sag mal«, fragte er, »was trägst du denn da?« Das junge Mädchen trug an einer langen

Kette ein Medaillon. »Das habe ich noch nie an dir gesehen.«
»Das da?« wunderte sie sich. »Ich trag's selten, weil es etwas altmodisch ist. Das habe ich von meiner Großmutter.«
»Von deiner Großmutter?«
»Sie ist vor fünf Jahren gestorben. Ich war ihre Lieblingsenkelin. Schade, daß du sie nicht mehr kennengelernt hast.«
Kosta holte Atem, schien eine Weile mit sich zu kämpfen, sagte dann schließlich nur: »Ja, das ist schade.«

Zwei Kinder plus Mehrwertsteuer

Das Bürohaus lag mit seinen Glasfronten inmitten eines weitläufigen Parkgeländes und spiegelte das Grün des Rasens wider und das Blau des Himmels. Die Wolken zogen nicht nur durch den Himmel, sondern bewegten sich auch im spiegelnden Abbild auf den Glasscheiben des Bürohauses. Es war modern eingerichtet, bestand aus riesigen Großräumen, in denen zahllose Schreibtische scheinbar willkürlich und doch kunstvoll angeordnet herumstanden. Der Raum war bevölkert von Menschen, die an diesen Schreibtischen saßen oder sich durch den Raum bewegten, beruflich, versteht sich, und berufliche Bewegungen sind gemessen, maßvoll auch die Geräusche, die leisen Stimmen, das gedämpfte Läuten der Telefone, das leise Surren der Schreibmaschinen.
Jeder sah stets jeden. Und wer diesem Eingebettetsein in die allgemeine Aufmerksamkeit entkommen wollte, hatte das Recht, eine Ruhezone aufzusuchen, die sich in der Mitte des Raumes befand, eine leichte Abteilung mit Stellwänden, einer Kaffeebar, ein paar Sesseln, alles moosgrün, in Form und Farbe von Psychologen ausgedacht.
Harald Becker suchte diese Ruhezone auf, er hatte Lust auf einen Kaffee.
Nach ihm kam eine junge Frau in die Ruhezone. Sie war schlank, gut gewachsen, hatte feuerrote Haare, die ein eher blasses Gesicht einrahmten. Sie war eine aparte Frau, die in der stillen Berufslandschaft bele-

bend wirkte, auf eine fast unerlaubte Weise belebend, so wie eine Feuerlilie, die im eintönigen Grün eines Gartens auch ein wenig provozierend wirkt.
»Guten Tag, Frau Kerwien«, sagte Harald, »auch einen Kaffee?«
Die hübsche junge Frau lächelte. »Ich nehme gern einen Kaffee, aber eigentlich wollte ich mit Ihnen sprechen.«
»Nanu, mit mir?«
»Ja«, fuhr Marion Kerwien fort, »schon seit Tagen denke ich an Sie ...«
»An mich?« wunderte sich Harald.
»Ich habe über Sie nachgedacht.« Sie lächelte ihn an. »Ich sitze ja in Blickrichtung zu Ihnen, habe Sie sozusagen immer vor mir, wenn auch über eine Entfernung von etwa zehn Metern. Da bleibt es nicht aus, daß man sich mit einem Menschen innerlich beschäftigt.«
»Aha«, murmelte Harald, »Sie haben sich mit mir innerlich beschäftigt.«
»Ja, ich fragte mich, was für ein Mensch Sie sind.«
Harald lachte. »Das weiß ich ja selber kaum.«
Aber Marion Kerwien ließ sich nicht irritieren, blickte ihn weiterhin ernst und aufmerksam an.
»Ich bin zu einem Ergebnis gekommen.« Sie machte eine kleine Pause. »Sie sind ehrlich, zuverlässig und hilfsbereit.«
»Nun ja, nun ja«, meinte Harald etwas unsicher.
»Man spürt, daß man sich an Sie wenden kann, wenn man ein Problem hat.« Sie zog ihren Atem hoch, auf eine sehr reizende Weise. »Ich habe nämlich ein Problem.«

»Wenn ich Ihnen helfen kann«, beteuerte Harald, »sehr gerne. Worum geht es?«
Marion hielt den Blick auf ihn gerichtet, seufzte ein wenig. »Sie wissen vielleicht, daß ich zwei Kinder habe.«
Harald war ein wenig überrascht. »Nein, das wußte ich nicht. Wie schön, Frau Kerwien, wie schön.«
Sie sah ihn hoffnungsvoll an. »Sie mögen Kinder?«
Er lachte. »Wer mag Kinder nicht?«
»Mehr Leute, als Sie denken. Kinder sind nicht überall gern gesehen, aber Sie sagen, Sie mögen Kinder.« Sie strahlte ihn an. »Wie schön.«
»Irgendwas mit den Kindern nicht in Ordnung?« erkundigte sich Harald.
»Alles in Ordnung«, beteuerte Frau Kerwien, »es sind ganz reizende Kinder.« Sie lächelte. »Soweit eine Mutter objektiv sein kann.« Sie atmete auf. »Und jetzt möchte ich Sie etwas fragen.« Sie unterbrach sich: »Sie wohnen allein?«
Harald antwortete ein wenig verdutzt: »Ja, ich wohne allein.«
»Sie haben auf niemanden Rücksicht zu nehmen? Auf kranke Personen im Haus?«
»Nein«, murmelte Harald, »bei mir im Haus ist niemand krank.«
»Und jetzt noch eine letzte Frage: Sie haben heute abend nichts vor?«
»Nein, nein –«, Harald wunderte sich ein wenig, »– ich bin abends meistens und gern zu Hause.«
Marion machte eine kleine Pause, sah ihn eindringlich an: »Würden Sie heute abend meine Kinder in Obhut nehmen, so für zwei, drei Stunden?«

»Frau Kerwien ...«, sagte Harald ein wenig verblüfft.
Marion fuhr eilig fort: »Ich bin in einer Zwangslage. Ich erwarte Besuch heute abend, einen für mich sehr wichtigen Besuch, der äußerst –«, sie zögerte kurz, »– privat ist und bei dem ich die Kinder nicht gebrauchen kann.« Sie korrigierte sich: »Sagen wir so: Ich möchte sie nicht gleich – präsentieren.« Sie sah Harald hoffnungsvoll an. »Sie verstehen?«
»Nein«, antwortete Harald wahrheitsgemäß.
Marion zog erneut ihren Atem hoch, wieder auf eine sehr reizende Weise.
»Ich möchte mich wieder verheiraten.« Unsicher fuhr sie fortß »Heute abend besucht mich jemand, der dafür in Frage käme. Ein Mann, der – der noch nicht weiß –«
»Aha.« Harald nickte. »Der noch nicht weiß, daß da noch Kinder vorhanden sind.«
»So ist es«, sagte Marion erleichtert, lachte ihn an. »Nun ist es heraus. Meine Frage: Darf ich Ihnen die Kinder bringen, wie gesagt, für zwei, drei Stunden?«
»Selbstverständlich, Frau Kerwien.«

Abends erschien Frau Kerwien bei Harald.
Er hatte den Besuch schon erwartet und war neugierig auf die Kinder.
Frau Kerwien hatte sie bei sich, einen Jungen, ein Mädchen. Beide Kinder sahen Harald erwartungsvoll an.
Sein erster Gedanke war: Na, Gott sei Dank keine Straßengören. Der Junge war etwa elf, das Mädchen vielleicht zehn.

Harald dachte: Wie kommt das, daß Kinder so große Augen haben?
»Kommt herein«, sagte er burschikoser, als er sich fühlte, führte Frau Kerwien ins Wohnzimmer. »Ich habe mich schon auf den Besuch präpariert. Von einem Nachbarn habe ich mir eine Eisenbahn geliehen, mit der er früher gespielt hat, für das Mädchen habe ich eine Puppe besorgt.«
»Wie schön«, sagte Frau Kerwien, »ich habe die Kinder ermahnt, sich gut zu benehmen.«
Frau Kerwien verabschiedete sich, gab Harald die Hand, der sie anlächelte. »Und viel Erfolg, Frau Kerwien.«
»Danke«, sagte die junge Frau, die mehr denn je wie eine Feuerlilie aussah.
Der Abend verlief ungewöhnlich angenehm für Harald. Er fühlte sich in seine Jugendzeit zurückversetzt, lag mit den Kindern auf dem Boden, ließ die Eisenbahn fahren und verbrachte gut drei Stunden mit den Kindern, die aufgetaut waren und sich bald wie zu Hause fühlten.
Gegen elf holte Frau Kerwien die Kinder ab, die sich nur ungern von Harald trennten.
»Die Kinder sind Ihnen nicht lästig gefallen?«
»Nein, nein, machen Sie sich keine Gedanken.«
Frau Kerwien ging mit den Kindern, und Harald machte sich daran, die Wohnung aufzuräumen, die ein wenig mitgenommen aussah.

Der nächste Tag war wie immer ein normaler Bürotag.
Über zehn Meter und über andere Schreibtische, Te-

lefone und kleine Aktenträger hinweg sah Harald den Feuerkopf Marions. Sie lächelte ihm von weitem zu, und als Harald die Ruhezone aufsuchte, um sich einen Kaffee zu holen, kam auch Frau Kerwien in die Ruhezone.
Sie bedankte sich noch einmal. Die Kinder hätten den Abend ganz großartig gefunden.
»Wie fanden Sie *Ihren* Abend denn?« fragte Harald. »Ist der Besuch zu Ihrer Zufriedenheit verlaufen?«
»Leider nein«, erwiderte Frau Kerwien, »der Mann ist zudringlich geworden.«
»Ist das die Möglichkeit!« sagte Harald fast ein wenig erschrocken.
»Der Mann war eine Enttäuschung«, setzte Frau Kerwien fort, fragte: »Würden Sie die Kinder noch mal nehmen? Am Samstag nachmittag?«
»Ja, wie«, wunderte sich Harald, »wollen Sie den Menschen noch einmal treffen?«
»Nein, nein«, sagte Frau Kerwien und lächelte, »es ist ein anderer diesmal. Der sich auch gemeldet hat.«
»Der sich auch gemeldet hat?« staunte Harald.
»Ich habe ja eine Anzeige aufgegeben.«
»Eine Anzeige?«
»Eine Heiratsanzeige.« Sanft fuhr sie fort: »Ich sagte Ihnen doch, ich habe den Wunsch, mich wiederzuverheiraten. Den nächsten Kandidaten treffe ich am Samstag nachmittag. Und leider weiß ich nicht, wohin mit den Kindern.«
»Aber die übernehme ich doch«, bot sich Harald sofort an, »das ist doch selbstverständlich.«
Harald ging diesmal mit den Kindern in den Zoo. Die Kinder waren nun ganz aufgeschlossen. Harald

hatte sie an der Hand, den Jungen rechts, das Mädchen links, er beantwortete ihre Fragen und fühlte sich ungeheuer angeregt.
Dann machten sie noch eine lange Wanderung durch den Wald zu einem Wildgatter, verspäteten sich dabei ein wenig, und Harald kam erst bei Dunkelheit mit den Kindern vor seinem Haus an.
Das kleine Mädchen war eingeschlafen, und Harald trug es die Treppe hinauf.
Vor seiner Wohnungstür wartete schon Frau Kerwien, ganz bestürzt.
»Ist etwas passiert?«
»Nein, nein«, beruhigte Harald Marion, »sie ist nur müde und eingeschlafen.« Er lachte. »Wir sind alle etwas mitgenommen.«
Marion bedankte sich erneut bei Harald, sagte ihm mehrmals, was sie bloß ohne ihn angefangen hätte, nahm ihre Kinder und ging.
Harald betrat seine stumme Wohnung, fühlte sich ein wenig einsam und beschloß, ins Bett zu gehen. Er schlief sofort ein.

Am nächsten Tag trafen sich Harald und Frau Kerwien wieder in der Ruhezone. Ein kurzer Blick hatte genügt, und beide waren fast zur gleichen Zeit aufgestanden.
»Wie war es?« fragte Harald interessiert. »War es wieder nichts?«
»Er sah ganz gut aus«, berichtete Marion, setzte zögernd fort: »Aber da war etwas, was mich irritiert hat. Er fing gleich an zu rechnen.«
»Wieso zu rechnen?«

»Er fragte, was ich verdiene, und dann wollte er Papier und Bleistift haben.«
»Wozu?«
»Er setzte sich hin und zählte erst mal zusammen.«
»Was zählte er zusammen?«
»Sein Gehalt und mein Gehalt. Und von der Summe zog er dauernd ab.«
»Was zog er ab?«
»Alle möglichen Ausgaben, wobei er Preiserhöhungen einkalkulierte, Öl und Brot und Fahrpreis. Das Ganze plus Mehrwertsteuer.«
»Mehrwertsteuer?«
Marion fuhr fort: »Als er fertig war mit Rechnen, sah er die letzte Zahl an, die sehr klein war, erschrekkend klein, und meinte dann: Es könnte gehen.« Sie machte eine kleine Pause. »Da sagte ich ihm, daß ich zwei Kinder habe.«
»Das brachte seine Rechnung durcheinander.«
»Total. Er starrte mich an, holte Atem, sagte aber nichts mehr. Er ging so schnell hinaus, daß ich direkt froh war, daß er vorher die Tür aufgemacht hatte.«
Harald lachte herzlich. »Der war in Panik, was?«
»Ja«, sagte sie, sah ihn dann nett an. »Könnte ich Ihre Hilfe noch einmal in Anspruch nehmen? Morgen nachmittag?«
»Wieder jemand?« fragte Harald, nickte dann sofort. »Na, ist doch klar, Frau Kerwien. Die Kinder übernehme ich.«
Und wieder übernahm Harald die Kinder, besuchte mit Ihnen einen Reiterhof tief im Wald, sie sahen sich kleine Ponys an, spielten mit jungen Hunden und zogen dann durch den Wald, um vielleicht Pilze

zu finden. Dabei gerieten sie in einen Gewitterregen. Harald lief mit dem Kindern zurück zum Wagen. Aber alle drei waren klatschnaß. Harald brachte die Kinder zu sich nach Hause, steckte sie in die Badewanne und dann ins Bett.
Marion kam ein wenig später, sah Harald, der noch einen Bademantel trug, sich gerade die Haare mit einem Handtuch trocknete.
Er lachte. »Wir sind in ein Gewitter geraten und naß wie Spatzen.« Neugierig fragte er: »Wie war's denn bei Ihnen?«
»Ganz interessant«, murmelte Marion, »ein Mann, der wußte, was er wollte.«
»Was wollte er denn?«
»Er sah mich an, von oben bis unten, und sagte dann: Sie gefallen mir.«
»Na ja«, meinte Harald, »das ist ja kein Kunststück.«
Marion sah ihn plötzlich neugierig an. »Wieso?«
»Aber Frau Kerwien«, sagte Harald, »Sie sehen ja wirklich gut aus.«
Sie furchte die Stirn. »Im Ernst?«
»Aber ja«, beteuerte Harald, »Ihr Äußeres ist doch eins a. Mal vom Weiblichen her gesehen, da ist, entschuldigen Sie, Frau Kerwien, alles vorhanden.«
Trocken erwiderte sie: »Das fand der Mann offenbar auch. Aber dann wollte er wissen, wie gesund ich sei.«
»Wie gesund Sie seien?«
»Ja, er meinte, daß dies ein wesentlicher Gesichtspunkt sei. Eine Frau müsse in erster Linie gesund sein.«
»Nun ja, nun ja«, murmelte Harald.

»Eine Frau, die kränkle, könne er nicht gebrauchen.«

»Aber Sie kränkeln doch nicht.«

»Das habe ich ihm auch gesagt. Dann fragte er nach den Zähnen.«

»Nach den Zähnen?«

»Da fehlte nicht viel, und er hätte mich aufgefordert, den Mund aufzumachen.«

»Das ist ja wie auf einem Pferdemarkt«, empörte sich Harald.

»So kam es mir auch vor.«

»Ich hoffe –«, Harald holte Atem, »– Sie haben dann die Kinder erwähnt.«

»Ja, das tat ich.«

»Was sagte er?«

»Er sagte ganz entrüstet: Kinder mache ich immer noch selber.«

Harald lachte herzlich. »Der Mann ist doch ein Dummkopf. Ist er gegangen?«

»Ja, er bahnte sich den Weg zur Tür mit der Kraft einer Lokomotive.«

Harald lachte immer noch, schüttelte den Kopf.

Sanft fragte Marion: »Könnte ich Sie morgen abend noch einmal in Anspruch nehmen?«

Fast erschrocken fragte Harald: »Wieder einer?«

»Ja, ein jüngerer Mann. Nach dem Foto, das er mitgeschickt hat, sehr gefühlvoll.«

Harald sah sie aufmerksam und nachdenklich an, schüttelte den Kopf. »Gefühlvoll? Na, ich weiß nicht recht.«

»Aber das gehört doch dazu. Gefühl ist doch nicht unwesentlich.«

»Na, Sie werden ja sehen«, meinte Harald, »es gibt auch gefühlvolle Dummköpfe.«
Harald weckte dann die Kinder, und Marion brachte sie hinunter zum Wagen und fuhr mit ihnen nach Hause.
Harald ging nicht gleich schlafen. Er rauchte eine Zigarette, hatte Lust auf einen Schnaps, der ihm dann nicht scharf genug war, eine Feststellung, die ihn befremdete.

Am nächsten Tag trafen sich Harald und Marion wieder in der Ruhezone.
Harald sah Marion streng an. »Setzen Sie sich mal, Frau Kerwien.«
Marion setzte sich, sah ihn ein wenig verwundert an.
Auch Harald setzte sich an den kleinen Tisch, holte Papier und Bleistift heraus. Sachlich fragte er: »Was verdienen Sie, Frau Kerwien?«
Marion machte eine Pause, saß sehr aufrecht, ihr rotes Haar loderte.
»Zweiacht«, sagte sie.
»Aha«, murmelte Harald, »das war die Zahl, die mir fehlte. Und die ich jetzt –«, er begann zu schreiben, »– zu meinem Gehalt hinzuzähle.«
Er begann nun lautlos zu rechnen, malte Zahlen, zog Striche, zog ständig ab.
Marion sah ihm stumm zu, fragte dann flüsternd: »Und was kommt heraus unten?«
»Wenig, wenig«, murmelte Harald, holte Atem, »aber diese Rechnung stimmt nicht.«
»Stimmt nicht?« flüsterte Marion.
»Ich habe einen Fehler gemacht. Ich habe die Kinder

abgezogen, was ganz falsch ist. Man muß sie *addieren*, nicht *subtrahieren.*«

Er lachte sie an. »Auf das Vorzeichen kommt es an.«

»Ah so«, flüsterte Marion, atmete ganz schwach, aber auf eine sehr reizende Weise, »Sie meinen, mit dem, was da unten herauskommt, kommt man aus?«

»Kommen *wir* aus, Frau Kerwien. Kommen wir sehr gut aus. Kommen wir alle sehr gut aus.«

Die Ruhezone war ja nicht für Harald und Marion allein eingerichtet worden. Auch andere hatten Lust auf einen Kaffee, auf eine Cola.

Ein Kollege suchte also die Ruhezone auf, sah hinein, stand ein wenig verwirrt, winkte dann andere hinzu. Langsam standen die Angestellten von ihren Stühlen auf, versammelten sich schweigend und sahen in die Ruhezone hinein.

Dort standen Harald und Marion in ruhiger, aber intensiver Umarmung und küßten sich.

Und einer der Herren erklärte leise den anderen: »Das ist Herr Becker, unser Programmierer. Ein tüchtiger Mann. Was der macht, macht der gründlich.«

Dies sagte der Mann fast ehrfurchtsvoll. Und schweigend sahen alle zu.

Weihnachtslichter

Der Zug hatte sein Ziel erreicht.

Nur wenige Leute stiegen aus, überquerten die Gleise, um in das kleine, ein wenig verfallene Bahnhofsgebäude zu gelangen.

Dort verstreuten sich die Angekommenen, strebten in verschiedene Richtungen davon, zu Fuß oder schlossen ihre Räder auf oder setzten sich in ihre Autos, die sie auf dem Parkplatz abgestellt hatten. Es war schon dunkel, obwohl es erst fünf Uhr nachmittags war. Der Nachmittag am Heiligen Abend. Das Wetter war naßkalt, Schnee lag in der Luft, ab und zu wirbelten Schneeflocken durch den Lichtschein der Lampen, die am Bahnhofsgebäude angebracht waren.

Ein Mann, eine Frau hatten den Zug ebenfalls verlassen. Sie waren offensichtlich fremd in dem kleinen Ort. Sie gingen den anderen nach, überquerten die Gleise und kamen in den Schalterraum des Bahnhofs, dessen abgetretener Steinfußboden naß war von Regen und Schnee.

Der Mann setzte den Koffer ab, wandte sich an einen der Reisenden, der hinter ihm das Bahnhofsgebäude betreten hatte.

»Verzeihen Sie, können Sie uns hier ein Hotel empfehlen?«

Der Angesprochene, ein älterer Mann, sah die beiden Leute ein wenig verwundert an.

»Hotel?« sagte er und hob die Stimme. »Ein Hotel

gibt's hier nicht.« Es klang fast ein wenig barsch, so als sei es eine Zumutung, daß der kleine Ort ein Hotel besitzen sollte. »Wir haben einen Gasthof. Da werden Zimmer vermietet. Soviel ich weiß«, setzte er hinzu.
Er sah die beiden Leute immer noch ein wenig erstaunt an, nannte den Gasthof, beschrieb kurz, wie man ihn finden würde, und ging dann davon, eilig, mit gesenktem Kopf, denn der Wind war schärfer geworden.
Der Mann, die Frau machten sich auf den Weg.
Der Ort war kleiner, als sie gedacht hatten, der Weg kaum gepflastert, bedeckt von Schneeresten. Ein paar Lichter erhellten eine unordentliche Landschaft, einfache Häuser duckten sich unter dem trüben Licht, die Dächer verschwammen mit ihren Konturen in der Dunkelheit.
Der Mann trug den Koffer, hielt mit der anderen Hand den Ellbogen der Frau.
Stumm kämpften sie sich gegen den Wind in eine Straße hinein.
Die Häuser boten einen armseligen Anblick. Kein Reichtum, eher so etwas wie Verfall zeigte sich hier.
Die beiden fanden den Gasthof.
Die Schankstube war leer.
Der Mann setzte den Koffer ab, zog den Mantel nicht aus, denn auch in der Schankstube war es ziemlich kalt.
»Hallo«, rief der Mann mehrmals, bis schließlich eine Frau kam und die beiden Gäste verblüfft musterte.
»Können wir ein Zimmer haben?« fragte der Mann.

Die Wirtin nickte, immer noch ein wenig ratlos, wie es schien. »Gäste?« murmelte sie. »Darauf sind wir nicht gefaßt. Weihnachten haben wir ganz selten Gäste. Wer ist Weihnachten schon unterwegs?«

»Wir, wie Sie sehen«, sagte der Mann trocken. »Wir können also ein Zimmer bekommen?«

Die Wirtin nickte, nahm einen Zimmerschlüssel vom Haken und führte die beiden Gäste hinauf in den ersten Stock.

»Machen Sie einen Besuch hier?« fragte sie.

»Nein, nein«, erwiderte der Mann, »wir sind ganz fremd hier. Wir kennen hier niemanden.«

Er sagte weiter, daß er mit dem Zimmer zufrieden sei, er legte den Koffer auf das Bett, inspizierte den Schrank, das Badezimmer.

Die Wirtin drehte die Heizung auf. »Es wird gleich warm werden«, sagte sie.

Der Mann nickte.

Die Frau hatte die ganze Zeit wortlos im Zimmer gestanden, sich kaum gerührt.

Sie hielt die Arme verschränkt, als halte sie sich an ihren Oberarmen fest, eine Bewegung, mit der sie die Kälte ebenso abzuwehren schien wie die Fremdheit.

»Wollen Sie auch essen?« fragte die Wirtin. »Wir haben heute nur für die Familie gekocht. Gewöhnlich haben wir an Heiligabend in der Schankstube keine Gäste.«

»Wenn Sie eine Kleinigkeit für uns haben?« fragte der Mann.

»Natürlich.« Die Wirtin lächelte. »Das ist kein Tag, um jemanden verhungern zu lassen.«

Sie ging hinunter.

Der Mann öffnete den Koffer, packte ein paar Kleidungsstücke aus. Es schien, als akzeptiere er die Unbewegtheit der Frau. Er hängte Mantel, Anzug, Hemden weg, langsam und mit ordentlichen Bewegungen.

Dann erst wandte er sich der Frau zu, trat auf sie zu.

»Schrecklich, nicht wahr?« fragte er.

Sie nickte, hielt sich selbst immer noch umklammert.

Er beugte sich vor, küßte die Frau und sagte matt: »Wir wußten ja, was uns erwartet.«

Etwas später erschienen der Mann, die Frau in der Schankstube.

Auch hier hatte die Wirtin die Heizung aufgedreht, es war etwas wärmer geworden.

Aus den Räumen der Wirtsfamilie hörte man Weihnachtsmusik aus einem Radio.

Der Mann, die Frau setzten sich an einen der blanken Holztische.

Die Wirtin kam mit heißer Suppe, fragte, ob ein Kalbsbraten recht sei, und zapfte ein Bier ab.

»Für meine Frau einen Tee«, bat der Mann.

Die Wirtin legte ihm noch den Meldezettel hin, den der Mann sorgfältig ausfüllte.

Die Wirtin studierte den Meldezettel, hob den Kopf.

»Herr Hessler? Wie lange wollen Sie denn bleiben?«

»Bis morgen«, antwortete der Mann höflich, »dann fahren wir zurück.«

»Und besuchen hier niemanden?« fragte die Wirtin neugierig.

»Nein«, murmelte der Mann, sah dabei unsicher seine Frau an, als sei die Antwort nicht ganz korrekt.

»Sie verbringen den Heiligen Abend in einem Dorf,

in dem Sie keinen Menschen kennen?« fragte die Wirtin und machte kein Hehl aus ihrer Verwunderung.

»Ja«, sagte der Mann ruhig.

Die Wirtin zog sich zurück, lächelte dabei. »Die Kinder sind schon ganz ungeduldig.«

Kurze Zeit später hörte man die Kinder singen.

Herr Hessler hatte den Kopf gehoben. »Sie machen es noch auf die alte Weise. Sehr gut, sehr schön . . .«, murmelte er und lächelte. »Jetzt werden sie wohl die Geschenke auspacken.«

Die Frau antwortete nicht, aber sie sah zur Tür hin, hinter der gesungen wurde. Ein Geruch von Kerzen, von Lebkuchen, von Bratenduft mischte sich und drang bis in die Schankstube herein.

Herr und Frau Hessler aßen und tranken.

Die Wirtin kam herein, um zu fragen, ob alles recht sei.

»Soll ich Ihnen das Radio anstellen?« fragte sie. »Sie übertragen gerade das Glockenläuten.«

»Ja, tun Sie das«, bat der Mann.

Die Wirtin stellte das Radio an, und der mächtige Glockenklang der verschiedenen Kirchen Deutschlands füllte den Raum.

Der Mann schien intensiv und dennoch abwesend zuzuhören, stand dann auf, ging zum Tresen.

»Haben Sie eine Karte da, von dem Ort hier und seiner Umgebung?« fragte der Mann.

»Karte?« wunderte sich die Wirtin.

»Ja, eine Karte, am besten eine Wanderkarte.«

»Ja«, sagte die Wirtin, ging ein wenig ratlos in ihre Wohnung, kam dann mit einer Karte zurück, sah

den Mann verdutzt an. »Brauchen Sie die? Wollen Sie morgen wandern? Bei diesem Wetter?«
Der Mann vertiefte sich in die Karte, sagte abwesend: »Nein, nein, wir wollen morgen sehr früh wieder weg.« Zögernd sagte er: »Wir brauchen diese Karte heute nacht.«
Nun war die Wirtin völlig ratlos.
»Sie wollen doch nicht heute nacht noch aus dem Haus gehen?« sagte sie fast entsetzt.
Aber der Mann antwortete auf die Frage nicht, betrachtete intensiv die Karte, nickte der Wirtin zu, sagte: »Besten Dank, das ist genau die Karte, die ich wollte. Sehr gut, sehr gut«, und begab sich zurück an den Tisch, wo seine Frau ihm entgegensah.
Sie studierten beide die Karte und nickten sich dann zu, als habe das Studium dieser Karte sie befriedigt.
Der Mann steckte die Karte in die Brusttasche.
Dann begaben sie sich in ihr Zimmer.
Sie wechselten die Schuhe. Der Mann zog feste Stiefel an, gefütterte Stiefel, auch die Frau zog Pelzstiefel an. Sie zogen Pullover über, setzten Mützen auf, die man tief ins Gesicht ziehen konnte.
»Ich glaube nicht, daß wir frieren werden«, stellte der Mann befriedigt fest.
Die Frau nickte. Sie schien ihre Nervosität ein wenig verloren zu haben, so als seien ihr das Zimmer, der Gasthof und der Ort nun weniger fremd.
Sie lächelte, umarmte plötzlich ihren Mann.
Er erwiderte die Umarmung, zog sie an sich.
»So«, sagte er dann, »nun ist es soweit.«
Sie gingen hinunter und traten auf die Straße hinaus.

Unter der schaukelnden Lampe über der Eingangstür des Gasthofes blieb der Mann stehen, entfaltete die Karte und betrachtete sie noch einmal.
Dann zeigte er mit der Hand. »Da geht es lang.«
Sie gingen die Straße entlang. Die Ansammlung der wenigen Häuser war schnell durchschritten, das Land öffnete sich, ein Hügel begrenzte mit einer aufsteigenden Linie den Himmel, der nur schwach erleuchtet war.
Ein Weg führte durch den Wald nach oben.
Sie gingen schweigend, hielten sich an den Händen. Der Weg war beschwerlich. Der Mann holte eine Taschenlampe heraus, um den ärgsten Wegstellen ausweichen zu können.
Aber er löschte das Licht schnell wieder.
Sie gingen etwa eine halbe Stunde, bis sie die Höhe erreicht hatten. Der Wald war zurückgewichen, niedriges Buschwerk gab den Blick frei – auf die Grenze.
Der Todesstreifen zeigte sich im trüben Gelb der über ihm aufgehängten Lampen, der Metallzaun blitzte, als markiere er das Ende der belebten Welt. Hinter diesem sonderbaren Lichtstreifen, der aus der Dunkelheit kam, sie auf diese merkwürdige Weise erhellte und dann wieder in der Dunkelheit verschwand, sah man ein blaßdunkles Feld, Gelände, das wieder anstieg und gekrönt war mit ein paar Lichtern, Lichtern von ein paar Häusern, ein Dorf, fern gelegen, jenseits dieser fahlen Lichtschranke, die in der Welt nicht ihresgleichen hat.
»Da ist es«, sagte der Mann, hielt seine Frau am Arm und spürte, wie sie zitterte.

»Siehst du den Baum?« fragte sie.
»Ganz links ist das Haus. Und der Baum brennt.«
»Ja, jetzt sehe ich ihn auch«, sagte die Frau, »sie haben die Tanne genommen, links vom Haus.«
Sie starrte lange hinüber und sagte: »Wo sie sie herhaben – so viele Glühbirnen.«
»Damit wir sie sehen«, sagte der Mann. »Sie wissen ja, daß wir hier stehen.«
Sie sagten nun nichts mehr, sahen hinüber, waren ganz stumm, sie fanden einfach keine Worte mehr. Wie auch?

Die Flucht

Harald fand einen Parkplatz direkt vor dem Eingang des Flughafens. Er warf die Münze ein, ging dann eilig in die Abflughalle. Er lief fast.
Die Halle war überschwemmt von Leuten, die sich an den Abflugschaltern drängten, lange Schlangen bildeten.
Harald wich den Gepäckstücken aus, ging die Reihe der Schalter entlang, sah sich suchend um.
Er sah seine Frau nicht.
Hoffentlich war sie noch nicht durch die Paßkontrolle.
Auch dort stand eine lange Schlange von Menschen.
Harald suchte sie mit den Blicken ab, ging dann zurück in den großen Warteraum.
Überall waren die Bänke besetzt, Kinder liefen herum, Reisende drängten sich vor den Kiosken, um Zeitungen zu kaufen.
Erleichtert atmete Harald auf.
Da saß sie.
Sie saß etwas gebückt, hatte den Kopf tief gesenkt. Ihr Gepäck stand noch neben ihr.
»Monika . . .«, sagte Harald.
Sie hob den Kopf, sah ihn fast erschrocken an. Ihr Gesicht war blaß, aber nicht weich, es hatte strenge Züge, in denen sich Anspannung ausdrückte und eiserne Willenskraft.
»Was willst du?« stieß sie hervor.

»Na, was ich will«, rief er, »ich will, daß du nach Hause kommst!«
Sie blieb sitzen, hatte den Kopf nur starr erhoben. »Ich will nicht nach Hause. Ich habe dir gesagt, daß ich weggehe, wegfliege. Darüber haben wir doch gesprochen.«
»Ja, darüber haben wir gesprochen, aber es hat doch keinen Sinn wegzulaufen.«
»Ich laufe nicht weg«, rief sie mit einer Stimme, die zwar fest, zugleich aber merkwürdig farblos war, »ich fahre in Urlaub. Ich habe Urlaub nötig.«
Er zwang sich zur Ruhe. »Und wohin willst du fliegen?«
»Das weiß ich nicht. Es spielt ja keine Rolle.«
»Aber du mußt doch einen Flugschein haben. Wann geht deine Maschinc und wohin?«
»Das geht dich nichts an«, antwortete sie. »In die Sonne natürlich, ans Meer.«
Harald setzte sich neben seine Frau.
»In den Süden und ans Meer.« Ruhig fragte er. »Und mit wem?«
»Auch das geht dich nichts an«, sagte Monika, und ihr Gesicht verschloß sich.
Harald sagte ruhig: »Du hast kein Geld abgehoben. Nicht mal das Haushaltsgeld angerührt. Also hat dich jemand eingeladen. Und ich frage dich, wer ist es.«
»Ich möchte es dir nicht sagen.« Sie sah ihren Mann flehend an. »Bitte, laß mich allein. Ich warte hier. Ich bin verabredet.«
Leise sagte er: »Ich kann nicht weggehen, Monika. Ganz unmöglich . . .«

»Warum nicht?« Sie hob die Stimme. »Es hat keinen Sinn, mit mir zu sprechen, du kannst mich nicht umstimmen. Ich möchte, daß du gehst.«
Er hob die Schultern. »Das kann ich nicht, Monika. Ich muß wissen, wohin du fliegst. Ich muß deine Adresse wissen. Und ich muß auch wissen, mit wem du fliegst.« Er stieß hervor: »Ich muß mich doch an jemanden halten können.«
Sie antwortete nicht, sah starr geradeaus.
Harald sagte: »Wenn ich das weiß, stehe ich auf und gehe.«
»Du gehst ja doch nicht.«
»Doch, ich gehe.«
»Du lügst.«
»Nein, ich lüge nicht«, sagte Harald.
Er sah seine Frau an. Sie kam ihm kleiner vor als sonst. Sie hatte die Füße eng nebeneinandergestellt, hielt die Knie fast aneinandergepreßt. Sie trug ein Reisekostüm, ein Schottenkaro, das ihr gut stand. Dazu die Baskenmütze, die er ihr einmal geschenkt hatte. Die Haare fielen ihr lang über den Rücken, sie hatte sie nicht wie sonst zusammengebunden.
Ihre Hände hielt sie merkwürdig starr im Schoß. Er widerstand der Versuchung, diese Hände zu berühren, sie in seine Hände zu nehmen.
Ein Mann kam heran, hatte Monika gesehen, setzte ein Lächeln auf, das wieder verschwand, als er Harald sah, der nun aufstand.
Beide Männer sahen sich überrascht an.
»Hallo«, sagte Kleemann, hob schwach lächelnd die Hand, war etwas unsicher, irritiert.
»Du bist es also?« sagte Harald.

»Entschuldige, Harald, was bin ich . . .?«
»Der Mann, der mit meiner Frau in den Süden fliegen will.«
Monika hatte den Kopf nicht gehoben. Es schien, als habe sich ihre starre Haltung noch verstärkt.
Kleemann sah von einem zum anderen und meinte: »Na ja, also – versteh mich richtig, ich erwähnte Monika gegenüber, daß ich in Urlaub fahre, dorthin, wo es warm ist, wo man schwimmen kann und wo man sich sauwohl fühlt, da sagte sie: Nimmst du mich mit?« Er sah Monika an, die immer noch den Kopf gesenkt hielt. »Du mußt zugeben, Monika, daß du mir das Angebot gemacht hast.«
»Was für ein Angebot hat sie gemacht?«
»Na, ich soll sie mitnehmen. Ich fragte: Wieso? Was ist mit Harald? Sie sagtc: Das hat mit Harald nichts zu tun. Der weiß nichts davon und der muß auch nichts davon wissen.«
Er lachte entschuldigend: »Ihre Worte, Harald. Das hat mich natürlich ungeheuer überrascht. Ich sagte, mehr im Spaß: Also wenn du unbedingt willst. Ich sag bestimmt nicht nein.«
Wieder sah er auf Harald, dessen merkwürdige Aufmerksamkeit ihn irritierte.
Harald stand leicht nach vorn geneigt, hielt den Kopf ein wenig schräg, als könne er so besser hören und nachdenken.
»Ich habe ihr noch gesagt: Harald ist mein Freund, aber wenn ihr Probleme habt, dann geht mich das nichts an. Sei am Flughafen, die Tickets werde ich haben.«
Er machte eine Pause, weil das Schweigen ihn

bedrückte, fragte: »Hat sie es sich anders überlegt?«
Monika stand auf, überraschend heftig.
»Ich habe es mir nicht anders überlegt«, stieß sie hervor, »ich fahre mit, und ich freue mich darauf.«
Kleemann sah von einem zum anderen, etwas unsicher. »Na, also dann – wenn es so ist.«
Harald sah ihn ruhig an.
Kleemann versuchte seine gute Laune zu behalten, gab seiner Stimme einen vergnügten Ton. »Irgendwie habe ich natürlich gemerkt, daß es zwischen euch nicht mehr so richtig stimmt.« Er sah Monika an, vergewisserte sich: »Wir fahren also?«
»Ja, wir fahren«, sagte sie fest.
Kleemann sah wieder Harald an, meinte: »Ich fahre natürlich viel lieber mit deiner Zustimmung. Ist doch klar. Irgendwie war mir das auch nicht recht, etwas hinter deinem Rücken zu tun.« Er lachte, sagte, ein wenig staunend: »Aber wenn du einverstanden bist, um so besser.«
Harald sagte nichts, sah ihn immer noch ruhig, verhalten an.
Kleemann lachte. »Mit allem habe ich gerechnet, nur nicht damit, daß du uns zum Flugzeug bringst.«
Immer noch sagte Harald nichts.
Kleemann räusperte sich. »Es wird Zeit. Wir müssen ja die Koffer noch aufgeben.«
Er sah von einem zum anderen, wieder irritiert durch das Schweigen.
Monika drehte den Kopf, sah ihren Mann an.
Ihre Stimme war ganz klein plötzlich und ganz ohne Kraft. Sie flüsterte: »Sag's ihm.«

Harald stand stumm.
»Bitte ...«, wiederholte sie, »sag's ihm.« Sie nahm ihre Handtasche auf. »Ich bin gleich wieder da.«
Sie bahnte sich einen Weg durch die Menge und verschwand.
Kleemann sah ihr unruhig nach.
»Was meint sie?«
Harald zögerte ein wenig, ehe er sagte: »Sie hat ein Problem. Und sie wird nicht recht fertig damit.«
»Ein Problem?«
»Sie war beim Arzt«, sagte Harald. »Man wird sie operieren müssen.«
»Was, was?« sagte Kleemann. »Sie wird operiert?«
Er starrte Harald an, hatte die Brauen zusammengezogen, so aufmerksam war er plötzlich.
»Was denn operieren?«
Harald zögerte wieder, ehe er es aussprach: »Man hat Knoten entdeckt.«
Kleemann verschlug es die Sprache.
Harald fuhr fort, leise, völlig ruhig, fast ein wenig abwesend: »Sie ist völlig verstört und – wie auf der Flucht ...« Er beteuerte: »Was ich verstehe, ich habe ihr gesagt, daß ich sie verstehe, daß ich für alles Verständnis habe.«
Kleemann holte Atem wie jemand, der unter einem Erstickungsanfall leidet.
Aufgeregt sagte er: »Na, hör mal, das ist ja – davon weiß ich ja gar nichts. Davon hat sie mir nicht das geringste gesagt ...« Er holte erneut Atem: »Und will mit mir in Urlaub fahren.« Er lachte fast erbittert auf, zeigte seinen Ärger ganz offen. »Ich bin ganz – wie soll ich sagen? Kommt doch gar nicht in Frage!«

Er starrte Harald an, sagte nun spontan, ganz unkontrolliert: »Weißt du, wie ich mir vorkomme? Wie jemand, den man ganz schön reingelegt hat. Also, nicht mit mir. Ich habe an meinen Spaß gedacht, an den Spaß, den ich habe und den auch sie haben sollte.«
Er stockte, als würde er sich klar darüber, daß er die Kontrolle über sich verloren hatte.
Harald sagte: »Und den Spaß, den du haben wolltest, den gibt es jetzt wohl nicht mehr?«
»Natürlich nicht«, murmelte Kleemann, versuchte irgend etwas zu sagen, aber es fiel ihm offensichtlich nichts Gescheites ein. Er wandte sich abrupt um, als habe er ein Recht darauf, den Mann vor ihm einfach stehenzulassen.

Harald blieb stehen, senkte nur den Kopf.
Langsam kam Monika auf ihn zu, fragte leise: »Ist er weg?«
»Ja«, sagte Harald.
»Ist er gelaufen?« fragte sie.
»Fast gelaufen«, erwiderte Harald, sah seine Frau an und fuhr ruhig fort: »Gehen wir nach Hause?«
Sie machte keine Bewegung, es schien, als atme sie nicht.
Harald nahm den Koffer auf.
Sie wandte sich um, und nebeneinander verließen sie langsam die Wartehalle.

Ein Mädchen erster Klasse

Der junge Mann betrat das Haus, öffnete die Tür zur Küche und rief: »Ich bin da, Frau Schliemann.« Frau Schliemann, die Haushälterin, drehte sich herum.

»Kann ich heute etwas früher essen, Frau Schliemann?«

»Müssen Sie wieder mal eher weg?«

»Richtig«, rief der junge Mann, »und schönen Gruß an meinen Alten Herrn, ich hätte eine Verabredung heute abend.«

»Oh«, sagte Frau Schliemann, »das können Sie ihm selbst sagen.«

»Ja, wie, ist er denn da?«

»Ja, Ihr Vater ist heute früher heimgekommen.« Sie setzte trocken hinzu: »Um Sie mal bei Tageslicht zu erwischen.«

»Aha . . .«, murmelte der junge Mann, fragte dann: »Haben Sie ihm was gesagt?«

»Was sollte ich ihm sagen?« fragte Frau Schliemann und genoß die kleine Unruhe, die den jungen Mann befallen hatte.

»Na, warum ich abends selten zu Hause bin.«

»Das konnte er sich denken«, sagte die Haushälterin. »Er hat mich gefragt: Ein Mädchen?«

»Was haben Sie geantwortet?«

»Ich sagte: Ja, ein Mädchen. Sie telefoniert, und Ihr Sohn saust aus dem Haus, so schnell wie ein Indianerpfeil.«

»Und? Was sagte mein Vater?«
»Er fragte nur: Ist es immer dasselbe Mädchen? Ich sagte: Am Telefon immer dieselbe Stimme.«
»Aha«, murmelte der junge Mann.
»Und Ihr Vater fragte weiter: Was für einen Eindruck haben Sie? Ist es eine ernste Sache? Ich sagte: Ja, todernst. Ich bin überzeugt, daß Ihr Sohn bald seinen Koffer packt und das Haus verläßt.«
»Hehe, Frau Schliemann«, sagte der junge Mann ein wenig betroffen.
»Habe ich nicht recht?« fragte Frau Schliemann.
»Wo ist mein Vater?«
»Er wartet auf Sie in seinem Arbeitszimmer.«
Der junge Mann atmete tief auf, ging dann zu seinem Vater ins Arbeitszimmer.
»Hallo«, sagte der Vater, sah von seinen Manuskripten auf, »wir haben uns drei Wochen lang nicht gesehen.«
»Wie das so ist«, murmelte der junge Mann, »ich hab zu tun, du hast zu tun.«
Der Vater lehnte sich zurück. Ein noch junger Vater, in guten mittleren Jahren, sportlich, lässig, nicht ein graues Haar.
»Hm«, sagte der Vater, »aber du bist auf einem Sektor tätig, über den ich mit dir sprechen möchte.«
»Na ja«, sagte der junge Mann und lächelte, »ich habe ein Mädchen. Und ich gebe zu, daß ich damit ziemlich in Anspruch genommen bin.«
»Dein erstes Mädchen?« fragte der Vater.
Der junge Mann wand sich ein wenig, murmelte: »Das erste, das erste . . .?«
»Das erste richtige, meine ich.«

Der junge Mann lächelte. »Das gefällt mir besser.« Er hob die Stimme: »Du hast recht, Vater, es ist das erste richtige Mädchen.«
Der Vater erhob sich, zeigte eine gewisse Besorgtheit. »Du wirst doch keine Entscheidungen treffen?«
Der junge Mann zögerte ein wenig, meinte dann: »Ich spiele allerdings mit dem Gedanken.«
Der Vater unterbrach ihn. »Herrgott, Junge, das ist zu früh. Viel zu früh. Ein Mann geht nicht in den Laden und kauft sofort, worauf er Appetit hat.«
»Wie schnell hast du denn gekauft, Vater?«
Der Vater beteuerte sofort: »Das ist eine ganz andere Sache gewesen, deine Mutter war eine Ausnahme, solche Ausnahmen gibt es heute nicht mehr. Die Zeiten sind anders geworden, da nimmt jeder, was er kriegen kann . . .«
Der Vater war in Eifer geraten. »Da gibt es ein paar Dinge, die ihren Wert verloren haben: Treue, Beständigkeit – Eigenschaften, die als solche gar nicht mehr erkannt werden. Ich frage mich, ob du sie erkennst.«
»Nun«, murmelte der Sohn, »das weiß ich nicht.«
»Deshalb mein Vorschlag an dich«, fuhr der Vater fort, »ich sehe mir das Mädchen mal an.«
»Aha«, der junge Mann hob den Kopf, »auf die verborgenen Eigenschaften hin, die ich möglicherweise nicht erkenne.«
»So ist es«, sagte der Vater fest. Er fügte hinzu: »Liebe ist eine zu ernste Sache, um sie Kindern –«, er räusperte sich, korrigierte sich, »– um sie Anfängern zu überlassen.«
Der junge Mann überlegte, ging hin und her, sah sei-

nen Vater dann gutgelaunt an. »In Ordnung, ich schicke sie dir auf deinen Prüfstand.«

Treffpunkt war ein Pavillon in einer Parkanlage.
Herr Hauser, der jugendliche Vater, wartete, neugierig und auch ein wenig unruhig.
Er sah ein junges Mädchen auf ihn zugehen und dachte: Diese da? Nicht schlecht. Da hat die Natur einiges zusammengetragen.
Das Mädchen kam heran, mit federnden Schritten, mit Haaren, die im Wind wehten. Sie lächelte, ein Lächeln, das es in sich hatte. Das Mädchen streckte gleich die Hand aus, zu einem herzlichen, kräftigen Händedruck.
»Sie sind das?« sagte der Vater.
Das Mädchen lächelte. »Ja – zur Besichtigung freigegeben.«
Sie drehte sich, daß die Haare flogen, daß der Rock flog, sie blitzte ihn mit ihren Blicken an. »Na, was sagen Sie?«
»Was soll ich sagen?« murmelte der Vater ein wenig irritiert.
»Na, Sie haben doch sicher so etwas wie einen ersten Eindruck.« Sie tippte mit dem Zeigefinger auf seine Brust. »Da sagt doch gleich irgendwas ja oder nein.«
Der Vater räusperte sich, meinte: »Zunächst einmal sage ich etwas, nämlich herzlich willkommen.«
»Das ist auch meine Meinung«, sagte das Mädchen, beugte sich charmant lächelnd und mit größter Einfachheit gegen den Vater und küßte ihn auf die Wange.

»Oh«, rief der Vater, »Sie umarmen mich, küssen mich?«
»Denken Sie sich nichts dabei«, sagte das Mädchen, »es ist üblich heutzutage. Man möchte Wohlverhalten bekommen, indem man Wohlverhalten zeigt. Deswegen dies . . .« Sie lachte und wiederholte die leichte, herzliche Umarmung. »Ist das schlecht?«
»Nein, nein«, sagte der Vater, »für mich ist es ungewohnt. Zu meiner Zeit nahm man sich nicht in den Arm, jedenfalls nicht auf eine so unverbindliche Weise.« Etwas strenger fuhr er fort: »Man nahm in den Arm, wen man liebte –«, er korrigierte sich, »– wen man glaubte, zu lieben. Diese Umarmerei heute ist wie eine Inflation.«
»Aber, aber«, sagte das Mädchen lebhaft, »man sagt etwas damit, das ist richtig. Man sagt: Ehe wir über etwas reden, sei etwas grundsätzlich festgestellt, nämlich: Wir sind miteinander verbunden in Frieden und Freundschaft. Was verdient, ausgedrückt zu werden, mit einer Geste, die nicht mißzuverstehen ist.«
Sie beugte sich wieder gegen ihn, legte ihre Wange gegen seine. »Diese Geste ist gleichsam der Notenschlüssel, den wir allem voransetzen.«
Nun lachte auch der Vater, wenn auch ein wenig, ohne daß er es wollte. »Eine poetische Erklärung«, meinte er, »und dies in einer unpoetischen Zeit?«
»Poesie gibt es zu allen Zeiten«, sagte das Mädchen, nahm lächelnd seinen Arm. »Gehen wir jetzt ein wenig?«
Der Vater ging los, das Mädchen hing an seinem Arm, fröhlich, lachend, herzlich.

Der Vater meinte: »Sie haben sich doch nichts vorgenommen?«
»Und ob ich mir was vorgenommen habe«, sagte das Mädchen, »ich will auf Sie einen unglaublich guten Eindruck machen.«
»So? Wollen Sie?«
»Ist doch ganz natürlich. Alfred sagte: Triff meinen Vater und versuche, mit ihm fertig zu werden.«
»Und bei dieser Tätigkeit sind Sie gerade.«
»Ja«, lachte das Mädchen, »um ehrlich zu sein: Ich gebe mein Bestes.«
»Sagen Sie«, warf jetzt der Vater ein, »wie hat mich eigentlich mein Sohn dargestellt?«
Das Mädchen lächelte. »Oh – er sagte: Mein Vater befindet sich ständig in einer düsteren Stimmung, er ist völlig desillusioniert –«
»Ja«, nickte der Vater kräftig, »ich weiß auch, warum ich so bin. Ich sehe die Zeiten, wie sie sind. Mein Sohn neigt dazu, sie zu übersehen, der Junge träumt.«
»Träumen Sie nie?« fragte das Mädchen.
»Nein«, sagte der Vater mit fester Stimme, »ich lehne Träumen ab.«
»Wieviel Zeit haben Sie?« fragte das Mädchen. »Geben Sie mir den Nachmittag?«
»Ich habe mir Zeit genommen, für eine Sache, die wichtig ist.«
Das Mädchen lachte herzlich. »Kommen Sie, ich fahre Sie irgendwohin. Dorthin, wo man noch träumen kann.«
Sie brachte den Vater zu ihrem Wagen, setzte ihn hinein und fuhr los.

Sie fuhr geradenwegs in den Wald.
»Gehen Sie gern spazieren?« fragte er.
»Irrsinnig gerne«, sagte das Mädchen.
Sie spazierten durch den Wald. »Ich mag diesen Weg«, sagte das Mädchen, »und gehe ihn oft genug. Allein ...«, setzte sie hinzu. »Ich zeige Ihnen meine Lichtung.«
»Ihre Lichtung?«
»Ich nenne sie so, eine Waldlichtung. Da ist sie.«
Die Lichtung war klein, umstanden von Tannen, gesäumt mit Büschen, das Gras kniehoch, besetzt mit Blumen, ein leichter Wind bewegte ein Meer von Blüten.
»Hören Sie die Vögel?« fragte das Mädchen. »Ich kenne sie, sie kennen mich. Neulich saß hier ein Hase, und einmal stand da ein Reh und sah mich an, in aller Ruhe übrigens. Ein irrer Platz zum Träumen, finden Sie nicht?«
Der Vater begann sich auf eine beunruhigende Weise wohl zu fühlen. »Kommen Sie«, das Mädchen nahm ihn bei der Hand, »und ziehen Sie die Schuhe aus.«
»Die Schuhe?«
Sie streifte ihre Schuhe ab, lachte ihn an. »Wir gehen durch den Bach. Gehen Sie gern durch eiskaltes Wasser?«
»Ich weiß es nicht«, murmelte der Vater, »denn ich habe es noch nie gemacht.«
Aber er zog seine Schuhe aus, krempelte die Hosenbeine hoch, ließ sich an die Hand nehmen, watete mit dem Mädchen den Bach aufwärts, umspült von frischem klarem Wasser, und geriet in märchenhafte

Räume, als sähen alle Tiere des Waldes ihm zu. Und vor ihm ging das Mädchen, leichtfüßig, drehte sich ab und zu um und blitzte ihn an.

»Und dann«, so erzählte der Vater abends seinem Sohn, »mußte ich meine Schuhe ausziehen, und wir spazierten in einem Bach mitten durch den Wald.« Er holte tief Atem: »Junge, das Mädchen hat mir wieder das Träumen beigebracht.«
Er holte Atem. »Und jetzt hör mir zu: Das Mädchen ist erste Klasse. Ich gratuliere dir.«
Alfred lachte. »Danke, Vater, aber ich muß dir etwas gestehen: Das war nicht das Mädchen, das ich heiraten will. Es war ihre Freundin. Ich hatte dich beschrieben, und plötzlich sagte sie: Überlaßt mir den Mann.«
Der Vater staunte seinen Sohn an, war ganz betroffen, aber langsam wich seine Betroffenheit, plötzlich war ihm, als sei in seinem Innern ein Feuer entzündet worden.
Er setzte mehrmals an, bis er es schließlich herausbrachte. »Junge«, flüsterte er, »wie heißt sie? Wie erreiche ich sie? Hast du ihre Telefonnummer. Gib sie mir. Und gehst du dann mal aus dem Zimmer . . .?«

Inhalt